워렌 카터는 프린스턴대학교에서 박사 학위를 마치고, 복음서 연구 학자로 활발하게 활동하면서 세계성서학회(SBL)에서 그 지위를 든든하게 세운 학자이다. 이 책은 그가 복음서의 중심인 예수 운동 이전의 네 가지 사건과 그 이후의 세 가지 사건을 묶어서 신약 성서 배경사와 영향사를 함께 이해할 수 있도록 만든 교과서이다. 그동안 이런 유형의 교과서가 많이 발간되었지만, 이 책은 간단하면서도 명료하게 예수 운동과 직간접적으로 연결된 사건을 중점적으로 다룸으로써 신약 성서를 이해하는 데 체계적인 길잡이 역할을 한다는 점에서 돋보인다. 우리말 번역도 물 흘러가듯 잘되었고, 책 판형과 사진 심지어 지도도 깔끔하게 정리하여 독자들이 편안하게 신약 성서와 예수 운동의 세계를 즐길 수 있게 만들었다. 신학생뿐만 아니라 목회자 그리고 관심 있는 평신도에게 일독을 권한다.

소기천 _ 장로회신학대학교 신약 성서와 배경사 교수, 『신학자와 떠나는 신약여행』 저자

역사와 문화의 관점에서 예수 운동과 초기 기독교의 현상을 해석하는 흥미로운 책이다. 저자 워렌 카터는 신약의 텍스트를 문화적 관점에서 읽는 연구와 저작 활동을 복음서를 중심으로 왕성하게 해오고 있다. 이 책은 『신약 세계를 형성한 7가지 사건』이라는 제목대로, 초기 기독교와 신약 성서가 형성되는 데 결정적인 역할을 한 대표적이고도 상징적인 일곱 가지 사건을 선택하여 마치 일곱 색깔의 무지개와 같이 신약 입문을 위한 알록달록한 이정표를 보여 준다. 신약의 넓고도 깊은 바다를 항해하기 원하는 모든 독자에게 어렵지 않으면서도 신속하게 지날 수 있는 항해 길을 지혜롭게 제시하는 책이다.

박정수 _ 성결대학교 신약학 교수, 한국신약학회 편집위원장

워렌 카터가 풀어 가는 신약 세계의 형성 과정은, 책을 펴는 순간 멈출 수 없는 경이로운 탐험과 같다. 알렉산드로스의 죽음은 예수와 무슨 관계가 있을까? 현재의 신약 성경의 탄생에 헬레니즘과 70인역의 영향력은 어느 정도였을까? 로마의 점령과 예수의 죽음에 관한 정치적 의미는 무엇일까? 신약의 정경화 과정은 어떤 과정을 거쳤을까? 이 책은 신약에 역사적 문화적 영향을 준 7가지 사건들을 통해 신약 성서와 기독교의 기원을 설명하는 입문서이다. 저자는 이러한 질문들에 대한 답을 방대한 일차 자료와 연구를 통해 찾아간다. 이 책은 전공 지식이 부족한 신학 초보자들도 쉽게 이해할 수 있는 방식으로 서술한다. 신약학 교과서로 매우 탐나는 책이다.

이민규 _ 한국성서대학교 성서신학 교수, 『신앙, 그 오해와 진실』 저자

명민한 구상과 쉬운 문장이 두드러진다. 카터가 선택한 7가지 사건은 독자들로 하여금 초기 기독교가 자리했던 복잡다단한 문화 속으로 들어가게 하는 관문이 되어 준다. 이 책은 신약 개론 연구를 위한 탁월한 교재이면서, 더불어 초기 기독교의 사회 문화적 상황에 관심을 가진 독자들에게도 유익한 참고서라 할 만하다.

데이비드 A. 드실바 _ 애시랜드신학대학 교수, 『신약개론』 저자

워렌 카터는 초기 기독교 연구에 특화된 신약학자이다. 7가지 사건들이 등장하는 역사 속 700년이라는 기간을 우리는 무심코 지나치기가 쉽다. 이 사건들을 직접 언급하며 정당한 가치를 부여하는 본문을 성서에서 찾기가 어렵기 때문이다. 그 탓인지, 이에 관련된 연구 또한 많지 않았다. 이제는 알렉산드로스의 죽음에서부터 신약 성서 저술 및 정경 완성에 이르는 기간을 아우르는 역사에 대한 탐구가 더 이상 빈약하다고 말할 수 없게 되었다. 더욱이 카터의 접근 방식은 기존의 방식과 다를 뿐만 아니라 신선하다. 그는 방대한 자료를 온전히 감당하면서 그로부터 적절한 통찰을 이끌어 냈다. 나도 신학학을 가르치면서 이 연구물의 유용성을 인정했던 바, 이 책이 학생들에게 필독서가 되어야 한다고 믿는다. 교수와 학생 그리고 목회자 모두가, 잘 고안되고 잘 계획되었으며 제대로 연구한 이 책을 통해 도움을 얻기 바란다.

윌리엄 R. 허조그 _ 앤도버뉴턴신학대학 교수, 『Jesus, Justice and the Reign of God』 저자

저자는 숙련된 작가이다. 그는 이 책에서 7가지의 주요 사건과 그 영향에 대한 심층 연구로, 신약 성서와 초기 기독교의 배경을 이해하는 신선한 관점을 제공한다. 비록 학자들 사이에서 견해의 일치를 얻지 못한 몇몇 사안들이 있음에도, 독자들은 이 책이 통찰력이 있으면서도 충분히 즐겁고, 매력적인 정보와 관점으로 가득하다는 사실을 알게 될 것이다.

크레이그 키너 _ 애즈베리신학교 교수, 『IVP성경배경주석:신약』 저자

초기 예수 운동이 시작된 험난하고 복잡한 그리스, 로마, 그리고 유대 세계가 한데 뒤얽힌 문화적 세계 속에서, 일반인들에 불과했던 예수의 추종자들은 어떻게 '협상'해 왔는가? 이 짧지만 실속 있는 연구물에서, 노련한 학자이자 탁월한 저자이기도 한 워렌 카터는 자신의 관심사를 이 매력적인 물음에 집중시킨다. 카터는 초기 기독교가 숨을 쉬고 움직이고 존재했던 사회적 환경을, 일반 대중의 역사라는 관점에서, 학생과 교사 모두가 더 잘 이해할 수 있도록 하는 7가지의 중요한 사건을 탐구한다. 꽤 간결하지만 권위 있는 '신약 역사서'를 찾고 있다면, 지금 이 책을 읽으라.

토드 D. 스틸 _ 트루엣신학대학 교수, 『God and Israel』 저자

신약 세계를 형성한 7가지 사건

Seven Events

that shaped the New Testament World

by Warren Carter

신약 세계를 형성한 7가지 사건

워렌 카터 지음 | 박삼종 옮김

좋은씨앗

Seven Events THAT SHAPED THE New Testament World
by Warren Carter

Copyright © 2013 by Warren Carter
Originally published in English under the title
Seven Events That Shaped the New Testament World
by Baker Academic, a division of Baker Publishing Group,
Grand Rapids, Michigan, 49516, U.S.A.

Korean copyright © 2017 by GoodSeed Publishing Inc.
Seoul, Republic of Korea
All rights reserved.

신약 세계를 형성한 7가지 사건

초판 1쇄 발행 | 2017년 7월 25일
초판 2쇄 발행 | 2021년 3월 15일

지은이 | 워렌 카터
옮긴이 | 박삼종
펴낸이 | 신은철
펴낸곳 | 좋은씨앗
출판등록 제4-385호(1999. 12. 21)
주소 | (06753) 서울시 서초구 바우뫼로 156(양재동, 엠제이빌딩) 402호
주문전화 | (02) 2057-3041 주문팩스 | (02) 2057-3042
페이스북 | www.facebook.com/goodseedbook
이메일 | good-seed21@hanmail.net

ISBN 978-89-5874-283-8 03230

이 한국어판의 저작권은 Baker Academic과 독점계약한 〈좋은씨앗〉에 있습니다.
저작권법에 의하여 한국 내에서 보호를 받는 저작물이므로 무단전재 및 복제를 금합니다.

문화 역사적 시선으로 바라본 초기 예수 운동과 신약 성서

목차

삽화	10
서문	13
들어가는 글	15
1. 알렉산드로스 대왕의 죽음(기원전 323년)	25
2. 히브리 성서의 그리스어 번역(기원전 250년대경*)	63
3. 예루살렘 성전 재봉헌(기원전 164년)	105
4. 로마의 유대 점령(기원전 63년)	147
5. 예수의 십자가 죽음(서기 30년경)	187
6. 신약 성서 본문 저술(서기 50-130년경)	227
7. 신약 정경 '확정' 과정(서기 397년)	277
나가는 글	317

삽 화

1.1 알렉산드로스의 전투 여정과 제국 지도　　　　　　　　　30

1.2 알렉산드로스가 페르시아와 싸우는 장면을 묘사한 아티카식 석관　32

1.3 에베소의 극장　　　　　　　　　　　　　　　　　　　45

2.1 프톨레마이오스 2세　　　　　　　　　　　　　　　　　76

2.2 히브리어에서 그리스어로 번역된 신명기의 일부분　　　　84

3.1 동전에 새겨진 안티오코스 4세 에피파네스　　　　　　　108

3.2 유다스 마카베오스　　　　　　　　　　　　　　　　　114

3.3 엘르아살의 순교　　　　　　　　　　　　　　　　　　119

3.4 메노라　　　　　　　　　　　　　　　　　　　　　　123

4.1 유대 지역 지도　　　　　　　　　　　　　　　　　　　148

4.2 폼페이우스 대왕　　　　　　　　　　　　　　　　　　150

4.3 예루살렘 성전　　　　　　　　　　　　　　　　　　　159

4.4 가이우스 칼리굴라의 두상　　　　　　　　　　　　　　173

5.1 필라투스의 비문 188

5.2 발뒷꿈치뼈와 못 199

5.3 십자가상 203

6.1 글을 쓰고 있는 바울 228

6.2 고린도 234

6.3 티투스의 포위 공격에 무너지는 예루살렘 262

6.4 복음서를 쓰고 있는 마태 263

6.5 복음서를 쓰고 있는 누가 268

6.6 요한 269

7.1 페르가뭄(버가모)의 대제단 285

7.2 바티칸 사본 303

서문

먼저 단어 설명. 이 책에서 나는 기원전(BCE)과 기원후/서기(CE)라는 약어를 시대를 언급하는 데 사용하려고 한다. 이 약어들은 아마도 일부 독자에게는 익숙하지 않을 것이다. BCE는 '기원전'을 의미하며 CE는 '기원후/서기'의 약어이다.

둘째, 다른 단어 설명. 7가지 사건 중 두 번째 사건의 경우, 기원 전 250년*(250 BCE*)이라고 해두고 별표를 붙였다. 숫자에 별표를 붙이는 것은 좀처럼 하지 않는 일이다. 2장 앞부분에서 이 별표의 기능을 설명할 예정인데, 대략적이거나 전설에 따른 것, 또는 논의가 진행 중이라는 의미를 갖고 있다.

셋째, 감사의 말. 포트워스 브라이트신학교의 두 학생 켄디 몬과 아만다 헨더슨에게 감사하고 싶다. 그들은 이 책의 원고를 주의 깊게 읽어 주었다. 그들의 통찰력 있는 평가는 매우 유용했으며 이 책을 상당히 개선시켜 주었다.

들어가는 글

7가지 사건

이 책은 무엇을 다루고 있는가? 이 책을 힘들여 읽어야 할 이유가 있는가? 책 읽는 것이 과제여서 읽는다면 그것도 나쁘지 않다. 하지만 거기에 어떤 유익이 있을지 생각해 보았는가?

짧게 대답한다면, 7장으로 이루어진 이 책은 초기 예수 운동과 신약 성서의 몇몇 중요한 측면들을 다루고 있다. 이 책을 읽는다면 기독교 운동의 출발이 어떠했는지 알 수 있고, 신약 성서를 보다 잘 이해하는 데 도움을 얻을 수 있다.

길게 대답한다면, 이 책은 700년에 걸쳐 이뤄진, 7가지 사건에 대한,

일곱 장으로 된, 70에 다섯 배 정도 되는 분량의 책이다. 이 책은 모든 내용을 다루는 종합서가 아니다. 오히려 선택적으로 다루는 책이다. 우리가 집중해서 다룰 수 있었던 (하지만 다루지 않은) 많고 많은 사건들이 있으나 각 장은 하나의 특정 사건만을 집중해서 다룬다. 선택된 사건들은 길이가 다양하다. 심지어 어떤 사건은, 선 한번 잘못 봤다 엮여버린 남녀 사이처럼, 무려 2백 년간 지속된다.

무엇이 각 사건을 특별하게 하는가? 사건들은 어떻게 선택됐는가? 나는 보다 폭넓은 차원에서 문화적 동력과 사회역사적 현상의 중심이 될 만한 사건들을 선택했는데, 이 사건들은 한편 예수의 제자들과 신약 성서에 어떤 식으로든 중요한 의미를 가지는 것이기도 하다. 이 사건들을 진입 지점이자 도약대로 삼아 이 중요하고 거대한 현상에 대해 이야기하고자 한다.

1-4장에서는 예수 운동(Jesus movement) 출현 이전의 핵심적인 네 가지 사건들에 초점을 맞추었다. 각각의 사건은 예수 운동 출현에 결정적 촉매제가 된 문화적 배경으로 우리를 이끈다. 또 그것을 기반으로 각 장마다 예수 운동을 다루게 될 것이다. 그런 다음 5-7장에서 예수 운동에 심대한 결과를 가져온 세 가지 사건에 집중할 것이다.

이들 핵심 사건들은 고대 사회가 다문화 세계였음을 알게 해준다. 오늘날의 큰 특색이기도 한 다문화주의는 지난 몇십 년 사이에 나타난 것이 아니다. 초기 예수 운동은 다문화 세계에서 출현했다. 예수 운동은 이 다문화 세상 속에 얽혀 들어가, 하루하루 그 세상과 '협상'해 (negotiate) 나갔다.

1장에서 우리가 살펴볼 첫 번째 중요한 순간은 기원전 323년이다. 알렉산드로스(알렉산더) 대왕이 사망한 해로 예수 탄생 약 300년 전이다. 우리는 알렉산드로스에 얼마나 관심이 있는가? 그가 남긴 중요한 유산에 집중하기 위해 알렉산드로스의 주요 업적 중 일부를 살펴볼 필요가 있다. 그는 그리스어와 헬레니즘 문화를 고대 세계 전역으로 확산시키는 움직임에 시동을 걸었다. 헬레니즘 문화는 돌연 다른 모든 문화들을 밀어내고 그 자리를 차지하기보다 스스로 지역 문화와 뒤섞여 다문화 세계를 만들어 갔다. 이로부터 3세기가 지나서 시작된 초기 예수 운동이 이런 역동적 흐름에 어떤 방식으로 참여했는지 보게 될 것이다.

2장에서는 이 헬레니즘 문화의 확산 과정에서 나타난 한 가지 사건을 다룬다. 즉 유대인의 성서가 히브리어에서 헬라어로 번역된 일이다. 이 '과정'은—나는 이것의 역동성을 강조하고 싶다—기원전 250년대경에 진행된 것으로 보인다. 70인역으로 알려진 이 번역 작업은 예수 운동이 다문화 세계와 '협상'해 가는 하나의 방법이었다. 70인역은 예수의 제자들이 벌인 초기 운동을 뒷받침하는 성서가 되었다. 몇 세기를 건너뛰어 보면, 어떻게 70인역이 그들에게 예수 이해를 위한 자료, 언어, 패러다임을 제공하는지 볼 수 있다.

3장에서는 문화적 전통의 또 다른 측면을 살펴볼 것이다. 헬레니즘

이 지배하는 다문화 세계의 일부에는 유대 전통과 문화가 뒤섞여 있었다. 헬레니즘 전통과 유대 전통이 충돌하는 가운데, 유대 관습을 옹호하고 주창한 하나의 주요 사건이 발생하는데, 바로 기원전 164년에 예루살렘 성전을 정화하고 새롭게 봉헌한 사건이다. 악당은 안티오코스 에피파네스 왕이고, 시골 소년 유다스 마카베오스가 영웅이다. 우리는 이 유대 세계의 중요한 동력 몇 가지를 짧게 살펴본 후 세대를 건너뛰어, 이런 다양하고 생동감 있는 전통 가운데 자리한 예수를 살펴볼 계획이다.

4장에서는 역사의 또 다른 막강한 역할자, 로마가 전면에 나선다. 기원전 63년에 로마의 장군 폼페이우스는 유대 지역에 대한 로마의 지배력을 확립한다. 이후 유대 사람들은 다양한 방식으로 로마의 지배를 헤쳐나간다. 대략 한 세기를 건너뛰어, 우리는 로마와 예루살렘의 동맹 세력에게 처형된 예수의 추종자들이 어떻게 제국의 권력 아래서 그들만의 다양한 방식으로 '협상'해 나가는지 보려 한다.

5-7장은 이 다문화 세계에서 막 부상하던 예수 운동에 핵심적인 의미를 부여하는 세 가지 사건에 초점을 맞춘다. 5장은 서기 30년의 예수의 십자가 죽음에 초점을 둔다. 로마에서는 오직 악인들만이 십자가에 못 박혔다. 이 장에서는 어떻게 왕인 예수가 로마의 질서를 위협했으며, 그럼에도 그 후 예수의 제자들이 이 사건을 어떻게 이해했는지 생각해 볼 것이다.

6장은 최종적으로 신약 성서를 이루게 된 저술들이 어떻게 출현했는지 살펴본다. 저술들은 서기 약 50년에서 130년 사이에 쓰였다. 7장은 질문을 더욱 발전시켜 신약 성서의 정경이 형성되고 서기 397년에 확정되기까지의 과정을 살펴본다.

700년(기원전 323년-서기 397년) 인류의 경험, 7개의 장, 7가지의 핵심 사건. 명백하게 이것은 선택적이다. 다른 중요한 사건들은 생략했다. 7가지 사건은 예수 운동이 출현했던 복합적인 다문화 환경으로 이루어진 세계 속으로 들어가는 일종의 진입 지점으로 작용한다.

연대와 역사?

사람들은 역사를 연구하는 것이, 날짜를 외우는 지루하고 따분한 일이라고 말하곤 한다. 종종 역사 연구는 여성이나 일반인, 일상적인 삶이나 일반 사회 구조들은 무시하고 '위인들'과 그들의 정치적, 군사적 공적에 초점을 맞춰 왔다. 때로 역사는 사건의 알려진 내용이 아닌 '실제로 일어난 일'을 찾아 내려는 수고에 집중하곤 했다. 이 책은 그런 식의 역사를 다루려고 하지 않는다.

물론 이 책에도 7가지의 핵심 사건과 연대가 등장한다. '유명인들'과 '위인들'도 다룰 것이다. 알렉산드로스 대왕이나 유다스 마카베오스, 혹은 로마 장군 폼페이우스나 그 뒤를 이은 권력자 황제들이 위인이 아니라면 누가 위인이겠는가. 그러나 나는 그들 자체에 관심이 있는 것이 아니다. 나는 그들이 얼마나 많은 전투에서 이겼는지, 그들이 어떻게 이겼는지, 그들이 얼마나 큰 정치 권력을 누렸는지에 대해서는 그다지 관심이 없다. 나는 그들의 승리나 권력이 별볼일없는 이들, 곧 일반 대중에게 미치는 영향력에 더 많은 관심이 있다. 또한 이 책에서 제시하는 핵심 연대들이 인구학적 동력이나 문화적 동력으로서 어떤 기능을 했는지 생각해 보려고 한다.

우리의 초점은 초기 예수 운동의 출현이다. 이것은 엘리트들과 '위인들'이 합세한 운동이 아니었다. 예수는 로마 제국의 지배를 받는 변변치 않은 지방 동네 출신이었다. 그는 목수였고 로마의 십자가에 달려 죽었다. 그의 제자들은, 최소한 처음에는, 대부분 평범한 일반인이었으며 그런 사람들이 모여 운동을 시작했다. 그들은 다문화 세계에서 다양한 수준의 가난과 무력함을 날마다 겪으며 사는 사람들이었다. 말하자면 이 운동은 그 시대의 사회경제적 현실을 무시하거나 초월한 상태에서 극히 신령한 것으로 시작된 게 아니었다. 그들은 로마 시대 대부분의 가난한 사람들이 경험하던 곤궁, 고통, 질병, 굶주림, 세금, 노예화, 고된 노동을 벗어난 초월적 삶을 살지 않았다. 그들은, 원하든 원하지 않든, 이 거대하고 복잡다단한 세상 속에 얽혀 들어와 살고 있었다. 그들은 이 세상을 지배하는 소수의 엘리트 '위인들'이 자신들의 이익을 위해 세상을 만들어 가는 방식이 미치는 영향력에서 결코 벗어나지 못했다.

그래서 비록 이야기는 흥미로울지라도 힘 있는 사람들에게 초점을 맞추는 대신, 그 시대의 사회문화적 환경과 그 안에서 영향을 받으며 살던 사람들에게 초점을 맞추려고 한다. 역사를 고찰하되 일반 대중에게 집중하는 이런 관점에서는, 거대한 문화적 운동 및 정치 구조가 일반 대중에게 미치는 영향에 더 큰 관심을 가진다.[1] 고대 사회에서 이것은 연구하기 어려운 분야다. 왜냐하면 비록 전부는 아니라 할지라도 대부분의 자료들은 엘리트 계층의 남성으로부터 나오기 때문이다. 고대 사회는 엘리트가 아닌 계층에는 그다지 관심이 없었다. 그러나 초기 예수 운동에 관심을 가진다면 곧장 평범한 일반 대중에게로 관심이 흐를 수밖에 없다. 그들이 사는 세상을 배우고 그들이 헬레니즘 문화, 유대 문화, 그리고 로마 제국 권력으로부터 출현한 온갖 전통이 뒤얽힌 이 세상에서 어떻게 '협상'해 나갔는지 일말의 아이디어를 모을 수 있기 때문이다.

'협상하다'(negotiate)라는 용어는 중요하다. 이 책에서 내가 사용하는 이 단어는 여러 집단이 저마다 자신의 이익 극대화를 추구하는 거래를 위한 회합에 누군가 크림치즈를 얹은 베이글과 커피를 들고 들어가는 걸 의미하지 않는다. 우리의 7가지 핵심 사건 속에 그런 회합은 존재하지 않는다. 나는 '협상하다'라는 단어를 예수의 제자 같은 이들이 복잡

---

[1] 초기 예수 운동을 일반 대중의 역사 중심으로 접근하려는 시각에 대한 더 많은 논의들을 위해서는 다음을 보라. Richard A. Horsely 편, *Christian Origins*, 1권, *A People's History of Christianity* 중에서, Denis R. Janz 편(Minneapolis: Fortress, 2005).

다단한 세상을 어떻게 살아 냈으며 어떻게 그들만의 생존 방식을 만들어 갔는지 언급하기 위해 사용했다.

이 단어를 저항의 의미로도 사용하지 않았다. 나는 예수의 제자들이 자동적으로 헬레니즘 문화와 유대 관습과 로마 권력에 맞섰다고 생각하지 않는다. 그들이 오직 갈등이나 반대, 핍박과 맞닥뜨려야 했다는 증거는 없다. 역사의 많은 시간 동안, 예수의 제자 대부분은 모든 사람들의 증오심을 받아 사자에게 먹힐 위협을 걱정할 필요가 없었다. 이는 매우 부정확한 정형화에 불과하다.

그럼에도 복잡한 상호 작용이 있었다는 사실은 의심할 여지가 없다. 곳곳에서 반대에 부딪혔다. 예수의 제자들은 로마와 그 동맹 세력에 의해 십자가에 못 박힌 한 사람의 길을 따라야 했다. 그러나 또한 풍성한 문화적 모방과 수용이 있었다. 그리스도인들은 다양한 문화적 흐름에 접촉할 때마다 그로부터 언어와 사상과 사회 구조 같은 자원을 끌어왔다. 그들은 그리스어로 글을 썼다. 그들은 유대인의 성서를 읽었다. 그들은 예수 왕국 혹은 제국의 구성원으로서 예수를 추종했다. 그들은 예수가 세운 왕국이 결국 세상 모든 것을 다스리게 될 것이라고 보았다. 그들은 수용하기도 하고 경쟁하기도 하고 참여하기도 하면서 살아남았다. 이 모든 내용이 내가 앞으로도 계속 사용하려는 '협상'이라는 단어에 담겨 있다고 보면 된다.

이상하게 들리겠지만, 예수를 따르던 초기 무리들은 소수자(minority) 운동에 불과했다. 시작 초기에는 매우 소규모였고, 대부분의 사람들에게 스크린에 스치듯 잠깐 나타났다 사라지는 무엇에 지나지 않았다. 복잡다단한 사회에서 소수자 운동이 살아남기란 쉽지 않다. 그런 무기력함은 곧잘 정체성을 형성하고, 존재 방식을 결정하며, 다른 사람들과의 상호작용을 좌우하고, 어떤 집단이 될지, 어떻게 말하고 생각할지에 영향을 미치며, 다른 사람들이 어떤 식으로 반응할지에 큰 지렛대로 작용한다. 물론 이 소수자로서의 지위는 몇 세기를 거치면서 달라진다. 4세기에 이르러 기독교 운동은 이전과는 다르게 막강한 존재감과 영향력을 지니게 된다. 특히 콘스탄티누스가 서기 313년에 기독교를 정식으로 인정한 것을 보면 그렇다(그게 좋은 일인지 나쁜 일인지는 모르겠다).

이 책에서 앞서 이야기한 이 모든 내용을 다루지는 못한다. 다만 위 내용은 일반 대중의 역사라는 시각에서 볼 때 중요한 주제이자 사회적 동력들이다. 앞으로 살펴볼 7가지 핵심 사건은 예수 운동이 출현하게 된 문화·역사적 동력들이 무엇이었는지 살펴보고, 그 동력들로부터 창출된 신약 성서를 이해하도록 도울 것이다.

1.
알렉산드로스 대왕의 죽음
(기원전 323년)

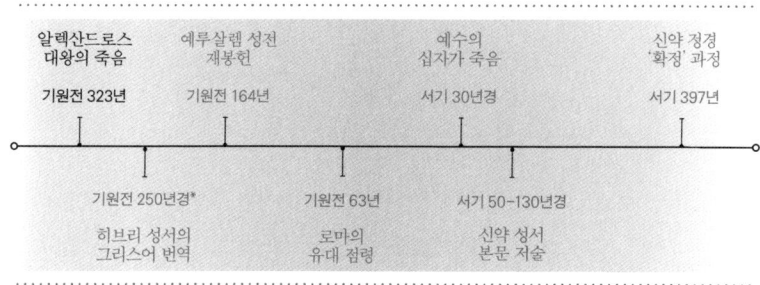

알렉산드로스는 자기 스스로 '대왕'(the Great)이란 꼬리표를 붙인 적이 없다. 그러나 역사에서는 분명 '대왕'으로 알려졌고 2천 년이 흐른 지금도 여전히 '대왕'으로 불리고 있다. 그는 기원전 323년 6월 10일, 겨우 서른세 살에 죽었다. 보통 사람이면 앞으로 뭐가 되고 싶은지 생각도 못할 나이에 당시 알려진 세상의 대부분을 정복했다.

그는 정말 위대한(great) 사람이었는가? 그리고 신약 성서와 초기 예수 운동에 대한 이 책이 기원전 323년 그의 죽음에서 시작하는 이유는 무엇인가? 그의 죽음은 예수의 사역보다 300년이나 앞서 있다. 알렉산드로스 시대에는 교회도 없었고 예수를 추종하는 사람도 없었다. 그

둘 사이에 300년이라는 간격이 있음에도, 알렉산드로스는 예수와 초기 예수 운동과 무슨 관련이 있는가? 이것이 이번 장에서 생각해 보고자 하는 커다란 질문이다.

알렉산드로스는 과잉성취자였다. 그는 기원전[1] 336년부터 323년까지, 13년 동안 마케도니아의 왕이었다. 그는 당대 최강국인 페르시아를 정복했고, 서쪽의 그리스에서 시작해 동쪽으로 인도와 아프가니스탄, 그리고 남쪽으로는 이집트까지 아우르는 제국을 세웠다. 그는 왕이요, 장군이며, 전사이자, 세계 정복가였다. 또한 파티를 즐겼고, 술고래에다 양성애자였으며, 난폭한 성격에 피해망상까지 있었다.

알렉산드로스가 미친 영향력은 실로 거대하다. 그에 관한 전설은 그의 사후뿐만 아니라 그가 생존하던 당시에도 만들어질 정도였다. 수천 년이 흐르는 동안 그는 계속해서 다중의 복잡미묘한 인물로 묘사되면서 죽음 이후에도 여전히 살아 있는 듯한 인상을 준다. 최근에 올리버 스톤이 만든 영화 〈알렉산더(워너 브라더스, 2004)〉가 그 좋은 예이다. 예수나 바울처럼 역사상 중요한 인물들에서 보듯, 그들에 관한 사실과 전설을 엄밀히 분리해서 그들이 누구였는지 정확히 이해하기란 어려운 점이 있다. 실제 알렉산드로스는 과연 어떤 인물이었을까?

우리는 먼저 왕이자 전사인 그의 경력을 훑어본 후에 초기 예수 운

---

1 기원전(BCE)은 서력 기원(서기) 이전, 기원후(CE)는 서력 기원, 서기를 뜻한다.

동에 그가 왜 중요한지에 대한 질문을 다룬 다음, 사람들에게 위대함과 용맹함의 본보기로 알려지게 된 의미를 묵상해 볼 것이다.[2]

알렉산드로스의 이력서

알렉산드로스가 자신의 이력서에 적어 넣고 싶은 사건이 무엇인지는 아무도 모른다. 내가 제안하는 그의 이력은 다음과 같다.

- 알렉산드로스는 기원전 356년 7월 말, 그리스 북부에서, 마케도니아 왕 필립 2세와 그의 네 번째 아내 올림피아스 사이에서 태어났다. 필립 2세는 마케도니아를 통일한 이후, 그리스 도시 국가들 사이에서 군사,

---

[2] 이번 장을 위해 다음과 같은 글들이 도움이 되었다. E. Badian, "Alexander the Great and the Unity of Mankind," *Historia* 7(1958): 425-444; Karl Galinsky, *Classical and Modern Interactions*(Austin: Universtity of Texas Press, 1992), 특히 "Multiculturalism in Greece and Rome," 116-153; A. B. Bosworth, *Alexander and the East: The Tragedy of Triumph*(Oxford: Clarendon, 1996); Diana Spencer, *The Roman Alexander: Reading a Cultural Myth*(Exeter, UK: University of Exeter Press, 2002); Waldermar Hackel and Lawrence A. Tritle 편, *Crossroads of History: The Age of Alexander*(Clemont, CA: Regina Books, 2003); Joseph Roisman 편, *Brill's Companion to Alexander the Great*(Leiden: Brill, 2003); Ian Worthington 편, *Alexander the Great: A Reader*(London and New York: Routledge, 2003); Claude Mossé, *Alexander: Destiny and Myth*(Baltimore: Johns Hopkins University Press, 2004); Robin Lane Fox, *The Classical World: An Epic History from Homer to Hadrian*(New York: Basic Books, 2006); Peter Green, *The Hellenistic Age: A History*(New York: Modern Library, 2007); Waldermar Heckel and Lawrence A. Tritl 편, *Alexander the Great: A New History*(Oxford: Wiley-Blackwell, 2009). 삽화를 위해서는 Nikólaos Gialoúris et all., *The Search for Alexander: An Exhibition*(New York: New York Graphic Society, 1980-1981)을 보라.

정치, 경제 권력의 맹주로 자리잡으려 했다.

- 그러나 알렉산드로스, 특히 그의 탄생과 관련해서는 명료하거나 확실한 것이 아무것도 없다. 그래서 그가 보통의 인간으로 태어나지 않았다는 식의 전설이 많이 만들어졌다. 한 전승에 따르면, 트로이 전쟁의 영웅 아킬레스뿐만 아니라 최고의 신 제우스의 아들이자 초인인 헤라클레스가 그의 조상이라는 식의 이야기도 전해진다. 헤라클레스는 극강의 사내이자 전형적인 마초 남성성의 모델이었다(디오도로스 시켈로스,『세계사』. 17.1.5). 또 다른 전승은, 알렉산드로스의 어머니 올림피아스 옆에 뱀이 또아리를 틀고 있는 것을 본 필립 왕이, 뱀이 신적인 존재라 생각해 아내와 더 이상 관계를 갖지 않았다고 주장한다. 이는 알렉산드로스가 잉태된 데에는 신적인 간섭이 있었다는 것을 암시한다(플루타르코스,『알렉산드로스 대왕』2.4). 실제로도 알렉산드로스는 생애 내내 자신의 신적 정체성을 점점 더 강조하려 했던 것처럼 보인다. 또 그런 전설들이 더해져 그를 초영웅으로 보이게 만들었다.
- 어린 시절 알렉산드로스는 유명한 철학자 아리스토텔레스로부터 철학, 웅변술, 기하학을 배웠다. 아테네와 테베 연합군에 맞섰던 아버지의 군대에 신참내기 전사로 참여해서는 전쟁을 배웠다.
- 기원전 336년 약관 20세에 알렉산드로스는 살해 당한 아버지 필립 왕의 뒤를 이어 왕위에 오른다. 살해 당하는 것만으로도 불행인데, 엎친 데 덮친 격으로 이 일은 필립 왕의 딸 결혼식에서 일어난다. 아버지

는 왜 살해당했는가? 이 문제도 간단치 않다. 알렉산드로스의 어머니가 살인을 교사해 알렉산드로스를 왕위에 오르게 했다는 소문이 있는가 하면, 페르시아인들이 필립 왕의 임박한 군사작전이 두려워 암살했다는 이야기도 전해진다.

- 알렉산드로스는 페르시아 제국(혹은 아케메네스 제국)을 공격하려던 아버지의 계획을 이어받는다. 아마도 이전에 그리스 국가들을 침략했던 페르시아에 대한 보복 차원일 것이다. 적어도 이 계획은 소아시아에 있는 그리스 도시 국가들을 자유케 하려는 시도였다. 알렉산드로스는 이것을 전 세계를 정복하라는 의미로 이해한 듯하다. 그는 앞으로 남은 생애를 이 프로젝트를 위해 매진하게 된다. 그는 집에 홀로 있으면서 그의 군대만 기나긴 전투를 치르라고 내보내지 않았다. 알렉산드로스는 손수 자신의 군대와 (철학자, 시인, 과학자 그리고 역사학자들을 포함한) 지원 팀을 이끌고 수천 킬로미터를 달려가서 그후 11년 동안 전투에 뛰어든다. 그는 마케도니아로 돌아오지 못했다.

- 기원전 334년에 그가 이끈 군대는 보병 3만(궁수와 투창병 포함)과 기병 5천 정도로 추산된다. 알렉산드로스의 군대는 마케도니아에서 출정해 소아시아(오늘날의 터키)를 가로질러 (서쪽으로) 유럽과 (동쪽으로) 아시아를 나누는 좁고 기다란 물줄기인 헬레스폰트 해협을 건넌다.

- 페르시아와 벌인 몇몇 주요 전투에서 승리를 거두었는데, 맨 처음은 기원전 334년 소아시아 북서부 그라니코스 강에서였고, 그 다음은 기

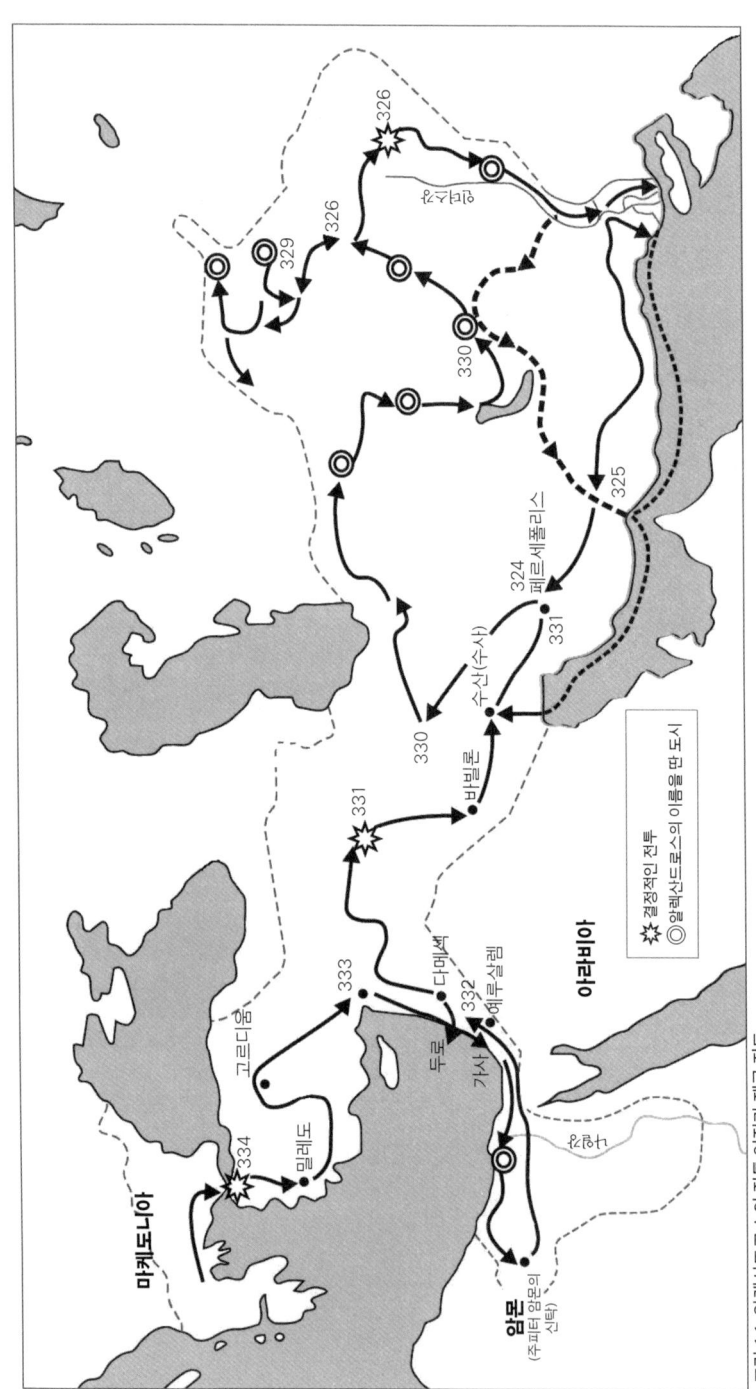

그림 1.1. 알렉산드로스의 전투 여정과 제국 지도

원전 333년 소아시아와 북 시리아의 교차로인 이수스에서였다. 페르시아 왕 다리우스 3세는 알렉산드로스가 다리우스의 모친과 아내, 자녀들을 사로잡았는데도 도주한다.

- 332-331년, 알렉산드로스는 남쪽으로 진군하여 시리아와 팔레스타인을 장악한다. 이집트는 전투 없이 항복하고 알렉산드로스는 파라오이자 이집트의 신 오시리스의 아들로 선포된다. 331년 알렉산드로스는 자신의 이름을 따 알렉산드리아라는 도시를 세운다. 이는 그의 이름을 딴 수많은 도시 중 한 곳일 뿐이다. 알렉산드리아는 로마와 시리아(수리아)의 안디옥과 함께 로마 제국에서 가장 큰 도시 중 하나가 된다.
- 알렉산드로스는 알렉산드리아 남서쪽 시와 오아시스(Siwah Oasis)에 위치한 유명한 암몬(아문이라고도 함) 신전을 방문한다. 전설에 의하면 그에게 제우스-아문의 아들이라는 신탁이 내려진 곳이다. 그 일이 있고 난 후부터 그는 스스로를 신적인 존재로 이해한 듯 보이며, 그러한 이해는 점차 논란을 불러일으킨다. 자신을 신적 존재로 받아들이면서, 그는 자신에게 주어진 거대 권력과 지배력을 휘두르고 엄청난 물질적 기부도 아끼지 않게 되었다.
- 알렉산드로스의 군대는 북동쪽으로 수천 킬로미터를 진군해 페르시아 제국의 중심부로 향한다. 그는 세 번째로 다리우스와 싸워 기원전 331년 티그리스 강변 가우가멜라에서 승리를 거둔다. 운이 좋게도 다리우스는 다시 한 번 빠져나간다.

그림 1.2. 알렉산드로스가 페르시아와 싸우는 장면을 묘사한 아티카식 석관

- 기원전 330년에 알렉산드로스는 페르시아의 수도 페르세폴리스를 약탈하고 불태운다. 다리우스는 또 다시 도주하지만, 이번에는 그의 운이 다한다. 다리우스는 자신의 신하에게 암살당한다. 알렉산드로스는 왕의 죽음에 복수하기 위해 그 신하를 공개 처형하고 다리우스를 페르시아 왕들의 무덤에 장사함으로 그의 명예를 회복시킨다. 알렉산드로스는 강력한 페르시아 제국을 패퇴시킴으로 큰 영광을 얻었다. 이제 그는 마케도니아 제국의 통치자가 된다. 그는 페르시아인의 지지를 얻으려고 페르시아인을 관직에 등용한다. 또 페르시아 의복을 착용하고 프로스키네시스(*proskynēsis*, 열등한 자가 우월한 자 앞에 절하는 의식) 같은 페르시아 관습을 도입한다. 많은 마케도니아인들은 그런 의식을 거부하고, 알렉산드로스는 이를 비판하는 몇몇을 처형한다.

- 330-327년 사이에 그는 많은 전투를 치르며 페르시아 제국 동편(이란 동부)을 평정한다.
- 알렉산드로스는 페르시아 권력층의 아름다운 딸 록새나(록사느, 록산느)와 결혼한 후 인도를 침공한다. 326년 인도의 서부, 히다스페스 강에서 편잡의 라자(rajah) 즉 왕 포루스를 물리친다. 하지만 곧이어 그의 군대는 쇠약해졌고 결코 끝날 것 같지 않은 진군에 분개한 이들이 반란을 일으킨다. 그들은 히파시스(지금은 베아스) 강에서 더 이상 나아가기를 거부한다. 수천 킬로미터의 쉼 없는 진군과 전투로 그들은 타격을 입었다.
- 강, 바다, 육지를 끼고 군사 작전을 펼치며 알렉산드로스는 바빌론 도시에서 동쪽으로 260킬로미터 떨어진 수사(Susa)를 향해 서쪽으로 향한다. 324년 수사에서 알렉산드로스는 페르시아 방식으로 닷새 동안 계속되는 합동 결혼식을 준비한다. 알렉산드로스는 두 명의 여인과 결혼한다. 그중 하나가 다리우스의 맏딸 스타테이라이다. 약 90명에 달하는 고위직 관리들도 알렉산드로스와 함께 페르시아 여인들과 결혼한다.
- 군대는 페르시아 군사들을 자국군에 포함시키려는 알렉산드로스의 시도에 분노해 다시 반란을 일으킨다. 알렉산드로스는 몇몇 지도자들을 처형함으로 매몰차게 반응한다. 그리고 충성스러운 군사들을 위해선 급료를 올려준다. 324년 바빌론 북쪽 티그리스 강변 오피스에서 그

는 화해를 위한 희생제사와 연회를 벌였다고 한다. 거기서 마케도니아 와 페르시아 사이의 화합을 시도한다.

- 알렉산드로스는 아라비아 남쪽으로 그의 제국을 확장할 계획을 세운다. 그러나 기원전 323년 6월, 그는 바빌론에서 병이 들어 같은 해에 죽고 만다. 알렉산드로스와 관련한 내용 중 간단한 것은 아무것도 없다. 알렉산드로스는 정말 (말라리아 같은) 병에 걸려 자연사했는가? 아니면 자신의 신복 중 누군가에게 독살 당했는가? 알렉산드로스의 시신은 이집트로 옮겨진다. 추정컨대, 이는 알렉산드리아에 안치하는 대신 그의 '아버지' 제우스-아문과 가까이 있는 시와 오아시스에 매장하기 위함일 것이다.

- 알렉산드로스에게 부인들은 많이 있었지만, 장성한 왕위 계승자를 남기지 못한다. 권력 투쟁이 그의 장군들 사이에서 발생했으나 처음에는 아무도 승리하지 못한다. 약 50년이 흘러 기원전 270년대까지 알렉산드로스 제국과 왕권의 계승자임을 주장하는 세 나라가 나타났고, 그러고 나서 다음 초강대국, 로마에게 길을 내준다. 그중 한 나라가 이집트로, 프톨레마이오스가 세운 프톨레마이오스 왕조는 기원전 31년 클레오파트라(맞다, 그 클레오파트라다)가 악티움 전투에서 로마 옥타비아누스에게 격파되기까지 거의 3백 년 동안 유지된다. 옥타비아누스는 아우구스투스로 알려진 로마의 첫 번째 황제가 된다. (알렉산드로스의 뒤를 이은) 두 번째로 큰 나라는 시리아를 중심부로 삼고 터키 서부를 거

쳐 아프가니스탄까지 이르는데, 바로 셀레우코스 왕조가 다스리는 나라다. 수세기 동안 동쪽과 서쪽에서 영토를 조금씩 잃어 가다가 기원전 64년 로마의 폼페이우스 장군에게 마지막으로 남은 시리아를 정복 당한다. 세 번째 나라는 바로 마케도니아다. 마케도니아는 기원전 276년까지 심한 분쟁이 있다가 안티고누스 고나타스가 안티고노스 왕조를 세운다. 안티고노스 왕조는 기원전 168년 로마에게 패할 때까지 100년 동안 다스린다.

알렉산드로스는 그저 과거의 위인일 뿐인가?

지금까지 알렉산드로스의 생애를 짧게 살펴보았다. 알렉산드로스 생존 당시부터 2천 년이 흐른 지금까지 알렉산드로스에 대한 가공되고 개작된 이야기들이 수없이 많았다. 앞의 개요는 전사이자 왕으로서 페르시아 제국을 무찌르고 마케도니아 제국을 세운 알렉산드로스의 업적을 선택적으로 강조한 내용이다. 말하자면 그의 삶에 있는 수많은 다른 측면들은 포함되지 않았다. 가령 전투에서 입은 상처로 인한 고통, 우정에 높은 가치를 두는 것, (324년에 사망한 그의 남자 연인 헤파이스티온을 포함해) 여성 및 남성들과의 적극적인 성생활, 일부다처제 생활(세 명의 아내와 한 명의 연인이 있었다는 기록이 있다), 날마다 술에 절어 지낸 삶, 알렉산드로스의 전설적인 명마 부케팔로스, 그 이름을 따서 인도의 한 도시를 부케팔리아로 명한 일, 갑자기 욱 하는 성격, (파르메니온, 필로타스, 클레이투스, 칼리스테네스 등) 가까운 조력자들을 냉혹하게 살해한 일, 그러면서도 한편으론 관대한 기질, 날로 심해진 편집증, 자신이 신적 존재라는 주장과 그로 인해 빚어진 논란 등이 있을 것이다.

  이 모든 걸 통해 알렉산드로스가 이루려고 했던 건 무엇인가? 그의 행동과 업적을 우리는 어떻게 이해해야 하는가? 역사학자들은 이런 질문과 씨름하면서 문화적, 경제적, 정치적 동기를 다양하게 강조하는 설명을 내놓았다. 예를 들어, 그는 우수한 그리스 문화로 야만인을 문명화하려고 했는가? 아니면 서방과 동방 문화의 융합, 인류의 연합, 제우스를 공통의 아버지로 삼는 세계적인 국가를 건설하려고 했는가? 아니면 지역 주민의 전문 지식과 기술을 활용해 자기 나라(마케도니아)의 유익을 도모한 실용주의자였는가? 일차적으로는 전리품과 약탈을 통해, 그리고 다음으로는 세금 징수 및 부담금을 통해 페르시아 제국의 토지와 부를 장악하려고 했는가? 아니면 합의, 무역 및 접촉 등을 통해 새로운 경제 질서를 모색하고 있었는가? 아니면 모든 그리스 국가들의 지도자로서, 그리스 국가들을 향한 오래전부터 이어져 온 페르시아의 폭력에 대한 군사적 보복을 감행한 것인가? 아버지의 사명을 물려받고 나서 아버지를 능가하는 인물이 되려 했는가? 아니면 세계를 지배하겠다는 정치적 비전을 품은 사람이었는가? 혹시 동반자 관계뿐만 아니라 정복 전쟁도 좋아한 사람이었는가?

  우리는 여기에서 이 여러 견해들을 간단히 평가할 수 없다. 분명히 알렉산드로스는 단순한 인물은 아니었다. 복합적인 그의 삶은 결코 단순하게 설명될 수 없다. 그럼에도 여기서 언급된 이 견해들 중 다른 것보다 설득력이 떨어지는 견해들이 있다. 야만인 문명화라든지, 문화 융합이라든지, 새로운 경제 질서 창조 등과 같이 원대하고도 포괄적인 비전을 품었다는 제안들은 설득력이 떨어진다. 차라리 알렉산드로스의 개인적인 권력욕, (이유야 어떻든) 전쟁과 정복을 통한 만족, 아시아에 부과한 세금을 통한 부와 자산 축적, 그리고 주어지는 상황을 해결할 뿐만 아니라 치열하고 복잡한 필요를 타개하려는 실용적 이유에 초점을 맞추는 설명이 좀 더 그럴 듯해 보인다.

헬레니즘 문화의 확산

알렉산드로스의 목표나 의도가 무엇이었든 우리가 알고자 하는 보다 중요한 사안은 그의 행적이 어떤 '영향'을 미쳤는가에 있다. 이를 다시 질문해 보면 다음과 같다. "알렉산드로스는 그보다 3세기 후에 살았던 예수 및 예수의 제자들과 무슨 관련이 있는가?"

알렉산드로스의 군사 정복 활동으로 말미암아 고대 세계에 발현된 '문화적 동력'이 그 질문에 대한 답변과 깊은 관련이 있다. 알렉산드로스에 의해 발현된 그 동력은 수천 킬로미터와 수백 년에 걸쳐 반향을 일으켰다. 군사 정복은 군사적 승리와 패배만 가져온 것이 아니다. 군사 정복 활동은 문화적으로도 영향을 미치고 상호작용을 일으켰다. 알렉산드로스의 의도가 무엇이었든 그의 정복전쟁과 군대는 거대한 조력자 무리를 동반했고, 그로 인해 그가 정복하는 영토에 헬레니즘 문화가 두루 퍼지게 되었다.

일부 역사학자들은 이런 과정을, 무지한 야만인들에 대한 영광스런 그리스 문명의 일방적인 확산으로 보았다. 마케도니아인들이 이 같은 생각을 했다는 것은 의심의 여지가 없고, 그리스 언어와 문화가 여러 세기 동안 계속해서 큰 영향력을 미쳤다는 것도 부정할 수 없다. 하지만 알렉산드로스의 영향을 일방통행처럼 보는 것은 부적절하다. 왜냐하면 그 지역 문화가 알렉산드로스 전후로도 오랫동안 유지되었다는 사실과 함께 문화적 상호작용은 양방향적이라는 사실을 인식하지 못한 점도 있기 때문이다.

그렇다면 헬레니즘 문화의 확산과 지역 문화와의 상호작용은 어떻게 일어났는가? 알렉산드로스의 이력을 보면 다음 세기까지 이어진 몇 가지 방식이 두드러진다.

사람들과의 접촉

현지인들과의 물리적인 접촉과 상호작용은 헬레니즘 문화가 확산되는 하나의 매개수단이었다. 수천 명의 사람들이 지역 주민과 서로 영향을 주고받는 일 없이 어느 지리적 영역을 단순히 행진하여 통과한다는 것은 불가능하다. 군대는 식량, 주둔지, 보급품, 장비 수리, 교통수단, 지역 정보 및 신병 충원의 필요가 늘 존재한다. 군대가 지역 정보를 습득하는 등 여러 필요를 채우는 과정에서 지역 주민과 서로 영향을 주고받는 일뿐만 아니라 그리스의 언어, 가치, 관습이 확산되는 것은 불가피한 일이었다. 전투에서 승리할 때마다 그것은 영토, 사람, 그리고 자원을 통제한다는 의미뿐만 아니라 승리한 쪽의 문화적 우월성과 보다 강력한 신에 대한 메시지가 확산된다는 의미를 내포하고 있다. 그럼에도 이것 역시 양방향적이었으며 정복당한 지역의 신들과 그리스 신들 사이의 혼합은 종교 혼합주의라는 결과를 낳았다. 예를 들어, 인도에서는 알렉산드로스 시대 이후에 부처의 모양이 그리스의 아폴로 신 같아졌고, 그리스 의복을 입은 것처럼 보이게 되었다. 이렇게 사람과 사람 사이에 주고받는 상호작용은 수세기 동안 계속되었다.

지역 동맹

알렉산드로스는 현지인들과의 동맹을 모색했다. 그는 상위 계층의 현지인 젊은이들에게 그리스 언어와 생활방식을 가르쳤다. 현지 페르시아 사람들을 발탁해 제국의 영토를 관리하는 일을 맡기고, 그의 군대에 입대하도록 허락했다. 그렇게 알렉산드로스는 그들의 능력과 지역 고유의 지식을 활용함으로써 헬레니즘 문화의 영역 안으로 그것들을 통합시켜 나갔다. 그리스인과 비그리스인 사이의 국제 결혼은 (알렉산드로스는 세 지역의 여성과 결혼했다) 수세기에 걸쳐 계속됐다. 알렉산드로스가 개척해 간 여정과 경로를 따라 새로운 세계가 열렸을 뿐만 아니라 무역이 발달하는 새로운 기회의 장이 마련되었다.

도시 개발

문화적으로 지대한 영향을 미치고 변화를 일으키는 또 다른 주요 매개수단은 새로운 도시를 세우는 것이었다. 전승에 의하면, 알렉산드로스 덕분에 이집트의 알렉산드리아 같이 알렉산드로스의 이름을 따라 명명된 도시들이 70곳 넘게 세워졌다고 한다. 숫자는 다소 과장되었겠지만, 그 도시들이 지닌 중요성만큼은 전혀 과장된 것이 아니다. 알렉산드로스의 계승자 중 셀레우코스 왕조가 추가로 60여 곳의 도시를 세웠다고 한다. 일부 도시는 군대의 전초 기지로 세워졌고 일부 도시는 토착민과 더불어, 행정 및 사업상의 목적으로 식민지에 정착하는 그리스인과 퇴역군인에 의해 세워졌다. 어떤 의도로 세워졌든, 도시들은 그리스의 언어, 문화 및 정치 구조를 전파하는 중심지 역할을 했다. 예를 들어, 그곳에서는 의회, 공무원 및 선거 제도 등이 시작됐다. 그리스의 특징이라 할 수 있는 (정치 집회 공간이면서 동시에 상업 활동이 벌어지는 시장) 아고라나 극장도 갖추고 있었다. 대형 체육관인 김나지움도 급증했다. 김나지움은 단순히 헬스 클럽 같은 곳이 아니라 그리스의 신화, 예술, 문학, 사상 및 건축학을 접하고 웅변술을 비롯해 공적 지도력을 위한 주요 기술을 배우는 곳이었다. 신체 활동뿐만 아니라 지적 활동도 함께 경험할 수 있었던 셈이다. 김나지움은 하층민을 배제하고 엘리트 계층만 출입할 수 있었다. 특별히 그곳에서는 그리스의 통상적인 관례를 따라 알몸으로 운동하도록 요구했는데 그렇게 함으로써 그리스의 정체성을 드러냈다.

그리스와 식민 지역 간의 이런 상호작용은 수세기에 걸쳐 계속되었다. 알려진 세계에 그리스의 언어와 문화가 끼친 영향은 지리적 조건과 신분의 정도에 따라 균일하지 않고 다양했다. 주로 자급자족의 생활 경제로 영위되는 지역의 소작 농민과 마을에는 어쩌면 영향을 미치지 못했을 수도 있다. 그러나 무역업자, 장인, 상인, 도시 거주민과 같은 사람들에게는 그렇지 않았다. 그리스어는 공통의 언어가 되었고, 언어는 항상 문화적 가치와 관습을 함께 가져온다.

양방 통행

그래도 문화 교류는 양방향적이었다. 그리스의 언어와 문화는 그 앞에 있는 모든 것을 쓸어버리기보다 그 지역 문화와 상호작용을 일으켰다. 이념 때문이었든 실용주의에서였든, 알렉산드로스는 페르시아 의복을 입는 것에 거리낌이 없었고, 신하들의 거센 저항에도 불구하고 프로스키네시스 같은 페르시아의 관습도 받아들였다. 알렉산드로스는 또한 인도의 의료 행위와 철학에 열려 있었다. 알렉산드로스의 계승자 중 시리아의 셀레우코스 니카토르는 인도의 지도자 찬드라굽타와 평화 조약을 맺었고, 동맹을 보장하기 위해 자신의 딸 코르넬리아를 그와 결혼시켰다고 전해진다. 이집트를 지배했던 프톨레마이오스 계열의 그리스인들은 종종 파라오처럼 이집트인 복장으로 나타났다. 그리고 이집트의 일부 그리스인들은 이집트의 종교 관습을 따르기도 했다. 이집트의 이시스 여신에 대한 숭배는 지역의 종교와 뒤섞이면서 광범위하게 퍼져나갔다. 다음 두 장에서 보겠지만, 일부 유대인 엘리트들은 그리스의 관습을 쉽게 받아들였고, 반면 다른 이들은 이를 거부했다. (회당 같은) 유대인의 집회에 호감을 갖고 참여하는 비유대인들도 있었다.

그 결과 많은 사람들에게 진정한 다문화 세계가 구현되었다. 그러나 문화교배는 어느 정도 흠집을 남겼다. 당시 공공연했던 외국인 혐오증(Xenophobia)은 그런 분위기를 대변한다. 로마의 웅변가 키케로는 유대인과 시리아인이 "태어날 때부터 노예에 불과하며"(『집정관에 대하여』 10)[3] 아프리카인, 스페인인, 그리고 골족은 "예의를 모르는 야만적인 민족"이라고(『퀸투스에게 보내는 편지』 1.1.27)[4] 확신했다. 그러나 (기원전 2세기 후반에서 1세기 초) 가다라 출신의 시인 멜레아게르는 보편적 인간성이란 것이 지역적 구분이나 경계와는 아무 관계가 없다는 인식과 더불어 자신의 정체성을 자랑하기도 했다. 그는 자신이 시리아의 가다라에서 태어

---

3 *Cicero*, Walter Miller 등 역, 30권, Loeb Classical Library(Cambridge: Harvard University Press, 1913-2010).
4 같은 책.

나 두로에서 살았고, 때로는 그리스의 코스 섬에서 살기도 했다는 사실을 밝히면서, 여러 민족성과 문화를 동시에 지니고 있는 자신의 혼종성(hybridity)을 강조한다. 그뿐만 아니라 그는 독자들을 향해서도 자신들의 고유한 특성을 축하하라고 요청했다. "당신이 시리아인이면, 살람(Salam)! 당신이 페니키아인이면 나이디우스(Naidius)! 당신이 그리스인이면, 차이르(Chaire)!"(『멜레아게르』 7.419).[5] 그러면 멜레아게르는 자신의 다문화 포용주의를 드러내고 독자들에게는 그들의 보편적 인간성을 기념하도록 할 때 어떤 언어를 사용했는가? 물론 그리스어이다.

알렉산드로스와 예수

알렉산드로스와 그의 영향을 받아 형성된 이 다문화 세계는 300년 후에 나타난 예수와 어떤 관계가 있는가? 이 모든 것이 전적으로 알렉산드로스 혼자만의 결과물은 아니지만, 예수와 초기 예수 운동이 출현했던 세계를 들여다보면 알렉산드로스와 그의 계승자들이 촉발하고 수세기 동안 유지시킨 일련의 과정에서 비롯되었음을 알게 된다.

다음 다섯 가지 특징을 생각해 보라.

---

5 각 민족 고유의 인사말이다. *The Greek anthology with an English Translation*, W. R. Paton 역, 5권, Loeb Classical Library(Cambridge: Harvard University Press, 1916-1918).

언어. 예수는 아람어와 그리스어를 함께 사용했는가? 알렉산드로스가 죽은 지 약 400년 후, 초기 예수의 제자들은 예수의 사역을 소개하는 편지와 이야기를 써서 가르치고 서로 격려했다. 그들은 다문화 세계의 보편 언어인 그리스어로 그렇게 했다. 다음 장에서 보겠지만, 성서(히브리 성서)를 읽을 때도 히브리어가 아닌 그리스어로 된 성서를 읽었다. 그것은 그리스어가 다른 모든 언어를 말소시켰음을 의미하지 않는다. 결코 그렇지 않다. 오히려 알렉산드로스 덕분에 그리스어가 많은 사람들에게 보편적 언어가 되었음을 의미한다.

도시. 예수 운동 초기에 도시는 매우 중요했다. 바울은 고린도, (알렉산드로스의 마케도니아에 있던 두 도시인) 데살로니가와 빌립보 같은 도시의 회당과 모임에서 설교했다. 사도행전은 복음 증거를 위한 선교 여정에 대해 이야기하면서 도시들에 초점을 맞추었다. 요한계시록도 소아시아에 있는 여러 도시에 소재한 일곱 교회에게 메시지를 전한다(계 2-3장).

알렉산드로스가 '도시'라는 개념을 처음으로 만들어 냈다든가, 특별한 도시들을 모두 세워 전적으로 혼자 힘으로 예수 운동의 길을 닦았다고 주장하는 것은 말도 안 되는 얘기다. 그럼에도 여러 도시들을 세우고, 도로와 항구로 도시들을 연결하고, 도시들이 정치, 경제, 문화의 중심지로 기능하게 함으로써, 알렉산드로스와 (로마인을 포함한) 그의 계승자들은 사람들과 여러 문화간 상호작용을 위해 도시라는 것이 얼마나 중요한지를 드러내 주었다. 도시에서 사람들은 생계를 해결하고, 공동체

그림 1.3. 에베소의 극장

에 속하고, 충성심을 배우고, 정체성을 찾고, 안전감을 누리며, 문화적인 자극을 얻고, 경제 전망과 박탈을 경험하고, 종교적 소속감을 얻고, 신의 뜻에 대한 계시를 발견했다.

신약 성서의 자료들은 도시에서 일어나는 문화적 상호작용을 고스란히 보여 주고 있다. 사도행전 2장의 오순절 장면에서 허다한 국적과 언어들을 나열한 것을 보라. 이는 예루살렘에 이들이 있었음을 증명한다. "우리가 우리 각 사람이 난 곳 방언으로 듣게 되는 것이 어찌 됨이냐 우리는 바대인과 메대인과 엘람인과 또 메소보다미아, 유대와 갑바도기아, 본도와 아시아, 브루기아와 밤빌리아, 애굽과 및 구레네에 가까운 리비야 여러 지방에 사는 사람들과 로마로부터 온 나그네 곧 유대인과 유대교에 들어온 사람들과 그레데인과 아라비아인들이라 우리가 다 우리의 각 언어로 하나님의 큰 일을 말함을 듣는도다"(2:8-11). 물론 이 이야기는 그리스어로 기록되었다.

그 후 사도행전은(19장) 에베소라는 도시에서 소란이 일어나 시민들이 극장에 모여든 사건을 이야기한다. 극장에 모인 에베소 시민들은, 자신들의 종교 관습에 의문을 제기하고 그로 인해 도시의 존립을 위태롭게 하는 외부인(바울)에 맞서, 그들 도시의 정체성을 주장하고 도시의 수호 여신 아르테미스(아데미)를 옹호하며 자신들의 정치적 충성심을 확인하고 그들만의 공동체 의식 및 소속감을 강조하며 자신들의 생계 수단을 지키려 한다. 고린도에서 예수를 따르던 신자들은 자신들이 예수를 믿는 자로서 이런 도시에서 어떻게 살아가야 할지를 놓고 바울과 더불어 고민한다. 믿는 자들이 서로 고소해야만 하는가?(고전 6:1-11) 우상에게 바친 음식을 먹어야만 하는가?(고전 8-11장) 도시 내 주택에서 공공 영역이 있는 경우 어떻게 예배를 드려야 하는가?(고전 12-14장)

신약 성서의 다른 저술에서는 '아고라'에서 벌어지는 다양한 사건들을 기록하고 있다. 놀고 있는 아이들, 일감을 찾는 일용 근로자, 사회적 신분을 앞세워 대접받기를 바라는 사람들, 법과 질서를 유지하려는 권세자들이 그곳에 있었고 다수의 종교 논쟁과 철학 논쟁이 일어났다(마 11:16; 20:3; 23:7; 행 16:19; 17:17). 감옥, 사원, 법정, 병영, 주택 및 거리 풍경 또한 중요하다. 초기 예수 운동이 진행되던 시기의 이런 세계 속에서 도

> **바울과 사도행전: 바울의 진짜 모습은 무엇인가?**
>
> 6장에서 보겠지만, 바울이 쓴 7개의 서신은 아마도 50년대에 쓰였을 것이다. 사도행전에서 13장 이후부터 바울은 점차 후반부의 주인공으로 떠오른다. 그러나 사도행전은 서기 100년경 혹은 그보다 나중에 기록되었다. 역사학자들은 바울의 서신들이 원자료인 것처럼 이야기하는 반면, 사도행전은 2차 자료로 간주하는 듯하다. 즉, 역사학자들은 서신들이 역사적으로 보다 신뢰할 수 있는 자료라고 여기는 것 같다.
>
> 더욱이 이들 두 자료 사이에는 바울에 관하여 중요한 차이점이 나타난다. 사도행전에서 바울은 편지를 쓰지 않는다. 또한 그는 예루살렘 교회를 위해 이방인 교회로부터 헌금을 거두지도 않는다. 그것은 바울에게 매우 중요한 문제였다. 하나님의 사역을 완수하기 위해 예수의 재림을 기대하던 (그런 기대가 담긴) 그의 복음은 점점 희미해져 간다. 성령의 은사가 발현되는 것(성령 중심의 교회 구조)에 관한 그의 관심도 보다 제도적인 교회 구조에 대한 관심으로 대체된다. 사도행전에서는, 바울이 율법을 놓고 벌이는 갈등 및 교회와 빚는 마찰은 수그러든다. 예루살렘 회합에 대한 설명에서도 사도행전 15장의 내용과 갈라디아서 2:1-10, 1-10의 내용 사이에는 충돌이 있다. 이는 마치 사도행전을 기록한 저자의 신학적이고 목회적인 의제가 바울을 사도행전 후반부의 거의 유일한 주인공으로 제시하는 데 있는 것처럼 보인다.
>
> 이들 두 자료 사이에는 확실히 상당한 유사성도 있다. 그러나 사도행전은 바울에 관한 목격담을 전하려는 게 아니라 바울에 관한 중요한 해석을 제공하고 있음을 인식해야 한다.

시는 매우 중요한 특징으로 자리매김하며, 예수를 믿는 자들도 그곳에서 일상의 대부분을 보냈다.

철학적 전통. 사도행전 17:18에 의하면 아테네에서 바울은 스토아와 에피쿠로스 철학자들과 쟁론을 벌인다. 바울의 저술은 그리스 철학에서 전승된 지식을 어느 정도 반영한다. 고린도 교회를 향해 결혼 관계 속에서 절제할 것을 권면할 때(고전 7:5-9), 그는 그리스 철학의 담론 중 유명한 자제(self-mastery)라는 개념을 가져온다. 두 장을 뛰어넘어 가서 (9:24-27), 절제를 연습하고 자기 몸을 단련한 후 상을 얻기 위해 달음질하는 경주하는 자들에 대하여 쓴다. 그것은 오로지 하나님의 뜻을 성취하려는 일념으로 살아가는 예수를 믿는 자들을 묘사한 이미지이다. 그 이미지는 고린도 외곽에서 2년마다 개최되던 이스트미아 제전 경기를 상기시킨다. 바울은 충성스런 삶에 대해 가르칠 때도, 바르게 살고자 하는 열심이나 분투를 의미하는 일반적인 철학 주제를 사용한다.

뿐만 아니라, 몇몇 서신서에서 바울은 미덕과 악덕의 목록을 나열하는데(빌 4:8-9; 고전 5:10-11; 갈 5:19-23), 이는 바울이 그리스의 철학적 연설 형식에 익숙했음을 보여 주는 대목이다. 이미 플라톤과 아리스토텔레스는 바람직한 윤리적 자질과 바람직하지 못한 윤리적 자질에 관하여 자세히 설명해 놓은 바 있다. 이런 그리스의 철학 개념은, 마치 우리 시대 대중심리학에 큰 광풍을 일으켰던 '낮은 자아상'처럼, 당시 대중문화에 지대한 영향을 미쳤다. 바울은 이런 문화적 지식을 예수를 믿는 자들에게 복음의 좋은 소식을 전하는 데 활용했다. 바울은 그리스의 영향을 받은 다문화 세계 속에 존재했다.

다양한 민족 출신의 사람들. 아람어를 말하는 유대인과 그리스어를 구사하는 사람들, 즉 유대인과 이방인은 처음부터 예수 운동의 일원이었다. 사도행전은 헬라파(Hellenists)라 불리는 신자들의 무리가 존재했음을 기록한다(6:1). 아마도 그들은 당시 예루살렘에 살고는 있지만, 원래는 이스라엘이 아닌 외국에서 살던 디아스포라 유대인이었을 것이다. 때문에 그들의 주요 언어는 그리스어였다. 갈등은 종종 문화적 차이와 함께 일어나므로, 사도행전 6장에서 헬라파와 '히브리파'(아마도 히브리어와 관련된 아람어를 구사하는 사람들) 사이의 갈등을 보여 주는 건 놀랍지 않다. 이어서 사도행전은 이들 헬라파가 비유대인들에게 복음을 전하는 데 중요한 역할을 한다고 소개한다(행 11:19-20).

신약 성서에서 드러나듯, 이방인에게 다가간 주요 선교사는 바울이다. 그는 그리스어를 구사하면서 이스라엘이 아닌 외국에 거주하는 디아스포라 유대인이었다. 처음에 바울은 할례, 안식일 준수 및 정결 음식 같은 구별된 유대인의 표지들을 소중히 여기는 듯했다. 그러나 예수를 믿고 난 후에 바울은, 모든 사람(유대인과 이방인)을 동등하게 대하시는 하나님을 강조하기 위해 자신의 다문화 세계적 특성과 유대인 유산의 일부를 함께 드러냈다.

예를 들어, 로마 교회에서 유대인과 이방인 신자 간의 분쟁이 있었다. 일부 유대인 신자들은 안식일과 정결 음식을 준수함으로써 당시의 문화적 혼합주의 한가운데서도 그들만의 고유한 민족 정체성을 유지하고 싶어 했다. 그러나 다른 사람들은 반대했다. 로마서 14-15장에서 바울은 예수를 믿는 자들이 이런 유대 관습을 준수하는지의 여부는 중요하지 않다고 주장한다. 유대인이 원한다면 그 관습을 지킬 수 있지만, 마찬가지로 이방인 신자도 유대인의 관습을 똑같이 따를 필요는 없다. 모든 사람에게 긍휼을 베푸시려는 하나님의 뜻 안에서 (유대인과 이방인이) 근본적인 연합, 하나 됨을 이루지만(롬 11:25-32) 그 안에서도 다양한 관습이 있을 수 있다는 것이다. 바울은 로마서 1-11장에서 모든 사람을 위한 하나님의 긍휼에 대한 이런 신학적 이해를 상세히 설명한다(예를 들면, 3:29-30). 말하자면 바울은 당시 나름대로 영향력을 발휘하던 다문화적 세력들에 호응하여, 예수를 믿는 자들의 공동체 역시 구성원이나 관습 면에서 다문화 요소가 가득하다는 사실을 인지했다.

종교적 경험. 사도행전 17장에 등장하는 바울이 겪는 사건을 보면, 알렉산드로스가 이 세계에 종교적으로 기여한 바가 얼마나 대단한지를 알 수 있다. 바울은 헬레니즘 문화의 중심지 아테네(아덴)에 들어갔다가, 그곳에 가득한 우상들을 보고 마음이 몹시 불편해졌다(17:16). 문화의 상호작용을 고려할 때, 제우스와 헤라클레스 같은 그리스 신뿐만 아니라 이시스와 세라피스 같은 비그리스계 동방 신들이 그곳에 있었으리라 상상할 수 있다. 바울은 "이방신들을"(17:18) 전하는 자라는 식의, 아마도 냉소적인 비난을 받는다. 아테네 주민들과의 접촉점을 찾으려던 바울은 청중들의 종교성을 칭찬한 다음, 당시 그들이 제단까지 만들어 숭배하던 "알지 못하는 신"(17:23)의 정체를 알려 주겠다고 한다.

"알지 못하는 신"이라 새긴 제단이 그 지역에 있었다는 바울의 언급은 우리에게 많은 것을 알려 준다. 무엇보다 그곳은 많은 신들이 존재하는 세계임을 알려 준다. 다신교는 (대체로) 관대하다. 그곳에서 신들은 일반적으로 눈에 보이는 특정 이미지(우상)로 표현되며, 희생, 제물, 기도, 그리고 음식 등으로 숭배를 받는다. 사람들에게는 신들의 능력이 일상생활 전반에 영향을 미친다는 인식과 더불어, 모든 일에서 제물과 기도로 신들에게 나아가야 한다는 인식이 분명히 존재했다. 그들은 희생, 제물, 기도 및 음식 등을 바치는 종교 행위를 통해 신의 은총을 간구했다. 신의 은총이란, 건강, 경제적 안락, 사랑, 복수, 사업의 성공, 안전한 여행 등 다양했다. 사람들은 신들이 있는 곳이면 어디서든 축복을 구했고, 행여 무지로 인해 어떤 신을 배제시키는 것마저 원치 않았다.

이를 사회적으로 풀어 본다면, 사람들은 종교적으로 특정한 곳에 소속되고 종교 행위를 실행함으로써 공통의 정체성을 찾으려 하고, 문화적 다양성과 상호작용이 빈번한 세상 속에서 다른 사람들과의 공동체 의식을 얻으려고 했다. 종교 행위를 함으로써 사람들은 복잡다단한 세상(이런 세상 속 삶은 종종 힘들고 끔찍하고 예측 불가능한 많은 일들이 일어난다)을 이해할 방법을 구하고 의미를 찾을 수 있었다. 그러므로 종교 행위는 일상을 살아가는 자원이 될 수 있었다. 종교 행위를 함으로써, 사람들은 삶의 역경을 은총으로 바꿀 수 있는 신들의 간섭을 불러올 기회, 그리고 어디로 가야 할지, 어떻게 살아야 할지에 대한 신의 계시를 받을 기회를 얻었다.

수많은 종교 행위와 장치가 판매되는 대형시장 한복판에 서 있던 사도행전의 바울은 이런 상황에 먹힐 만한 메시지를 만들어 냈다. 그곳이 다문화 세계라는 사실을 잘 알고 있던 바울은 인류의 모든 족속을 만드신 하나님을 선포한다(17:26). 다양한 종교와 민족이 뒤섞여 있는 가운데서도 인류에게 공통된 한 가지가 있음을 강조한 것이다. 신들의 세계에 닿고 싶어 하는 사람들의 열망을 간파한 바울은 하나님이야말로 가까이 계시고 결코 찾기 힘든 분이 아니라는 사실을 선포한다(17:27-28). 바울은 먼저 시인 에피메니데스를 인용하고("우리가 그를 힘입어 살며 기동하며 존재하느니라"), 다음으로 스토아 철학자 아라투스("우리가 그의 소생이라")를 인용하면서 그의 하나님에 대한 선언과 헬레니즘 전통이 양립할 수 있음을 보여 준다. 에피메니데스를 인용함으로써 우리가 하나님께 쉽게 다가갈 수 있음을 강조하고, 아라투스를 인용함으로써 모든 사람이 하나님의 "소생" 혹은 자녀라는 사실을 선포하여 하나의 공통된 정체성을 강조하려는 의도가 있다. 이 두 주장은, 어느 곳에 있든 모든 사람은 하나님께 회개해야 한다는 주장과 마찬가지로(17:30-31), 다양하고 다면적인 세계 속에서 인간 공동체를 구하려는 의도가 있다.

성서는 초기 예수 운동도 이것과 방식은 다르지만 동일한 종교적 경험을 제공한다는 사실을 말하고 있다. 사람들을 치유하고 기적을 행하는 예수의 이야기는 일상생활을 쇠약하게 만드는 손상에 대응할 수 있는 존재로 예수를 제시했다. 귀신을 내쫓는 예수의 이야기는 적대적인 우주의 세력으로부터 보호를 제공할 수 있는 존재로 예수를 제시했다. 예수를 스승으로 묘사하는 이야기는 어떻게 살아야 할지에 대한 지침을 제공했다. 하나님의 통치 또는 하나님 나라의 현재성과 미래를 알려 주는 예수의 가르침은 어려운 상황을 견딜 힘과 변화를 약속하고, 최종적인 권세를 가진 자에게 충성할 것을 권했다. 보잘것없고 소외당하는 사람들을 환대하여 함께 먹기를 즐겨 하는 예수의 모습은 가난하고 소외당하는 문제로 고통받던 사람들에게 먹을 것과 환대를 제공하는 공동체가 있음을 알게 했다.

바울은 그의 메시지를 고통스런 상황에 처한 자들에게 주는 좋은 소식이라고 표현한다. 거기에는 세상을 변화시키는 능력이 있는 하나님의 강력한 공의(justice)가 나타난다(롬 1:16-17). 바울은 그동안 권력과 무력의 표지였던 민족, 신분, 성별 등의 근본적인 차이가 더 이상 사람들의 정체성을 구분하거나 배제시키는 일이 없는 공동체에 대한 비전을 제시한다. "너희는 유대인이나 헬라인이나 종이나 자유인이나 남자나 여자나 다 그리스도 예수 안에서 하나이니라"(갈 3:28). 그런 공동체 안에서는 구성원들이 서로 지지하도록 북돋아 주는 하나님의 성령이 나타난다(고전 12-14장). 그래서 사람들은 평안과 자유를 주는 좋은 소식(복음)이 있을 뿐만 아니라, 그 복음이 선포하는 바에 따르면 세상의 중심에는 사람들을 해치는 적개심 가득한 우주의 세력이 자리하고 있는 것이 아니라 무엇이든 이길 수 있고 결코 꺾이지 않는 사랑의 능력을 지닌 한 분 하나님께서 존재하신다는 사실을 알게 된다. "그런즉 이 일에 대하여 우리가 무슨 말 하리요 만일 하나님이 우리를 위하시면 누가 우리를 대적하리요…누가 우리를 그리스도의 사랑에서 끊으리요 환난이나 곤고나 박해나 기근이나 적신이나 위험이나 칼이랴…내가 확신하노니 사망이나 생명이나 천사들이나 권세자들이나 현재 일이나 장래 일이나 능력이나 높음이나 깊음이나 다른 어떤 피조물이라도 우리를 우리 주 그리스도 예수 안에 있는 하나님의 사랑에서 끊을 수 없으리라"(롬 8:31, 35, 38-39).

그리스어, 도시, 철학 전통, 다양한 민족의 사람들, 종교 경험. 알렉산드로스는 이런 세상을 의도적으로 혹은 혼자서 만들지 않았다. 그의 의도가 무엇이었든, 그와 그의 계승자들은 당시 여러 문화적 동력을 느슨하게 만들었고, 그로 말미암아 기원후 1세기에는 그리스 언어와 생활 방식이 전 지역을 아우르는 세계가 형성되기에 이르렀다. 그러면서도 그 세계는 토착민의 지역 문화가 그리스의 것과 상호작용을 일으켜 다문화적으로 발전된 곳이기도 했다. 그 세계는 사람들이 힘이 될 만한 자원과 의미를 찾으려 할 때 종교적 선택지가 많은 일종의 뷔페를 제공했다. 우리는 초기의 예수 운동 역시 그런 뷔페의 많은 선택지 중 한 곳에 자리하고 있었으며, 당시의 세계에 대한 나름의 해석과 틀을 제공하려 했다는 사실을 알게 된다.

알렉산드로스는 위대한가?

알렉산드로스의 유산에는 함께 살펴봐야 할 또 다른 측면이 있다. 알렉산드로스는 과연 위대한 인물이었는가? 그가 이룬 놀라운 업적들을 나열하는 건 어렵지 않다. 그의 머나먼 여정, 수많은 승리(때로는 아주 탁월한 군사 전략), 광대한 제국, 무역과 경제 교류 촉발, 그의 죽음 이후 군주제의 확산, 그리고 여러 세기에 걸쳐 그리스의 언어와 문화와 교육이 미친 영향. 이 모든 것을 고작 33세의 나이로 죽기 전에 이루었으니, 대단히 인상적이다.

그러나 알렉산드로스가 그리 위대한 인물이 아니었음을 시사하는 다른 점들도 있다. 그는 재능 있는 사령관이었지만 그의 군대는 여러 차례 반란을 일으켰다. 그는 종종 목숨을 잃을 수도 있는 전투에 직접 뛰어들 정도로 무모했는데, 군대 사령관으로서 그것은 좋은 전략은 아니었다! 그가 영광을 얻는 대가로 수많은 지역 주민이 목숨을 잃고 자신의 군사들도 수많은 학살을 저질렀다. 점령 지역의 부모와 형제자매와 자녀들과 마을과 도시가 고통을 겪었다. 지역 주민들은 강제 동원에 시달리고, 지역 공동체와 문화는 파괴되었다. 그는 사람들을 정복하는 일은 잘 하는 듯했지만, 왕으로서 제국을 관리하여 사회 질서를 유지하는 일에는 소홀했다. 또한 그가 후계자를 세우지 못하고 죽은 탓에, 제국은 권력 투쟁으로 무너졌다. 기질 면에서도 과대망상증, 군사적으로 영광을 얻고자 하는 욕망, 신적 존재로 숭배 받고자 하는 집착, 과도한 음주, 그리고 '친구'를 향한 그의 편집증과 불 같은 성질 등은 기록된 것의 일부에 불과하다.

우리야 알렉산드로스를 역사적으로 평가할 수 있겠으나, 초기 예수 운동이 시작된 기원후 1세기 당시에 그는 신화적 인물이었다. 그는 마초적인 남자요 영웅이었다. 생물학적으로는 그렇지 않더라도 남성성의 전형으로 인식되고 있었다. 그는 예민한 알렉산드로스(Alexander the Sensitive)도, 부드러운 알렉산드로스(Alexander the Gentle)도 아닌 위대한 알렉산드로스(Alexander the Great, 알렉산드로스 대왕)였다.

이것은 어떤 의미가 있는가? 남성이 지배하는 사회에서 그는 위대한 남성상을 지배력과 용기를 과시하는 남자다운 행동으로 규정했다. 놀라운 일이 아니지만, 엘리트 계급의 남성들은 알렉산드로스처럼 되고 싶어 했다. 로마인뿐만 아니라 알렉산드로스처럼 지배하고 다스릴 자기만의 제국이 있는 지역 엘리트 계급이라면 특히 그랬다. 알렉산드로스는, 지배하고 용기를 과시함으로써 자기 세계에서 영광스러운 자리에 오르고 싶은 남자들(그리고 권세 있는 여자들)의 모델로 자리잡았다. 그들은 정부 및 군대에서 활동한다든가 기부 활동 및 개인 후원 등을 통해 자신에게 있는 지위와 부와 권력을 선전했다. 알렉산드로스처럼 된다는 건 알렉산드로스처럼 행동하는 것을 의미했다. 즉, 자신을 과시하며 쟁취한 권력을 뽐내고 다른 사람들 앞에 위엄을 드러내는 것이다. 알렉산드로스처럼 된다는 건, 자신의 카리스마, 인기, 용맹, 은총 및 군사적 승리 등을 선전하고 드높이는 행위들을 의미했다. 알렉산드로스처럼 된다는 건, 다른 이들의 유익을 위해 그런 행위들을 실천하지만, 무엇보다 자신의 지위를 그들보다 높이 두는 데 초점을 맞춘다는 것을 의미했다.

로마의 많은 남성들은 알렉산드로스를 그들의 모델로 삼았다. 4장에서 보겠지만, 로마의 장군 폼페이우스는 전형적인 영웅이다. 알렉산드로스의 전철을 밟은 듯, 그는 동방의 광범위한 지역을 정복했다. 그래서 사람들은 불가피하게 폼페이우스와 알렉산드로스를 서로 연관 짓기도 한다. 알렉산드로스처럼, 그도 정복지에 도시를 세우고 그곳을 자신의 이름을 따 부르기도 했다. 길리기아의 폼페이오폴리스(Pompeiopolis)가 그런 곳이다. 그것은 오만함 그 이상도 그 이하도 아니다. 세계 정복자 알렉산드로스를 따라 하다 보니, 그는 폼페이우스 대왕(Pompey the Great)으로 알려지게 된다. 그는 기원전 61년 로마에서 알렉산드로스의 망토 중 하나(그렇다는 주장은 있으나 확실치 않다)를 걸치고서 승리를 축하하는 행진을 벌인다. 그렇게 해서 알렉산드로스가 거머쥔 정복자의 영광에 자신의 업적을 연결시키려 했다(아피안, 『로마 역사』 1.117).

율리우스 카이사르(기원전 44년 사망)는 알렉산드로스의 전기를 읽었다고 전해진다. 그(율리우스 카이사르)는 자신이 알렉산드로스에 비해 그리 많은 사람들을 정복하고 지배하지 못했다는 사실에 염려했다고 한다(플루타르크, 『카이사르』 11.5-6). 전기 작가 플루타르크가 카이사르를 알렉산드로스와 짝짓고, 그 둘 사이의 관련성을 강조한 대목은 놀라운 것이 못 된다.

옥타비아누스는 알렉산드리아를 정복하고 아우구스투스 황제가 되었다. 그는 기원전 30년에 알렉산드로스의 무덤에 경의를 표하고(수에토니우스, 『아우구스투스』 18), 자신의 개인 인장(印章)에 알렉산드로스의 이미지를 추가했다. 옥타비아누스는 로마에 있는 자신의 무덤을 알렉산드로스의 무덤과 동일하게 설계했다(오늘날에도 로마에 가면 볼 수 있다).

칼리굴라 황제(서기 37-41년)는 알렉산드로스의 갑옷과 똑같이 생긴 갑옷을 걸치고서 자신이 알렉산드로스의 갑옷을 입었다고 상상했다(수에토니우스, 『가이우스 칼리굴라』 52). 대담하게도(그게 알렉산드로스다운 방식이었는지 모르지만) 그는 군사 작전을 펼치기 전에 미리 승리를 축하할 정도였다. 트라야누스 황제(서기 98-117년)는 파르티아와 전쟁을 치르면서 메소포타미아의 "알렉산드로스가 점령했던 영토"를 통과한 후, 알렉산드로스보다 더 멀리 여행했다고 자랑했다. 몇몇 황제들은 알렉산드로스의 전설적인 명마인 부케팔로스를 통해서도 알렉산드로스와 자신을 연관시켰다. 아우구스투스는 장례식 언덕에서 자신의 말의 죽음을 기렸고(플리니, 『자연사』 8.154-155), 칼리굴라는 잉키타투스(Incitatus)라 이름 지은 자신의 말을 집정관 및 사제로 임명했다(수에토니우스, 『가이우스 칼리굴라』 55).

이런 남성스러운 이미지가 알렉산드로스에게서 나오는 유일한 이미지는 아니다. 다른 전승에 따르면, 친구들을 잔인하게 살해하고 독재를 일삼고 여러 민족을 약탈했던 이력으로 인해 그의 남성성은 부정적으로 바뀌었다(참조, 세네카, 『베풂의 즐거움』 1.13.1-3). 그럼에도 알렉산드로스를 생각할 때 가장 전면에 떠오르는 이미지는 남자다운 남자이고, 그의 이런 남성성과 위대함을 드러내는 이미지는 주로 타인을 지배하는 권력, 용맹하고 강한 군사력, 웅장한 제국, 세계 통치, 자기 이익 추구 및 정치적 군림 등에 의해 형성되었다.

역사가 알렉산드로스를 이런 남자 중의 남자로 그렸다면, 신약 성서의 저자들은 예수를 어떤 남성으로 그려 놓았는지 생각해 보게 된다. 저자들은 글을 쓸 때 자기가 속한 문화적 세계를 반영하기 마련이다. 신약 성서 저자들은 예수의 위대한 능력을 강조하는 장면을 여러 차례 기술했다. 예를 들어 복음서는 질병, 귀신, 바다, 포도주, 음식 그리고 죄(죄 사함)까지도 다스리는 자로 예수를 그리고 있다. 예수에게는 그를 충실히 따르는 제자들이 있다. 예수는 어떤 것에도 제약받지 않는다. 로마와 예루살렘의 동맹 세력들이 예수를 죽음에 머물게 할 수 없었던 것을 보면, 예수는 심지어 죽음과 제국의 권력도 다스린다.

바울도 예수를 이와 비슷한 시각으로 이해한다. 그에게 예수는 하나님의 뜻을 수행하는 대행자로서 최고의 우주적 권세를 지닌 인물이다. "그 후에는 마지막이니 그가 모든 통치와 모든 권세와 능력을 멸하시고 나라를 아버지 하나님께 바칠 때라 그가 모든 원수를 그 발 아래에 둘 때까지 반드시 왕 노릇 하시리니 맨 나중에 멸망 받을 원수는 사망이니라…만물을 그에게 복종하게 하실 때에는 아들 자신도 그때에 만물을 자기에게 복종하게 하신 이에게 복종하게 되리니 이는 하나님이 만유의 주로서 만유 안에 계시려 하심이라"(고전 15:24-28). 이런 묘사를 참조하면, 예수는 알렉산드로스와 로마 황제들과 닮았으나 더 탁월한 존재다. 예수는 그들보다 큰 권력과 지배력을 갖고 있다. 만물을 다스리는 위대한 권력자로 예수를 그려 낸 것은 여러 면에서 세계 정복자 알렉산드로스를 남성답게 그려 낸 것과 견줄 만하다.

그러나 그것이 전부가 아니다. 바울은 그리스 북부 마케도니아의 도시 빌립보(알렉산드로스의 부친 빌립의 이름을 딴 도시)에 있는 예수를 믿는 자들에게 쓴 편지에서 흥미롭게도 제국의 남성성을 드러내는 최고의 권력에 대해 분명하게 언급한다. 바울은 "하나님이 그(예수)를 지극히 높여 모든 이름 위에 뛰어난 이름을 주사 하늘에 있는 자들과 땅에 있는 자들과 땅 아래에 있는 자들로 모든 무릎을 예수의 이름에 꿇게 하"(빌 2:9-10)셨다고 선언한다. 그런데 여기서 바울은 예수가 결코 남자답지 않은 일을 했다면서 그가 살던 사회로부터 또 다른 이미지를 끌어온다. 바울은 예수를 종으로 묘사한다. 종은 지배하고 남성다움이 두드러지는 남자와는 완전히 반대이다. 종은 지배당하고 순종하며 자기 주인에게 제압당하고 제국 권력에 희생된 자다. 그래서 바울은 예수가 다른 이들을 지배하는 대신, "오히려 자기를 비워 종의 형체를 가지사…사람의 모양으로 나타나사 자기를 낮추시고 죽기까지 복종하셨으니 곧 십자가에 죽으심이라"(빌 2:7-8)고 했다.

예수가 종의 모습으로 겪는 일들은 남자다운 알렉산드로스에게서는 결코 발견할 수 없다. 바울은 남자가 된다는 것과 인간이 된다는 것에 관해 부분적으로 다른 시각을 보여 준다. 예수는 다른 사람을 지배할 수 있음에도, 다른 사람을 위해 자기를 내어 주었다. 그리스와 로마세계에서 낮은 자 중에 가장 낮은 자인 노예, 즉 종이 된 예수의 모습은 예수를 따르는 자들이 어떻게 살아야 하는지에 대한 바울의 가르침을 잘 대변한다. "아무 일에든지 다툼이나 허영으로 하지 말고 오직 겸손한 마음으로 각각 자기보다 남을 낫게 여기고 각각 자기 일을 돌볼뿐더러 또한 각각 다른 사람들의 일을 돌보아 나의 기쁨을 충만하게 하라"(빌 2:3-4). 바울이 보여 주는 예수는, 모든 것을 다스리는 남자다운 권력을 지닌 모습과 함께, 종이 되어 자기를 비우고 심지어 자기 목숨을 다른 사람의 유익을 위해 희생하는, 결코 남자답지 않은 모습으로 그려진다.

마태가 그려내는 예수도 비슷한 대비를 이룬다. 당대에도 진정 남자다운 많은 이들이 있었다. 그러나 제자들은 결코 그들을 따라하지 않는다. "이방인의 집권자들이 그들을(사람들을) 임의로 주관하고" "그 고관들(알렉산드로스, 폼페이우스, 아우구스투스 그리고 로마의 다른 황제들)이 그들에게 권세를 부리"지만 예수의 제자들은 예수를 본받아 생명을 주는 행위로 섬기기 위해 다스리는 것을 포기한다(마 20:24-28). 그들은 알렉산드로스가 아니라 예수처럼 되려고 한다.

물론 '위인들'은 자신들도 타인의 유익을 위해 고귀한 일을 행했고 부인할 수 없는 장점들이 있다고 항의할지 모른다. 많은 사람들이 그들이 낸 기부금과 후원으로 혜택을 얻는다. 그리고 마태복음의 예수 역시 이런 주장에 이의를 제기하지 않을 것이다. 그러나 예수는, 알렉산드로스처럼 되고 싶은 내면의 근본적인 이기심에 주목한다. 오히려 남자다움을 결정짓는 최종 기준은 많은 사람을 위해 자기를 희생하는 것이라고 선언한다.

왜 이것이 남자다움을 판가름하는 시험대인가? 어떻게 해야 이 시험대를 통과하는가? 비결은 매우 놀랍지만 단순하다. 한 사람이 자기 목숨을 내어 주면, 다른 한 사람이 유익을 얻는다는 것이다. 그것이 마태가 예수를 남자답다고 말한 이유이다.

알렉산드로스와 예수가 만나면, 상황은 복잡해진다.

2.
히브리 성서의 그리스어 번역
(기원전 250년경*)

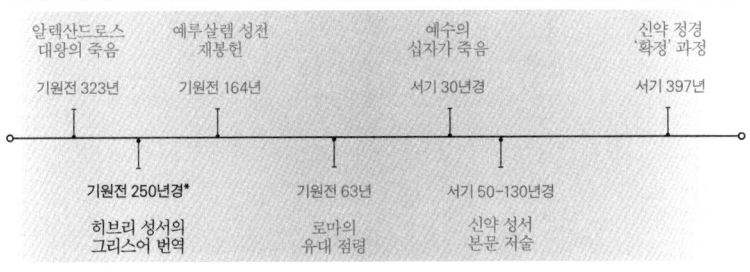

고대 세계에서 어느 유대인이 유대인 성서(구약 성서)를 소리 내어 읽는다면(대부분의 사람은 읽고 쓰는 법을 잘 몰랐음을 기억하라), 우리가 기대하기는 히브리어를 듣지 않았을까 싶다. 그게 자연스러운 일이었을 것이다. 분명 유대인의 성서는 히브리어로 되어 있었을 테니 말이다.[1]

---

1 이 장의 참고문헌 목록은 다음과 같다. Sidney Jellicoe, *The Septuagint and Modern Study*(Oxford: Clarendon, 1968); V. Tcherikover, "The Ideology of the Letter of Aristeas," *Studies in the Septuagint* 중에서: *Origins, Recensions, and Interpretations*, Sidney Jellicoe 편(New York: Ktav, 1974), 181-207; Rowan Greer, "The Christian Bible and Its Interpretation," *Early Biblical Interpretation* 중에서, James Kugel and Rowan Greer(Philadelphia: Westminster, 1986); Mogens Müller, *The First Bible of the Church: A Plea for the Septuagint*, Journal for the Study of the Old Testament: Supplement Series 206(Sheffield: Sheffield Academic Press, 1996); Natalio Fernández Marcos, *Septuagint in Context: Introduction to the Greek Version of the Bible*(Leiden and Boston: Brill,

그러나 그렇지 않다. 알렉산드로스와 그의 계승자들에 의해 그리스 문화와 언어가 도처에 확산, 전파되었기 때문이다. 알렉산드로스로 인해 모든 것이 바뀌었다. 그 결과물 중 하나가 유대인의 성서다. 그리스어로 번역된 유대인의 성서 말이다.

알렉산드로스가 죽고 오랜 시간이 흘렀으나, 그가 잠시 세상에 머물렀던 흔적은 여전히 강렬했다. 무엇보다 다양한 민족들이 거대한 울타리 안에서 함께 살아가게 되었다. 그들 앞에는 다가올 수백 년의 시간 동안 그리스 또는 헬레니즘 문화가 지배하는 다문화 세계에서 어떻게 살아가야 할지 딜레마가 놓여 있었다.

그리스 문화를 외면하고 살기란 사실상 불가능했다. 어떤 이들은 그리스 문화와 싸웠고, 어떤 이들은 그 속으로 합류했다. 많은 사람들이 여러 문화에 조금씩 발을 들여놓은 상태에서 어느 것은 수용하고 어느 것은 거부하는 식으로 적절히 타협하며 살아갔다. 하지만 어느 누구도 그리스 문화를 외면할 수 없었다.

유대인도 예외가 아니었다. 그리스 문화가 지배하는 상황 속에서 무

2000); Karen Jobes and Moisés Silva, *Invitation to the Septuagint*(Grand Rapids: Baker Academic, 2000); Albert Sundberg Jr., "The Septuagint: The Bible of Hellenistic Judaism," *The Canon Debate*, Lee Martin McDonald and James A. Sanders 편(Peabody, MA: Hendrickson, 2002), 68-90; Craig A. Evans, "The Scriptures of Jesus and His Earliest Followers," McDonald and Sanders, *The Canon debate*, 185-195; R. Timothy McLay, *The Use of the Septuagint in New Testament Research*(Grand Rapids: Eerdmans, 2003); Lee Martin McDonald, *The Biblical Canon: Its Origin, Transmission, and Authority*(Peobody, MA: Hendrickson, 2007). 이번 장은 간략한 서론 장이므로 여러 이슈 중 일부만 다룰 예정이다.

엇보다 소중한 자신들의 전통과 정체성을 지켜 내기 위해 일부 유대인은 자신들의 성스러운 책을 그리스어로 번역하는 방법을 선택했다. 이런 상황에 적응하기 위한 많은 방법 중 한 가지라고 판단했던 것이다. 히브리 성서의 그리스어 번역본은 70인역(Septuagint), 또는 LXX로 알려지게 되었다. 여기에도 여러 문화가 혼합돼 있음을 알 수 있다. 히브리 성서가 그리스어로 번역되었는데, 이름은 라틴어로, 숫자는 로마자로 되어 있다. 여러 문화가 뒤섞인 세계임을 이것만 보아도 알 수 있다.

그리스어로 된 유대인의 성서. 이 번역은 초기 예수 운동에 필요한 성서가 되었다. 그런데 어떻게 번역이 이루어지게 되었을까? 언제? 그리고 왜? 일부 유대인들이 히브리어로 말하는 법을 잊어버렸기 때문은 아니다(물론 그것도 하나의 이유이긴 하지만). 오히려 비주류의 소수파 사람들이 그리스 문화가 지배하는 다문화 세계에서 자신들의 전통을 지키고 자신들의 방식으로 살아 남고자 애쓰는 일환으로 히브리 성서의 그리스어 번역이 이루어졌다고 보아야 할 것이다.

날짜 정리하기

언제 이 번역을 했을까? 이 장 제목에 있는 기원전 250년대경*(about the 250s BCE*)이라는 날짜는 명확한 대답인 듯 보인다. 알렉산드로스는 기원전 323년에 죽었다. 그래서 계산을 해보면 문화적 상호작용이 있은 80년 정도 후에 히브리어에서 그리스어로 번역이 이루어졌다.

하지만 그렇게 단순한 문제라면 그 때문에 이 장 전체가 필요하지 않을 것이다. 여기서 '경'(ca.)이라는 단어가 중요해진다. 기원전 250년이라는 연대에 붙은, '경'을 뜻하는 'ca.'는 '약'(about) 혹은 '즈음'(around)을 뜻하는 라틴어 'circa'의 약자이다. 그래서 '250년경'은 약 250년 내지는 250년 즈음처럼 250년대에 근접한 시기를 가리킨다. 또한 250년경*(ca. 250 BCE*)에서 숫자 다음에 별표(*)가 붙어 있는데 이 기호는 앞으로 계속 사용할 예정이며 우리가 논의하는 '시기'와 관련해 두 가지 중요한 의미를 담고 있다.

첫째, 이 별표는 기원전 250년경*이라는 연대가 '전승된' 것임을 나타낸다. 이것은 우리가 언제 유대인의 거룩한 저술들이 히브리어에서 그리스어로 번역되기 시작했는지 확실히 모른다는 것을 의미한다. 그러나 『아리스테아스의 편지』로 불리는 유대인 저술에는 번역 시기를 대략 기원전 250년대 정도로 밝힌 전승, 즉 이야기가 등장한다. 그래서 우리는 이 전승을 잠시 살필 것이다. 연대에 붙은 별표는, '전승에 따르면' 이 번역이 대략 기원전 250년대에 이루어졌으나, 이 사건의 연대를 언급한 내용이 역사적으로 '신뢰할 만하지는 않다'는 두 가지 의미를 함께 담고 있다.

두 번째로 이 별표는, 진행 '과정'을 아우르는 일정한 기간을 의미한

그리스어 번역 과정

히브리 성서의 그리스어 번역이 이루어졌다고 알려진 시기보다 대략 100년 뒤에 쓰인 유대 자료가 있다. 『벤 시라(혹은 시락)의 지혜』인데 이 자료에서 히브리 성서의 번역 과정이 있었음을 보여 주는 증거를 찾을 수 있다. 외경(apocrypha)에 속한 이 자료에는 원래 히브리어로 기록되었던 시락의 가르침을 모아 두었다. 시락의 손자가 기원전 132년에 그 가르침들을 그리스어로 번역하면서 이런 언급을 남겼다.

> 원래 히브리어로 기술된 내용을 다른 언어로 번역하면 그 의미가 정확하게 옮겨지지 않는다. 이 책뿐만이 아니다. 심지어 율법서, 예언서, 그리고 나머지 책들도 원래의 언어로 읽을 때와는 다소 다르다.
>
> – 시락서 서문 중에서

이것은 중요한 진술이다. 저작 시기가 기원전 132년인 이 저술에서 시락의 손자는 율법서(오경, 즉 처음 다섯 책들), 예언서 그리고 "나머지 책들", 이렇게 세 부분으로 이루어진 히브리 성서를 언급한다. 그는 오경뿐만 아니라 다른 책들 모두 그리스어로 번역되었다고 썼다. 그러면서 다소 방어적인 태도로 말하기를, 그 성서가 '다른 언어로 번역될 때 정확하게 같은 의미'가 아닐 수 있음을 인정했다. 그는 아마도 이런 진술을 통해, 히브리어로 된 성스러운 저술들을 그리스어로 번역하는 작업에 대한 비판적인 시선을 반영하고 자신에 대한 비판을 비켜 가려 한 듯 보인다. 번역에는 불가피하게 해석이 포함된다. 그리고 어떤 이들은 개인의 해석이 담기는 것을 싫어한다. 자기 할아버지의 가르침을 손수 번역해 내놓으면서, 시락의 손자는 그 모음집에 또 다른 번역서를 덧붙여 내놓았다.

다. 예를 들어 히브리 성서의 그리스어 번역이 '기원전 250년경*'에 이루어졌다고 할 때, 그 연대는 번역 작업이 한순간에 이루어진 것이 아님을 말해 준다. 특정 인물이나 위원회의 주도로 이루어진 것도 아니다. 히브리 성서라고 해도, 정경이라고 명확히 규정할 수 있는 문서의 범주가 유동적이었고 확정적이지 않았다. 그리고 히브리 성서를 그리스어로 번역하는 작업도 언제까지 마쳐야 한다는 식으로 기한이 정해진 게 아니었고 꽤 오랜 시간이 필요한 일이었다. 게다가 기원전 250년경*으로 번역의 시기를 추정하는 전승은 단지 율법서, 그러니까 히브리 성서의 오경이라 일컫는 처음 다섯 권의 책에만 한정된 이야기라 할 수 있다. 예언서와 나머지 다른 책들의 번역은 다음 세기 정도에나 가능했다. 그러므로 엄밀히 말하면, '70인역'은 오경의 그리스어 번역을 뜻한다. 그럼에도 70인역이라는 명칭은 언제부턴가 모든 히브리 성서의 번역을 일컫는 것으로 고정되었다. 나는 그 두 가지 의미 모두로 사용할 예정이다.

오랜 기간에 걸쳐 단편적으로 일부씩 번역된 결과, 여러 히브리 성서 저술들의 그리스어 번역물은 상당히 다양한 스타일을 갖게 되었다. 어떤 것은 문자 그대로 직역되었고, (다니엘서, 욥기 같은) 어떤 저술들은 좀 더 자유롭게 번역되었다. 다른 저술들의 경우 히브리어와 그리스어 역본 사이에 주목할 만한 차이가 나타난다. 예를 들어 그리스어로 번역된 예레미야서는 히브리어 원본보다 훨씬 짧다. 순서도 다르다. 이런 불균질성은 번역이 오랜 기간 동안 여러 사람들에 의해 이루어졌음을 말해 준다. 그래서 우리가 주창하는 기원전 250년경*이라는 수치는 대략적인 시기이고 전승에 따른 것이며, 상당 기간의 번역 과정을 포함하는 시기이다.

우리는 이 장에서 히브리 성서 번역의 연대를, 전승으로부터 전해진 대로 제시했다. 신뢰성이 다소 떨어짐에도 불구하고 이 전승은 그 의미가 매우 큰데, 유대 지역이 아닌 타국에서 디아스포라로 살아가는 유대인에게 문화적으로 복잡다단한 세계 속에서 자신들의 정체성을 드러내는 하나의 방식으로서 그것이 매우 중요하기 때문이다. 우리는 이 시기가 초기 예수 운동에 있어 매우 중요했다는 점을 살펴보게 될 것이다. 번역은 그리스 문화가 지배하는 다문화 세계에서 자신의 정체성을 지켜 내고 드러내는 방식이었다는 개념을 기억하라.

70인역의 기원들: 『아리스테아스의 편지』

오경의 그리스어 번역에 관한 전승, 즉 이야기는 『아리스테아스의 편지』라 불리는 자료에서 기원한다. 이 자료 역시 그리스어로 기록되었는데 구약 위경이라 불리는 저술 모음집에서 찾을 수 있다.[2] 『아리스테아스의

---

[2] R. Shutt 역, "Letter of Aristeas," *The Old Testament Pseudepigrapha*에서, James H. Charlesworth 편, 2권(Garden City, NY: Doubleday, 1983-1985), 2:7-34.

편지』의 저술 시기는 추정이 어렵다.

이 편지에 실린 이야기는 기원전 285-247년까지 이집트를 통치했던 프톨레마이오스 2세 필라델푸스 왕의 시대를 배경으로 하고 있다. 그러나 이 이야기의 배경이 그 편지의 저술 시기와 꼭 일치하는 것으로 볼 필요는 없다. 여러 가지 이유로, 나는 『아리스테아스의 편지』가 프톨레마이오스 통치 시기 이후에 쓰인 것으로 본다. 대부분의 학자들은 이

> 『아리스테아스의 편지』의 내용을 좀 더 자세히 살펴보자.
>
> - 1-8절: 아리스테아스는 배우기를 좋아한다고 알려진 그의 형제 필로크라테스에게 이 이야기를 소개한다.
> - 9-11절: 이집트 왕 프톨레마이오스 2세 필라델푸스(기원전 285-247년)는 왕실 도서관원 데메트리오스에게 세상의 모든 책을 수집하도록 명한다. 데메트리오스는 유대 율법서도 포함되어야 한다고 제안한다. 하지만 그러려면 그리스어로 번역하는 작업이 필요했다. 왕은 예루살렘의 유대인 대제사장 엘르아살에게 지원을 요청하는 편지를 보내도록 명한다.
> - 12-27절: 아리스테아스는 유대 율법서를 그리스어로 번역할 수 있도록 지원해 달라는 왕의 요청이 있음을 알고 자신이 탄원을 제기할 기회라고 여겼다. 그는 왕의 부친이 이집트로 데려온 유대인 노예와 죄수들을 방면해 달라는 청을 올렸고 왕은 아량을 베풀어 그 청을 수락했다.
> - 28-32절: 아리스테아스의 이야기는 번역이라는 주제로 돌아간다. 데메트리오스는 왕이 예루살렘의 대제사장에게 편지를 보내, 번역 작업을 수행할 학식과 덕망을 갖춘 사람들을 열두 지파에서 여섯 사람씩 선정하여 보낼 것을 요청하도록 제안한다.

- 33-50절: 이런 요청을 담아 예루살렘의 대제사장 엘르아살에게 보내는 편지와 더불어, 파송 요청에 대한 축하 메시지와 번역을 맡을 72명의 번역자 또는 장로들의 명단이 적힌 엘르아살의 답신을 소개한다.
- 51-82절: 프톨레마이오스 왕은 엘르아살에게 보낼 고급스러운 선물로 자신의 너그러움을 표한다.
- 83-120절: 선물을 가지고 유대로 향하는 여정 가운데, 아리스테아스는 아름다운 땅 예루살렘 성전과 그곳에서 섬기는 제사장들의 활동에 대해 기술한다.
- 121-172절: 엘르아살은 열두 지파에서 히브리어와 그리스어를 유창하게 구사하는 인품과 학식이 높은 사람들을 각각 여섯 명씩 선택한다. 그는 율법의 중요성을 세심히 강조하면서 선물과 함께 장로/번역자들을 프톨레마이오스 2세 왕에게 보낸다.
- 173-181절: 알렉산드리아에 도착한 72명의 번역자들은 왕의 따뜻한 환대를 받는다. 왕은 그들이 가져온 히브리 두루마리 앞에 일곱 차례나 절을 한다.
- 182-300절: 왕은 7일 동안 이어지는 환영 만찬을 열고 번역자들과 더불어 철학과 도덕을 주제로 토론을 벌인다.
- 301-307절: 왕실 도서관원 데메트리오스는 번역자들을 번역 작업이 이루어질 인근의 섬으로 직접 동행하여 안내한다. 그들은 그리스어 번역 작업을 72일만에 마친다.
- 308-322절: 오경의 번역본은 알렉산드리아의 유대인 공동체에서 맨 처음 읽혀졌고 그 다음 왕에게로 보내졌다. 왕은 이것을 매우 호의적으로 받아들였다.

편지의 저술 시기를 기원전 100년대로 본다. 또한 이 편지가 알렉산드로스의 특별한 도시인 이집트 알렉산드리아에서 쓰였다고 본다.

『아리스테아스의 편지』는 아리스테아스가 그의 형제 필로크라테스에게 보낸 편지 또는 보고서로, 어떻게 유대인의 율법서(오경, 즉 창세기에서 신명기까지의 첫 다섯 권)가 히브리어에서 그리스어로 번역되었는지에 대한 설명을 담고 있다. 아리스테아스가 기술한 내용에 따르면, 알렉산드리아가 그리스 문화를 이끄는 제일의 중심지가 되기 원했던 이집트의 왕 프톨레마이오스는 알렉산드리아에 있는 자기 도서관에 세상의 모든 책을 한 권씩 소장하고 싶어 했다고 한다. 도서관을 관리하던 사서 데메트리오스(또는 데메트리우스)는 히브리어에서 그리스어로 번역된 유대인의 율법서도 거기 포함되어야 한다고 생각했다. 그 결과 대제사장 엘르아살이 예루살렘 출신의 72명의 서기관과 학자들을 보내 그 번역 작업을 맡게 했다. 도서관을 위한 그들의 번역 작업은 유대인과 알레산드리아의 프톨레마이오스 왕에게 큰 호응을 얻었다.

역사적 기록이 아닌 전설

아리스테아스가 그의 흥미로운 이야기의 배경을 프톨레마이오스 2세 통치 시기로 잡았지만(기원전 285-247년) 역사적으로 정확성이 떨어져 그저 전해지는 이야기에 불과해 보이기도 한다. 프톨레마이오스가 왕이었던 건 맞으나 왕의 도서관원으로 소개한 데메트리오스에 관해서는 오류투성이다. 역사의 기록으로 남아 있는 데메트리오스는 프톨레마이오스 2세 필라델푸스 왕과 함께 일하지 않았고, 오히려 그의 부친 프톨레마이오스 1세 소테르 왕 밑에서 일했다(기원전 367-283년). 그리스인 프톨레마이오스 1세는 알렉산드로스의 장관인 동시에 계승자 중 한 사람이었고, 알렉산드로스의 죽음 이후 이집트를 통치한 프톨레마이오스 왕조를 세운 것으로 알려져 있다. 사실상 데메트리오스는 프톨레마이오스 2세와 잘 지내지 못했으며, 유배를 당하기까지 했다. 데메트리오스는 유배를 당한 직후에 죽었다. 아리스테아스의 설명이 역사적으로 가장 큰 오류를 보이는 대목은 데메트리오스가 알렉산드리아에 있는 왕실 도서관원이 결코 아니었다는 점이다.

또 한 가지 큰 문제는 몇몇 군데에서 아리스테아스가 70인역에서 자료를 가져온 것 같다는 점이다. 그가 프톨레마이오스 왕이 예루살렘의 대제사장 엘르아살에게 보낸 탁자 선물을 설명할 때, 출애굽기 25:23-30의 그리스어 번역에서 그 내용을 가져온 듯 보인다(『아리스테아스의 편지』 52-72). 그리고 예루살렘 성전에 있는 대제사장의 복장을 묘사하는 대목은, 출애굽기 28-29장의 그리스어 번역에서 그 내용을 가져온 듯하다(『아리스테아스의 편지』 96-99). 무엇이 문제인가? 아리스테아스 자신의 이야기에 따르면, 이 선물들은 번역이 이루어지기 전에 제공된 것이다. 그가 순서를 뒤바꾼 것처럼 보인다.

그럼에도 일부 학자들은, 비록 아리스테아스의 설명이 역사적으로는 정확하지 않더라도, 70인역 번역의 기원에 관해서는 역사적으로 다소 신뢰할 만한 정보를 담고 있다고 생각한다. 예를 들어, 70인역 번역이 알렉산드리아라는 문화 중심지에서 시작되었다는 내용은 정확해 보인다. 모세오경이 오랫동안 이어진 번역 과정 중 맨 처음 완성된 부분이라는 점도 정확해 보인다. 예루살렘의 지원이 있었다는 기록도 마찬가지다.

역사적으로 정확하지 않다는 일반적인 지적에도 불구하고, 『아리스테아스의 편지』는 히브리 성서의 그리스어 번역이 지니는 의미의 중요성을 우리에게 말해 준다. 그러니까 그 번역 작업이, 유대인들에게는 그리스 문화가 지배하는 다문화 세계 속에서 자신들의 정체성을 지켜 내고 때로는 조금씩 수정하면서도 계속 '협상'해 가는 한 가지 방법이었다는 것이다.

유대인과 이방인이 함께하다

아리스테아스의 설명은 중립적이지 않다. 그는 모세오경이 그리스어로 번역된 점을 설명하며 매우 흥분한다. 그가 전하려고 한 바가 무엇일까? 왜 그것이 그렇게 중요한가?

『아리스테아스의 편지』는 유대인과 비유대인 또는 이방인 사이의 상호작용에 깊은 관심을 드러낸다. 이방인과 유대인 두 부류 모두 매우 긍정적으로 제시된다. 두 집단은 어떻게 상호작용했는가?

호의적인 이방인

그리스 문화를 대변하는 인물이기도 했던 프톨레마이오스 왕과 도서관원 데메트리오스는 일반적으로 문화에 대해 지대한 열심을 드러냈다(『아리스테아스의 편지』 124, 321). 그들은 알렉산드리아의 도서관을 위해 세상의 모든 책을 수집하는 중이었다(『아리스테아스의 편지』 9). 오경을 번역하여 도서관에 소장하자는 데메트리오스의 제안에 왕도 적극적으로 동조했고(『아리스테아스의 편지』 9-11, 29-32, 38-40), 이는 유대인의 저술이 세계의 문학 대열에 포함되는 영예를 얻는다는 말이기도 했다. 데메트리오스와 왕은 유대 문화에 개방적이었을 뿐만 아니라 이를 몸소 확인해 주었다.

이야기 속에 화자(話者)인 아리스테아스 자신도 나오는데, 그는 자신을, 프톨레마이오스 왕과 데메트리오스처럼 왕의 궁정 소속인 이방인으로 제시한다. 아리스테아스는 자신의 지위와 권력을 사용하여 왕에게 이집트에서 노예로 살고 있는 유대인을 방면할 것을 탄원한다. 유대인과 호의적인 관계를 맺고 있던 아리스테아스는, 유대인의 저술을 그리스어로 번역하게 되면 응당 유대인의 영예가 높아질 텐데, 그러면 그에 걸맞게 유대인을 노예가 아닌 백성으로 품위 있게 대우해야 한다고 주장했다. 아리스테아스는 신학적 논쟁을 벌이는 중에 "유대인에게 율법을 주신 동일한 하나님이 '왕의' 나라도 번성케 하실 것"(『아리스테아스의 편지』 15)이라는 점을 지적했다. 아리스테아스는 비록 그 하나님은 여러 가지 다른 이름으로 알려져 있기는 하지만, 모든 사람이 숭배하는 신이 바로 이 하나님이라고 주장했다. 유대인들이 "섬기는 하나님은 만

그림 2.1. 프톨레마이오스 2세

물의 창조자요, 우리를 포함한 모든 사람이 예배할 대상이며, 다만 우리는 제우스와 조우브처럼 다른 이름으로 알고 있는 바로 그 하나님을 예배하고 있습니다"(『아리스테아스의 편지』 16).

아리스테아스는 자신 역시 이 유대인의 하나님을 믿는 자라고 알린다. 그는 유대인 노예를 방면시키기 위해 "하나님께서 왕의 마음을 허무시도록 진심 어린 기도를 드리고 있다"고 말했다(『아리스테아스의 편지』 17). 하나님께서는 아리스테아스 같은 의로운 이방인의 기도를 들으셨다. 그의 기도는 응답 받았고, 아리스테아스의 청을 윤허한 왕의 소식이 알려지면서 왕의 선한 이미지가 부각되었다(『아리스테아스의 편지』 12-27, 35-37). 왕은 "세상 모든 유대인에게 은총을 베풀기 원한다"는 말까지 한다(『아리스테아스의 편지』 38). 그는 경건하고 자비심이 많으며 약속을 지키는 사람으로 알려졌다.

흥미롭게도 프톨레마이오스 왕 자신도 "왕국의 평화와 명성을 지켜주시는 지극히 높으신 하나님께 드리는 감사의 제물"(『아리스테아스의 편지』 37)로서 유대인 노예들을 방면했다고 말한다. 예루살렘의 대제사장 엘르아살은 왕에게 있는 "우리 하나님을 향한 신앙심"(『아리스테아스의 편지』 42)과 유대인을 향한 호의와 은덕을 강조한다(『아리스테아스의 편지』 44-45). 엘르아살은 "만물의 통치자이신 하나님께서 왕의 나라를 평안히 보호하실 것"(『아리스테아스의 편지』 45)을 기도한다.

그러자 프톨레마이오스 왕이 예루살렘의 대제사장 엘르아살에게 가장 귀한 선물을 보낸다(『아리스테아스의 편지』 40-42, 51-82). 프톨레마이오스는 어떤 선물을 보낼지에 대해서도 별도로 감독할 정도였다(『아리스테아스의 편지』 81). 그는 예루살렘에서 알렉산드리아로 온 72명의 번역자들을 따뜻하게 맞아들였다(『아리스테아스의 편지』 174-175). 왕은 두루마리로 된 히브리 성서 앞에서 일곱 번이나 엎드려 절을 했고, "하나님의 말씀이 여기 계시다"며 하나님께 감사했다(『아리스테아스의 편지』 177-178). 왕은 이 "하나님의 사람들"(『아리스테아스의 편지』 179-180)을 위해 하루를 공휴일로 지정하여 해마다 기리게 하고, 유대 관습에 따라 준비된 식사와 훌륭한 숙소를 제공했다(『아리스테아스의 편지』 182-186). 뿐만 아니라 그들과 더불어 7일 동안 철학을 주제로 토론을 벌이기도 했다(『아리스테아스의 편지』 187-300). 번역이 완료되었을 때 왕은 몸소 앞장서 기쁘게 70인역의 보존에 앞장서고, 번역자들에게 영광을 부여하여 "문화의 사람들"(『아리스테아스의 편지』 312-321)로 부르게 했다.

데메트리오스와 아리스테아스와 더불어 프톨레마이오스 왕은 이스라엘의 하나님을 높이고 유대의 거룩한 저술들과 문화와 사람들을 드높인 인물로서 알려지게 되었다.

덕스러운 유대인

이 이야기에 등장하는 유대인들은 누구인가? 『아리스테아스의 편지』에 등장하는 유대인들은 얼핏 국제적인 인물로 보인다. 그들은 이방인 및 그리스 문화에 열려 있고 그들과 적극적으로 관계를 맺고 있다. 앞서 언급했듯이, 이스라엘의 하나님은 프톨레마이오스 왕의 통치와 이집트 왕국을 축복하는 분이자, 다양한 이름을 가진 분으로서 다양한 사람들에게 예배를 받는 분으로 소개되고 있다. 그럼에도 하나님은 또한 왕이 거느린 유대인 노예들의 안녕을 살피는 분이자, 아리스테아스가 그들의 방면을 위해 드린 기도에 응답하는 분이다(『아리스테아스의 편지』 20).

예루살렘의 대제사장 엘르아살은 히브리 저술들을 그리스어로 번역하고자 하는 왕의 제안을 환영했다(『아리스테아스의 편지』 41-51). 마찬가지로, 이스라엘 12지파에서 각각 6명씩 모두 72명으로 사실상 유대 민족을 대표하여 선택된 사람들 역시 그리스가 중요하게 여기는 문제들에 대해 열린 사고를 가지고 있었다. 그들은 유대 문학과 '더불어' 그리스 문학에도 조예가 깊었다(『아리스테아스의 편지』 121-127). 엘르아살은 율법의 가르침을 어떤 상징적인 의미로 해석했고, 결과적으로 유대인뿐만 아니라 모든 사람이 그 의미를 적용할 수 있게 했다. 율법의 가르침은 하나님을 기억하는 삶, 선행을 실천하는 삶을 살아가게 한다(『아리스테아스의 편지』 150-157). 72명의 번역자들은 히브리 두루마리를 가지고 기꺼이 이집트로 나섰다(『아리스테아스의 편지』 171, 176). 그들은 7일 동안 열린 연회와 왕과의 토론에 함께했다(『아리스테아스의 편지』 182-300). 그들은 그리스 철학과 윤리학에 대해 깊은 대화를 나누었으며, 선한 통치란 무엇인지(『아리스테아스의 편지』 187-235), 지혜를 어떻게 얻는지(『아리스테아스의 편지』 236-247), 덕망 있는 삶이란 무엇인지(『아리스테아스의 편지』 248-294)에 대해 토론을 벌였다. 72명은 알렉산드로스 사후에 펼쳐진 그리스 세계에 매우 친숙했을 뿐만 아니라 그 세계에서 두드러진 역량을 발휘한 사람들로 제시되고 있다.

숫자 계산하기: 72인가 70인가?

아리스테아스는 12지파에서 각각 6명씩, 총 72명의 번역자들이 참여했다고 강조한다. 그러나 그 번역물은 숫자 70을 의미하는 라틴어, 70인역(Septuagint)으로 알려지게 됐다. 어떻게 이런 일이 일어났는가?

그 과정에는 분명하진 않지만, 적어도 두 단계가 포함된 것 같다. 첫 단계는 번역자의 수를 72에서 70으로 감소시켜 언급하면서 일어난다. 기원후 1세기 후반, 유대인 저술가 요세푸스는 각 지파에서 뽑은 6명의 번역자(=72; 『유대고대사』 12.39, 49, 56)를 명백히 70인(『유대고대사』 12.57, 86)으로 언급했다. 기원후 2세기 중반, 순교자 유스티누스는 70인의 번역자들을 언급하면서(『대화록』 68, 71), 모세오경뿐만 아니라 히브리 성서 전체에 대해 그들의 번역을 참조한 듯 보인다. 왜 70인이라고 언급했는지는 분명하지 않다. 한 가지 가설로는, 시내산에서 율법을 받고(출 24:9-11), 광야에서 모세와 함께 하나님 앞에 나아간(민 11:16-25) 장로들의 숫자가 70명이었다는 전승에 영향을 받았다는 것이다.

두 번째 단계에서는 70이라는 숫자가 번역자들의 머릿수를 가리키던 데서 번역 그 자체를 가리키는 것으로 의미가 변한다. 가장 오래된 증거는 기원후 4세기 교회 역사가 유세비우스가 쓴 그리스어 저작에서 찾을 수 있다. 그는 아퀼라, 심마쿠스와 데오도티온의 다른 번역들과 구별하기 위해 그리스어 번역을 "70인의" 번역이라 칭한다(『교회사』 6.16.1,4). 라틴어로 저술했던 유명한 감독이자 신학자인 히포의 아우구스티누스(서기 430년 사망)는 히브리어에서 그리스어로 번역한 성서를 라틴어 70(Septuaginta)을 사용하여 70인역이라 부르는 것이 전통이라고 썼다(『하나님의 도성』 18.42).

다른 어느 것과 비교할 수 없는 작업

『아리스테아스의 편지』가 묘사하는 유대인들은 어설프게 그리스인인 척하는 사람들이 아니었다. 그와 반대로, 그 책은 그리스인과 유대인이 얼마나 조화롭게 지냈는지를 강조한다. 그리스 세계를 가리켜 유대인을 위협하는 곳으로 묘사하지 않았다. 그리스 세계를 회피할 필요도, 조롱할 필요도 없었다. 오히려 같은 하나님을 확인하고 환영하고 존경하며 경배했다. 그리스 세계 안에는 유대 백성들을 지지하는 수많은 이들이 있었다. 마찬가지로 유대인의 세계도 이방인들을 환대했다. 유대 전통은 이방인들이 다가가기 어렵지 않았다. 여러 다른 이름으로 알려진 유대인의 하나님은 모든 민족을 축복하는 분이었다.

다른 한편으로 『아리스테아스의 편지』는 유대인과 이방인 사이의 중요한 차이점을 제시했다. 편지는 다문화적이지만 여전히 그리스 지배적인 세계에서 유대인의 정체성을 표현하고 유지하는 유대인의 관습을 옹호했다. 일련의 관습들은 이방인과 함께 식사하는 것과 관련되어 있었다. 알렉산드리아에서 왕과 함께 식사할 때 번역자들은 유대 의식을 버리지 않았다. 대신 준비된 음식은 "유대에서 온 모든 방문자들의 관습에 따라서" 만들어졌다(『아리스테아스의 편지』184). 프톨레마이오스 왕은 문화적으로 상호작용을 한다고 해서 서로의 차이점을 없애야 하는 것이 아님을 몸소 보여 주었다. 오히려 그는 차이를 존중했다.

같은 맥락으로, 번역자들은 번역 작업을 진행하면서, "모든 유대인의 전통을 따라 하나님께 기도드리는 과정 중 하나로 바다에서 손을 씻었고…이는 그들이 어떤 죄도 저지르지 않았다는 증거였다"(『아리스테아스의 편지』 305-306). 데메트리오스는 유대인의 정체성을 표현하는 것을 막지 않았다. 그는 그것을 존중해 주었다.

프톨레마이오스 왕의 대표단이 예루살렘에 도착한 일을 서술하면서 아리스테아스는 예루살렘 성전과 그 의식, 제사 예식 그리고 대제사장의 의복에 대해 묘사했다(『아리스테아스의 편지』 83-99). 그는 시종일관 매우 긍정적인 태도로 묘사하는데, 예루살렘 성전의 독특성과 우월성을 강조할 때는 거의 찬양에 가까워진다. "내가 묘사한 그 광경을 직접 눈으로 본다면, 누구나 말로 표현할 수 없는 놀라움과 경탄을 경험하게 될 거라고 나는 확신한다"(『아리스테아스의 편지』 99). 이방인인 아리스테아스는 유대인의 관습을 존경하고 축복했다.

예루살렘의 대제사장 엘르아살은 이방인 대표단에게 율법에 대해 상세히 설명했다(『아리스테아스의 편지』 128-171). 그는 모든 사람에게 율법이 유효하다고 제시하면서도, 먹거나 만지기에 정결한 것과 불결한 것 간에 차이가 있음을 옹호했다(『아리스테아스의 편지』 129). 그는 다신교와 우상 제조를 거부했다. 그리스와 이집트의 관습을 명백하게 공격한 셈이다(『아리스테아스의 편지』 135-138). 그가 말하길 율법은 유대인을 둘러싸고 있는데, "마치 부서지지 않는 울타리와 강철 벽처럼 우리가 다른 사람들과 섞이지 않게 막아 준다.…하나님께서는 엄격한 관습들로 우리의 모든 부분을 둘러싸고 계신다"(『아리스테아스의 편지』 139-142). 이렇듯 구별된 관습들에 둘러싸여 유대인들은 다문화 세상에서 유대인만의 정체성을 유지할 수 있었다. 이는 유대인의 정체성이 헬레니즘 문화에 의해 잠식되거나 지배당하지 않도록 막아 준다.

그러나 엘르아살은 그렇다고 해서 유대인들이 헬레니즘 문화로부터 도피하는 것은 아니라고 지적한다. 율법 그 자체는 세상에 대한 개방성을 요구한다. 율법은 유대인에게 "삶 속에서 모든 인류에게 정의를 실천할 것을 요구한다"(『아리스테아스의 편지』 168). 유대인의 정체성을 잃어버리지 않고 헬레니즘적 세계에 참여하는 것은 가능하고 바람직하며 꼭 필요하다는 것이다.

이런 예들은 여러 독립된 요소들을 하나로 묶어 준다. 먼저 유대인들은 구별된 유대 관습을 적극적으로 지켰는데, 그러면서도 동시에 더 넓은 헬레니즘 세계와 그 문화에 대해 개방적일 수 있었다. 유대인의 정체성을 표현하고 유지시키는 특별한 유대 관습들이 있었지만, 그럼에도 불구하고 유대의 문화와 전통은 헬레니즘 세계에 열려 있었다. 헬레니즘 세계와 분명한 차이가 있었지만, 그럼에도 불구하고 이방인들은 유대 관습에 존경을 표현했고 유대인들은 헬레니즘 세계에 참여했다.

문화적 적응과 정체성의 자기 주장인 번역

히브리 성서를 그리스어로 번역한다는 것은, 그것을 통해 유대인들이 자신의 정체성을 드러내면서도 그리스가 지배하는 세상에서 살아간다는 것을 의미한다. 먼저 히브리 성서를 그리스어로 번역하겠다는 아

그림 2.2. 히브리어에서 그리스어로 번역된 신명기의 일부분

이디어는 유대 지역의 유대인들에게 인정받았다. 대제사장이자 백성들의 지도자였던 엘르아살은 72명의 번역자를 이집트로 보냈다(『아리스테아스의 편지』 32, 46, 51). 번역은 서로 다른 문화들을 잇는 다리였고, 문화적 상호작용의 시작점이었다.

둘째, 완성된 번역은 알렉산드리아의 유대인들 앞에서 낭독되었고, 그들은 이를 인정하고 축하했다(『아리스테아스의 편지』 308-310). 그리스어로 성서를 번역한 것은 헬레니즘 세계에 소속되어 있으면서도 유대 전

> **보다 흥미로운 이야기: 필로의 해석판**
>
> 문명화된 알렉산드리아인이자 유대인 저술가인 필로는 기원후 첫 세기에 아리스테아스의 이야기를 다시 전하면서 신적인 개입과 기적적인 요소를 강조했다. 그는 그 전승을 다듬으면서 번역자들에게 영감을 주신 하나님의 기적적인 개입을 부각시켰다. 놀랍게도 번역자들은 "각각의 사본을 약간씩 다른 단어로 번역하지 않았다. 그들은 마치 보이지 않는 프롬프터(배우·연설자에게 대사를 가르쳐 주는 사람)가 불러 주는 것을 받아쓰기라고 한 듯 어떤 단어에 대해 똑같은 단어로 번역했다"(『모세의 생애』 2.37).[1] 70명의 역자들은, 독립적으로, 문자 대 문자 번역을 충실히 수행한 셈이었다. 이것은 기적이었다. 필로가 이해하기로 이 일은 "프롬프터"이신 하나님의 영감으로 이뤄지는 번역 작업이었다.
>
> 1 *Philo*, F. H. Colson, G. H. Whitaker 등 역, 12 vols., Loeb Classical Library(Cambridge: Harvard University Press, 1929-1953).

통을 신실하게 고수하고 있음을 상징적으로 나타내고 있었다.

흥미롭게도 이런 균형은 70인역의 번역 작업에서도 발견할 수 있다. 역자들은 그리스어로의 (편집도 포함된) '번역' 과정에서 히브리 본문의 몇몇 어색한 부분을 없앤다. 하나님께서 모세를 다시 이집트로 보내 바로를 설득하고 백성들을 자유케 하라고 하셨을 때(출 4:18-23), 히브리 본문에는 "모세가 길을 가다가 숙소에 있을 때에 여호와께서 그를 만나사 그를 죽이려 하신지라"(4:24)라고 기록돼 있다. 이 이상한 구절의 의미가 무엇이든, 그리스 70인역은 이를 부드럽게 해서 "여호와의 천사"에게 공격에 대한 책임을 떠넘긴다. 히브리 성서에서 출애굽기 15:3의 "여호와는 용사"라는 선언은 그리스 70인역에서 완전히 변화를 거친다. "여호와께서 전쟁을 무익하게 하신다."

그러나 구별된 유대적 정체성을 드러내는 다른 측면들은 유지되고 있었다. 시대적 배경은 다신교적이었지만 이 번역본은 "한 분 하나님"에 대한 이스라엘의 주장을 유지한다(70인역: 출 34:17; 레 19:4; 신 31:18-20). 다른 신들에 대한 어떤 인정도 거부한다. 그러나 이상하게도 출애굽기 22:28에 대한 헬라어 번역 중에 복수적 표현이 발견된다. "하나님(gods)을 모독하지 말라"(22:27). 복수 형태의 '하나님들'(gods)은 복수형 히브리어 '엘로힘'($'ĕlōhîm$)을 번역한 것으로 보인다. 이 단어는 하나님의 위엄을 복수적으로 강조하거나, 다른 신들에 대한 존중 내지는 관용적 표현으로 보인다.

셋째, 하나님께서 이 번역본을 승인하셨다. 그렇다, 맞다! 70인의 번역자들이 72일에 걸쳐 이 번역을 완성한 것은 "누군가의 의도적인 계획에 의해 이루어진 것"이라고 아리스테아스는 논평했다(『아리스테아스의 편지』307). 그는 단순히 "기적이었다"라고 말한 것이 아니라 그것을 완성하는 데 하나님께서 개입하셨다고 말한다. 하나님께서 승인하셨다. 그 결과 번역본에는 어떤 수정이나 추가도 이루어지지 않았다. 불변하는 하나님의 말씀이기 때문이다(『아리스테아스의 편지』310-211). 하나님께서는 헬레니즘 문화로의 개방성을 의미하는 이 그리스어 번역본을 축복하심과 동시에 헬레니즘 문화가 유대인의 정체성을 집어삼키지 않을 것임을 보증하셨다.

그리고 넷째, 이 번역본은 이방인 왕 프톨레마이오스에게서 승인받았다. 히브리 성서 두루마리에 절했던 그는, 마찬가지로 이 번역본에도 절함으로써 이 둘이 같은 위치에 있음을 보여 주었다. 그는 이 번역본을 받아 안전하게 보관했다(『아리스테아스의 편지』 317-318). 이 거룩한 저술들이 그리스어로 번역된 것은 유대인들이 드디어 이방인 세계에 '당도했음'을, 또한 그 세계 안에서 문화적 자부심을 갖게 되었음을 의미한다. 그리고 이방인에게 환영받음과 동시에 유대인으로서 구별된 정체성을 잃지 않았음을 의미한다.

히브리 성서의 그리스어 번역본이 이토록 중요한 이유는 무엇인가? 헬레니즘 문화가 발달한 고대 세계로 둘러싸인 도시에 거주하는 유대인들에게 이 번역본은 그리스식 세상에서 자기들만의 길을 개척하는 하나의 방법이었다. 이 책은 그들의 혼합된 존재 방식을 인식시키고 정당화해 주었다. 그들은 두 문화 각각의 진지에 한 발씩 얹은 채 살았다. 이 번역본은 유대인의 정체성과 관습을 지지했다. 그러나 그리스어로 번역되면서 이 책은 유대인들이 그리스 문화라는 상황에 현존해 있고 개방되어 있음을 깨닫게 했다. 그들은 도망치지도, 두려워하지도 않았다. 오히려 그리스 문화를 받아들였고 그리스 문화는 이들을 받아들였다. 그들은 완전히 굴복하지도, 흡수당하지도 않았다. 이 번역본은 문화적 전통들의 상호작용 속에서 동시에 두 세계를 복합적으로 살아가는 팽팽한 현존에 대해 인식시켜 주고 그 삶의 양식을 만들어 갔다.

70인역과 예수의 제자들

그렇다면 예수의 제자들에게 이 그리스어 번역본은 어떤 의미가 있었는가? 이 책은 예수 운동의 핵심인 히브리 성서에 대한 권위 있는 번역본으로 자리매김을 했다. 예수 운동이 그리스어로 된 이 성서를 존중했다는 것은 다음과 같은 진술에 반영되어 있다. "성경(the sacred writings)은 능히 너로 하여금 그리스도 예수 안에 있는 믿음으로 말미암아 구원에 이르는 지혜가 있게 하느니라 모든 성경은 하나님의 감동으로 된 것으로 교훈과 책망과 바르게 함과 의로 교육하기에 유익하니"(딤후 3:15-16).

이 말씀에서 "성경"이라는 용어는 신약 시대에 기록된 저술들을 가리키는 것이 아니다. 6장과 7장에서 보겠지만, 아직 신약 성서는 없던 시대였다. 오히려 이 용어는 유대의 거룩한 저술들을 새롭게 만든 전승을 언급하고 있다. 예수 운동은, 히브리 성서를 완전히 홀대했던 것은 아니지만, 시편, 이사야, 출애굽기, 신명기 등의 말씀을 인용할 때 대부분 그리스어로 번역된 이 전승에서 가져왔다. 이사야 6:1과 53:7, 시편 110:1과 2:7, 다니엘 12:1, 아모스 3:13과 4:13, 레위기 19:18 등은 명시적인 인용으로서 특히 중요하다. 이 자료들을 보면 히브리어 저술들의 번역이 모세오경 이외의 것으로도 확대되어 있었음을 알 수 있다.

예수 운동은 그리스어 번역본을 사용하면서 문화 적응 과정을 계속해 나갔다. 그리스어는 예수 운동이 존재하던 세계의 공용어였다. 그래서 그리스어 성서는 친숙하고 접근하기 쉬웠다. 그러므로 예수 운동은—예수의 삶과 죽음, 부활과 재림 안에서 하나님을 경험하는 것에 관해 말할 때 필요한—신학적 언어와 예화, 양식 등을 이 그리스 번역본에서 가져올 수 있었다.

그러나 예수 운동은 이 그리스어 번역본을 그저 수동적으로 받아들이기만 한 것은 아니다. 자신들이 처한 환경 속에서 상호 영향을 주고받으면서, 그들은 예수 안에 계신 하나님에 대한 자신들의 이해와 경험을 보다 공교히 표현하는 데 이 번역본을 사용했다.[3] 예수에 대한 자신들의 경험을 이 번역본을 빌어 해석함으로써, 그들은 다문화적 상황 가운데 있는 자신들의 정체성과 위상을 나타냈다. 이는 이후 수세기에 걸쳐 그들을 유대인 집단과 구별하게 될 방식으로 자리잡았다.

예수 운동이 히브리어 전승보다 그리스어 번역본을 선호했으며, 이 그리스 번역본 전승을 자신들의 이해와 경험에 적용했다는 사실은 마태복음 1:23이 증명해 준다. 마태복음 1:18-25에서는 마리아가 예수를

---

3 Lee Martin McDonald, *The Origin of the Bible: A guide for the Perplexed*(London: T&T Clark, 2011), 124-125을 보라.

잉태하고 요셉에게 천사가 나타나 마리아와 결혼하라고 지시한 사건을 들려준다. 마태복음 1:22-23에서 해설자는 이 사건을 통해 700년 전 이사야에 의해 예언된 말씀이 "성취되었다"고 설명한다.[4]

이사야가 말한 것은 정확히 무엇인가? 이사야 7:14을 히브리 성서에서 찾아보면 이렇다. "그러므로 주께서 친히 징조를 너희에게 주실 것이라 보라 젊은 여인(the young woman)이 잉태하여 아들을 낳을 것이요 그 이름을 임마누엘이라 하리라"(사 7:14). 히브리 본문의 그리스어 번역은 다소 다르게 되어 있다. "보라 처녀(the virgin)가 잉태하여 아들을 낳을 것이요 그의 이름은 임마누엘이라 하리라 하셨으니 이를 번역한즉 하나님이 우리와 함께 계시다 함이라"(마 1:23).

히브리역과 그리스역 사이에 몇 군데 차이가 있지만, 한 가지 중요한 차이점에 주목해 보자. 히브리역은 "젊은 여인"(the young woman)이라고 지칭한다. 여기서 사용된 히브리어 단어는 대상을 성(여성)과 나이(어림)로 한정한다. 그녀는 "젊은 여인"이다.

그리스역은 그녀를 "처녀"(the virgin)라고 언급한다. 그리스어 단어는 그녀의 성뿐만 아니라 그녀가 성적 경험이 없음을 표현해 준다. 마태복음은 히브리역보다 그리스역을 선택해 인용한다. 이는 의도적인 선택으로

---

4 더 구체적인 설명을 원한다면 다음을 보라. Warren Carter, "Evoking Isaiah: Why Summon Isaiah in Matthew 1:23 and 4:15-16?," *Matthew and Empire: Initial Explorations* 중에서(Harrisburg, PA: Trinity Press International, 2001), 93-107; 그 이전에 나온 *Journal of Biblical Literature* 119(2000): 503-520도 보라.

로 보이는데, 마태가 다른 부분에서는 종종 히브리 성서를 인용하는 듯하기 때문이다(예, 2:15; 12:17-21). 왜 그리스어 번역을 선택했을까? "젊은 여인"보다는 "처녀"라는 그리스어 단어가 예수의 기원에 대한 마태의 이야기에서 신학적인 중요성을 갖기 때문이다. 그 단어는 마리아가 예수를 잉태한 것은 하나님께서 하신 일임을 강조한다. 마태는 미리 세 번에 걸쳐 이 점을 강조했다. 1:18은 마리아가 "동거하기 전에" 임신했다고 이야기한다. 또한 같은 절에서 그녀가 "성령으로" 잉태했다고 말한다. 20절에서는 요셉의 꿈 속에서 천사가 알려 주면서 이 주장을 반복한다. 세 번의 반복을 통해 마태는 하나님의 은혜로운 주도권의 중요성을 강조하는데, 이는 23절에서 이사야 7:14을 그리스어 번역본으로 인용하면서 나타나는 것과 마찬가지다.

예수 안경을 쓰고 읽기

이런 예는 초기 예수 운동이 그리스어 번역본을 사용했던 또 다른 중요한 방식을 돋보이게 해준다. 그들은 '예수 안경'을 쓰고 그리스어 성서를 읽었다. 말하자면 그들은 부활하신 예수에 대한 그들 자신의 경험을 연결시켜서 이 번역본을 해석했다.[5]

예수 안경을 통한 해석은 때로 문맥을 무시한 채 본문을 읽는 듯 보

---

5 Müller(*The First Bible*, 130-141)는 성서에 대한 신약의 해석에서 나타나는 종말론적인 차원을 강조한다. 그리스도 중심적인 독법과 명백히 상호연결된 이 중요 역학에 대한 토론은 생략하도록 한다.

이기도 한다. 물론 초기의 해석자들은 자신들이 성서를 읽는 방식에 대해 그렇게 생각하지 않았다. 그들은 본문의 진정한 의미를 이해하고 있다고 여겼다. 그럼에도 불구하고, 그들의 접근 방식은 종종 고대 세계에서는 그 누구도 내놓지 않던 해석들을 만들어 냈다. 핵심은 예수 안경을 끼고, 누구도 알지 못했던 예수와 관련된 구절들을 성서에서 찾는 것이었다. 히브리어에서 그리스어로의 번역이 유대 전승들을 그리스 문화에 적응시켰던 것처럼, 예수 운동은 그리스어 번역본을 그들 자신의 이해와 경험 그리고 상황에 적응시켰다.[6]

그리스어 번역본의 이런 적응과 해석은 마태복음 1:23에서 이사야 7:14의 그리스어 본문을 인용하는 대목에서도 드러난다. 이사야 7-9장은 원래 예수와 마리아에 대한 본문이 아니었다. 전혀 다른 배경과 관련성을 갖고 있는 본문이었다. 다른 모든 예언자들처럼 이사야는 자신이 속한 시대를 다루었다. 그는 자신이 살던 기원전 730년대에 자기 민족이 당한 위기를 언급하는 "여호와의 말씀"을 전했다.

이사야 7:14의 시대에 뉴스로 다룰 만한 위기는 무엇이었는가? 유다와 그들의 왕 아하스(기원전 716/715년 사망)는 시리아와 북이스라엘 동맹 세력으로부터 군사적 위협을 받았다. 유다의 존립 자체가 위협받고 있

---

[6] 다른 유대인 집단들은 성서를 자신들만의 상황과 관련해 읽었고 다른 집단에 적용할 수 없는 독법을 만들어 냈다. 쿰란 사람들이 그 한 예라 할 수 있는데, 그들은 자신들만의 역사를 기술해 주는 본문으로 하박국서를 읽는다.

었다. 무엇을 해야 했는가?

하나님을 대신해 이사야 선지자는 아하스 왕과 백성들에게 그 공격이 쓸데 없는 것이 될 것이라고 확언했다(사 7:1-9) 이런 예언을 확신시키기 위해 하나님은 "젊은 여인"—아마도 왕의 아내나 선지자의 아내—이 잉태하여 아들을 낳을 것이라는 표징을 보여 주신다. 만일 이 여인이 아하스의 아내라면, 그 아들은 다음 왕인 히스기야일 것이다. 반대로 선지자의 아내를 향한 예언이었다면, 그 아들은 미래를 가리킨다. 아기를 잉태하는 것이 어떻게 표징이 될 수 있는가? 그 표징은 분명 다음 세대가 '있을 것임'을 보여 주기 때문이다. 하나님은 유다가 이 위협으로부터 완전히 벗어나게 될 것을 보장하고 계신 것이다. 하나님은 유다 백성이 살아남을 것이라고 약속하신다. 아하스는 하나님을 신뢰하고, 도저히 하기 어려운 무언가를 신뢰해야 했다. 왜냐하면 그는 강력한 앗시리아와 동맹 맺기를 선호했기 때문이다. 이사야 7-9장은 그의 믿음 부족이 어떤 결과를 가져왔는지를 말해 준다.

이렇게 이사야 선지자는 기원전 700년대에 맞이한 위기와 제국의 위협이라는 정치적인 상황 속에서 당시 사람들에게 하나님의 좋은 소식을 전했다. 이사야는 예수가 오기까지 700년 동안 아무도 이해할 수 없는 이야기를 한 게 아니었다. 그는 그 시대 사람들이 명백하게 이해할 수 있는 소식을 전했다.

반면 700년 후에 예수 안경을 끼고 이사야의 말씀을 읽은 것은 예수의 제자들이었다. 이들은 자신들의 상황에 비추어 이사야의 말씀에서 새로운 의미와 해석을 이끌어 냈다. 예수 안경을 끼고 읽으면서 그들은 아하스 시대의 위기와 1세기 말 자신들이 처한 로마 지배하의 상황이 매우 유사함을 알았다. 복음은 과거의 상황—아하스 왕이 당한 제국의 위협과 하나님의 선한 미래를 대표하는 한 아기의 핵심적 역할—을 환기시켜 현재를 해석하게 해준다. 마태의 해석은 이렇게 선언하고 있다. "좋은 소식이다!('복음이다!'라고 말했을지도 모른다.) 하나님께서 그 일을 또다시 행하실 것이다! 이사야의 상황과 아기라는 표징에 비추어 예수의 탄생을 생각해 보라. 아기의 탄생은 제국의 권력으로부터 백성을 보호하고 선한 미래를 보여 주시는 하나님의 일하심이었다. 또 다시 하나님은 은혜롭게 개입하고 계시며—'처녀가 잉태하여…'—로마 제국의 권력 아래 있는 죄된 세상에서 예수를 통해 사람들을 구원하실 것이다"(그래서 마 1:21).

예수 안경을 쓰고 비탄의 시편 읽기

이번에 살펴볼 그리스어 번역본 역시 로마와 유대 당국의 손에 죽은 예수에 대해 설명한 본문으로 적용되고 해석되었다. 예수는 숨을 거둘 때 시편 22:1의 말씀으로 부르짖었다. "제구시에 예수께서 크게 소리 지르시되 엘리 엘리 라마 사박다니 하시니 이를 번역하면 나의 하나님, 나의 하나님 어찌하여 나를 버리셨나이까 하는 뜻이라"(막 15:34).

시편 22편은 이제 예수에 대한 본문으로 인식되고 있다. 물론 이 시편은 다른 모든 시편과 더불어 수세기 동안 하나님과 깊은 관련이 있는 유대인 예배자들을 위한 본문으로 역할을 해왔다. 예수와의 관련성은 없었다. 예수 안경을 쓴 채 읽기를 시도하면서 예수 운동은 이 시편 번역본을 예수에게 어떤 일이 일어났는지 알려 주는 말씀으로 해석했다.

마가복음 15:34의 첫 부분에서 예수는 아람어로 부르짖는다. 이 부르짖음은 곧 그리스어로 번역되는데, 시편 21:2(70인역의 장절 구분임, 현대 성서에서는 22:1임—옮긴이)와 완벽히 같지는 않지만 매우 비슷하게 표현된다. (현대 성서에서는 시편 22편인) 이 시편은 비탄 혹은 탄원의 시로 불린다.[7]

비탄의 시편에서는 보통 세 명의 등장인물이 각각 전형적인 세 역할을 담당한다. 첫 번째 역할은 시에서 "나"로 등장하는 시편 기자이다. 시편 기자는 불의하게 고통받는 의인으로 자신을 묘사한다. 시편 기자는 자신에게서 이유를 찾을 수 없는 고통과 어려움에 대해 하나님 앞에서 애통하거나 한탄한다. 고통은 정확히 무엇 때문인지 알 수 없지만, 공감하기 어렵지는 않다. 고통은 대개 시편 기자에게 닥쳐온 질병, 상처 그리고/혹은 사회적 갈등과 관련된다.

두 번째 역할은 하나님께 속한다. 비탄의 시편에서 처음에는 하나님께서 멀리 계시고 힘이 없는 것처럼 보인다. 종종 시편 기자는 하나님께서 아무것도 하지 않으시며 돌보지 않으신다고 비난한다. "어찌 나를 버

---

[7] 비탄의 시편은 개인적(예를 들어 13; 22; 69; 88) 또는 공동체적 탄원이기도 하다(44; 60; 79; 94).

리셨나이까 어찌 나를 멀리하여 돕지 아니하시오며 내 신음 소리를 듣지 아니하시나이까"(시 22:1). 그럼에도 불구하고 시편 기자는 지난 시간 하나님께서 신실하셨고 적극적으로 개입해 오셨음을 깨닫는다(22:3-5). 그리고 시편의 마지막을 향하면서 하나님께서 시편 기자를 치유하고 구원하시는 본질적인 변화가 일어난다. 비탄시에서 보통 이런 하나님의 개입은 묘사되기보다는 추정된다. 이제 하나님의 사랑 안에서 구조되거나 고침 받거나 안전케 된 시편 기자는 다시금 하나님에 대한 신뢰를 고백한다. 시편 22편에서 이런 전환은 22절에 나타난다.

세 번째 역할은 원수나 적들의 몫이다. 이들은 종종 정확하게 드러나지는 않지만 늘 그렇듯 시편 기자에게 극심한 고통을 야기한다. 시편 22편에서 그들은 시편 기자를 조롱하고(6-7절) 그의 하나님을 비웃고(8절) 말로 그를 모욕한다(12-14절). 그들은 그의 존재 자체를 위협하고(16-17절) 그의 옷을 취한다(18절).

이런 비탄의 시편은 인생과 하나님에 대한 전형적인 경험을 묘사한다. 그 경험이란 연약함, 위험, 고통, 무력함, 버림받음 등으로 이루어진다. 그 후에 신적 개입, 구원, 회복이 온다. 비탄의 시편에서 묘사되는 전형적인 경험에는 하나님과의 관계적 차원뿐만 아니라 개인적이고 사회적인 차원을 포함한다. 이런 시들은 선한 사람에게 나쁜 일이 일어난다는 하나의 패러다임 혹은 틀을 보여 준다. 시인이 겪는 고통에 대해 이야기하면서도 하나님과 함께라면 나쁜 일이 이야기의 마지막이 아닐 것이라는 확신을 준다. 이 패러다임은 '하나님께 무죄 입증을 받는 고난 당하는 의인'의 비탄으로도 알려져 있다.[8]

마가복음 15:34이 시편 22:1을 인용하면서, 하나님께 무죄 입증을 받는 고난 당하는 의인이라는 전형적인 패턴을 연상시키고 있다. 독자들은 이 패러다임의 관점에서 예수의 십자가 사건을 이해하게 된다. 세력할자, 끔찍한 고통, 명백해 보이는 하나님의 무관심과 일하지 않으심과 무능력, 그러나 그 뒤로 생명을 주시는 하나님의 개입. 이 패러다임은 대적들에게 고통 당하는 자로 예수를 묘사한다. 대적들은 고소할 거리를 찾아 그를 해치려 하고(막 15:3) 그를 조롱하며(15:3-4, 16-20, 29-32) 그의 옷을 취하고(15:24) 결국 죽음에 이르게 한다(15:33-39). 시편 22편에 들어 있는 모든 요소가 고스란히 나타난다. 십자가에 달린 예수가 시편 22편 말씀을 인용해 하나님의 외면하심에 대해 부르짖었을 때 하나님은 실제로 무관심하고 돌보지 않으며 무력하신 것처럼 보인다.

그럼에도 불구하고 마가복음 15장 바로 다음에 이어진 16장에서 이렇게 선포한다. "그가 살아나셨고 여기 계시지 아니하니라"(16:6). 고난은 부활로 이어지고, 수동성은 능동성으로 바뀌며, 무력함 뒤에 생명을 주는 능력이 뒤따른다. 하나님은 고난 당하는 예수의 무죄를 입증

---

[8] 이 패러다임은 시편뿐만 아니라 욥기에도 사용된다. 잘못하지 않은 의로운 욥, 욥에게 고통을 안겨 주는 세 친구와 적들, 욥의 불평과 그에 대한 하나님의 최종적인 무죄 판결을 생각해 보라. 이런 경험과 유사한 패턴은 하나님께 신실한, 고난 받는 종이 다른 이들을 위해 적들로부터 고난을 당하고 하나님께서 그를 위해 변론하시는 이사야 52-53장에 나타난다.

하신다. 마가는 70인역에서 이 패턴을 차용해 독자들에게 예수의 죽음을 이해시킨다.

<u>다른 패러다임들을 다시 읽기</u>

신약 성서의 저자들은 70인역으로부터 이와 같은 패러다임을 많이 빌려 온 다음, 예수 안경을 쓰고서 그 본문들을 예수와 관련시켜 다시 읽고 재해석한다. 간략하게 몇 가지 예들을 살펴보자.

- 다니엘 7:13-14은 하늘에 속한 존재 또는 하나님 백성의 상징인 "인자 같은 이"가 오실 것이며, 하나님께서 그에게 모든 백성을 다스릴 권세를 주실 것이라고 제시한다. 마가복음, 마태복음, 누가복음은 예수를 이 인물과 동일시한다(막 8:38, 14:62, 마 24:30). 이런 관점에서 예수는 하나님의 통치를 충만하게 실현할 자로 제시된다.
- 지혜서로 알려진 다양한 저술들은 의인화한 지혜를 등장시킴으로 세상 속에 임재하시며 계시하시는 하나님을 그려 낸다(예를 들어, 잠 8장). 요한복음은 특히 이 패러다임을 가져와 하나님의 현존과 권능을 계시하는 자로 예수를 제시한다.[9]
- 누가복음은 예수의 공생애 시작을 소개하면서 예수가 이사야 58:6

---

9   Sharon Ringe의 뛰어난 논의를 살펴보라. *Wisdom's Friends: Community and Christology in the Fouth Gospel*(Louisville: Westminster John Knox, 1999).

과 61:1-2을 낭독하는 장면을 보여 준다. "주의 성령이 내게 임하셨으니…"(눅 4:18-19). 이사야 본문을 읽는 것은 안식일 및 희년과 관련된 전통에 속하며(예를 들어, 레 25장), 종살이와 빚에서 해방시키고 축적한 땅을 돌려줌으로 공동체를 회복시키는 것을 강조한다. 이 본문을 인용함으로 예수의 사역이 사회에 변혁을 일으키고 사람들을 해방시키는 것임을 제시하는 셈이다.

- 모세는 대단히 중요한 인물로, 시내산/호렙산에서 율법을 주시는 장면을 통해 하나님의 뜻을 드러내는 역할을 했다. 마태복음 서두에서는 헤롯의 공격(바로를 생각해 보라), 이집트로의 여정, 광야에서의 시험, 산상수훈 등을 통해 예수를 모세와 연결시킨다(마 5:1). 이 밖에도 여러 연결고리들을 통해 예수를 하나님의 뜻을 드러내는 모세와 같은 인물로 제시한다.[10]

- 누가복음 7:22과 마태복음 11:5은 이사야 26:19과 35:5-6을 예수가 일으킨 기적을 해석하기 위한 자료로 사용한다. 기적은 단순히 권능을 드러내는 행위가 아니었다. 이 땅에 영생을 주고자 하시는 하나님의 뜻이 완전히 성취되는 장래의 날에 그것과 더불어 실현될 충만한 풍요와 온전해진 육체를 기대하게 하는 행위였다.

- 히브리서는 특히 성전, 제사장, 희생제사와 같은 성서의 전통들을 끌

---

10 Dale Allison, *The New Moses: A Matthean Typology*(Minneapolis: Fortress, 1993).

어와 예수와 그의 제자됨에 대한 해석에 사용한다. 히브리서에 가져다 쓴 본문들은 대개 70인역이었다.

신약 성서 전체에 걸쳐 저자들은 70인역의 패러다임을 끌어왔을 뿐만 아니라, 예수 안경을 쓰고 예수와 연결지어 그것들을 다시 읽었다.

로마서 속의 바울

바울도 유사한 방식으로 70인역을 사용한다. 로마서 3:10-18에서 그는 하나님께 죄를 범한 인간의 상태에 대한 주장을 뒷받침하기 위해 70인역에서 여러 구절을 인용한다. 로마서 9-11장에서도 그는 유대인이나 이방인 모두가 하나님의 계획 안에 포함되어 있음을 보여 줄 뿐만 아니라 "하나님이 모든 사람을 순종하지 아니하는 가운데 가두어 두심은 모든 사람에게 긍휼을 베풀려 하심이로다"(롬 11:32)라고 주장하기 위해 곳곳에서 70인역을 인용한다.

또한 로마서 1:18-3:20에 서술하듯, 죄와 불신앙으로 가득한 세상에서 사람들을 구원하시는 하나님을 정교하게 설명하기 위해 70인역에서 이미지를 빌려 온다. 그리하여 로마서 3:24-25에서 바울은 "그리스도 예수 안에 있는 **속량**(redemption)으로 말미암아 하나님의 은혜로 값 없이 **의롭다 하심**(justified)을 얻은 자 되었느니라 이 예수를 하나님이 그의 피로써 믿음으로 말미암는 **화목제물**(sacrifice of atonement)로 세우셨으니"(고딕은 저자 강조)라고 말한다.

이 풍성한 본문에서 바울은 여러 상징과 이미지를 사용해 예수 안에서 나타난 하나님의 행위가 가진 의미를 해석한다. 그러면서 곧바로 70인역의 단어들을 사용해 세 가지 다른 이미지를 떠올리게 한다.

1. 의롭다 하심. 이 단어는 그리스어에서 '의'(righteousness)나 '정의'(justice)를 가리키는 단어의 한 형태이다. 이 단어는 어떤 '관계'를 설명할 때 사용되며, 누군가와의 관계에서 헌신적이고 신실한 것을 의미한다. 하나님께서도 자신의 약속, 특히 이스라엘과 맺은 언약적 약속에 신실하게 행하시므로, 그분은 "정의"롭고 "의로우시다"(시 31:1; 사 45:21; 46:13, 한글 개역개정 본문에는 '공의'라는 단어가 사용되었음—편집자 주). 어떤 사람을 '의롭다 하시는 것'은(즉 어떤 사람을 의로운 자로 삼으신다는 것은), 하나님이 신실하게 일하셔서 그가 하나님과 주위 사람들과 신실한 관계 안에 거하게 하신다는 의미이다.

2. 속량(구속). 빠르게 진행되는 뮤직비디오 감독처럼, 바울은 하나님에 대한 이미지를, 관계의 신실함을 창조하시는 분에서 속박 당하고 노예가 된 사람들을 '자유케 하고' '해방시키는' 분으로 재빨리 옮겨 간다. 여기서도 바울은 70인역에서 사용된 단어를 끌어온다. 출애굽기에서 하나님은 바로가 이집트의 노예로 살고 있는 이스라엘 백성들을 놓아 주게 함으로써 이스라엘을 노예 신분에서 "자유케

하고" "속량하고" "구속하신다"(신 7:8). 하나님께서는 이들의 신분과 정체성을 노예된 자에서 자유케 된 자로 바꾸신다. 바울은 하나님께서 예수를 믿는 자들을 위해 행하신 그와 유사한 일을 설명하면서 이 단어를 사용한다.

3. 화목제물(속죄물). 바울은 다시 이미지를 바꾼다. 여기서 그는 70인역에서 대개 "언약궤"를 덮는 뚜껑인 "속죄소"(the mercy seat)와 관련된 한 단어를 사용한다(출 25:17-25; 레 16장). 이 속죄소라는 곳(place)은 특별히 매년 속죄일에 죄 씻음을 위해 피 흘리는 희생 제물과 관련되어 있다(레 16:13-16). 이 단어를 사용함으로써 바울은 예수를 죄가 제거되는 그 '곳'(place)으로 제시한다.

바울은 "믿음" 또는 "신실함"(faithfulness)이란 단어를 언급하면서 3장 본문을 끝맺는다. 그리고 나서 이어지는 4장에서 바울은 하나님의 약속과 목적을 온전히 믿었던(faith-full) 위대한 인물 아브라함을 70인역에서 빌려 온다.

바울의 언어가 유독 70인역과 깊은 관련이 있다는 점에 주목한다고 해서, 바울을 비롯한 신약 저자들의 언어가 다른 종교적 전통들, 정치 구조, 그리고 사회 경험과는 관련성이 깊지 않다고 주장하려는 것이 아니다. 지면의 제한 때문에, 여기서 나는 예수 안에서 나타난 하나님의 일하심의 의미를 해석하기 위해 바울이 70인역을 어떻게 사용했는지에 대해서만 초점을 맞추기로 했을 뿐임을 기억하기 바란다.

결론

우리 논의의 대상으로서 두 번째 사건의 시기인 기원전 250년경*은 대략적인 시기, 전승에 따른 시기, 일정한 간격이 있는 시기라는 것은 이미 밝힌 바 있다.

비록 아리스테아스의 전승은 오경이 그리스어로 번역된 시기를 프톨레마이오스 왕의 통치 시기(기원전 250년대)로 특정하지만 실제로 유대인의 성서가 히브리어에서 그리스어로 번역된 것은 적어도 한 세기나 그 이상의 세월이 필요한 과정이었을 것이다. 이 기나긴 번역 과정은, 앞서 이야기했듯, 그리스어와 그리스 문화가 지배하는 다문화 세계에서 유대인으로서의 정체성을 확립해 가는 대표적 수단으로 자리한다. 번역은 소속감을 갖는 것뿐만 아니라 고유의 정체성을 유지하는 것 둘 다를 위한 방법이기도 했다.

이 기나긴 과정의 결과물인 그리스어 번역본은 결과적으로 초기 예수 운동을 위한 자원이 되었다. 예수의 추종자들은 이 번역본에서 신학 용어, 개인적이고 사회적인 예시들, 사회 구조 및 사상을 가져와 예수가 지니는 의미를 강조했다. 예수 안경을 쓰고 70인역을 읽어 가면서 자신의 경험을 해석한 그들은, 그 안에서 이전에는 누구도 보지 못했던 예수에 대한 언급을 '보았다.' 그들은 각자 처한 자리에서 예수에게 헌신한 경험을 가지고 이 번역본을 '읽음'으로써, 예수의 중요성을 알릴 뿐만 아니라 그의 제자로서 자신의 정체성을 표현하고 알리는 데 이 70인역을 적용할 수 있었다.

3.
예루살렘 성전 재봉헌
(기원전 164년)

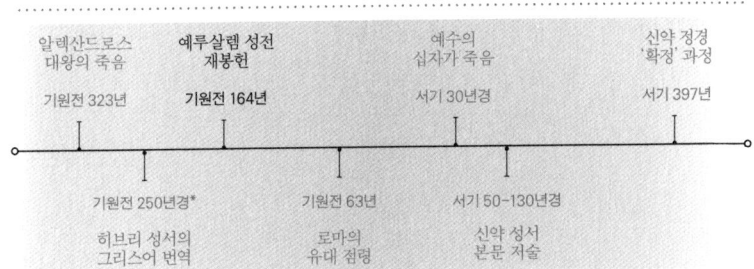

오늘날에도 유대인 공동체는 이 세 번째 사건을 중요하게 여기고 있다. 매년 하누카 절기 때마다, 기원전 164년 12월에 있었던 예루살렘 재봉헌 사건을 기념한다. 왜 성전을 다시 봉헌해야 했는가? 성전이 타락하기라도 했는가?[1]

우리는 그리스 문화와의 '협상'(negotiating)이라는 주제를 계속 살펴

---

1   이 장의 중요한 참고문헌은 다음과 같다. Daniel Harrington, *Invitation to the Apocrypha*(Grand Rapids: Eardmans, 1999); David deSilva, *Introducing the Apocrypha: Message, Context, and Significance*(Grand Rapids: Baker Academic, 2002); George W. E. Nickelsburg, *Ancient Judaism and Christian Origins: Diversity, Continuity, and Transformation*(Minneapolis: Fortress, 2003) (『고대 유대이즘과 그리스도교의 기원』 가톨릭출판사); Anathea Portier-Young, *Apocalypse against Empire: Theories of Resistance in Early Judaism*(Grand Rapids: Eerdmans, 2011).

보고 있다. 지난 장에서 히브리 성서를 그리스어로 번역하는 작업 역시, 그리스어 번역본을 사용하면서 더불어 유대 전통과 관습을 지켜 나갈 수 있다는 측면에서 부분적으로 그리스 문화와 '협상'한 셈이 된다는 점을 살펴보았다.

한편 이 번역 과정에 대한 우리의 논의가 자칫 유대인들이 그리스 세계로 적응하는 과정이 쉬웠을 것이라는 추측을 불러일으킬 수 있다. 그러나 상황은 결코 단순하거나 획일적이지 않다. 기원전 164년의 예루살렘 성전 재봉헌을 둘러싼 위기를 들여다보면 그 속에는 유대 민족이 그리스 문화와 '협상'해 가는 최소한 다섯 가지의 서로 다른 방식이 존재했음을 알 수 있다. 게다가 그리스 문화가 지배하는 다문화 세계에서 하나님께 충성한다는 것(being faithful to God)이 무엇인지에 대해 유대인들 사이에 의견 일치된 내용이 없었다. 유대인들에게 충성이란 말 그대로 논란을 일으키는 복잡한 주제였다.

이번 장에서는 먼저 기원전 164년 재봉헌에 이르기까지 일어난 일련의 사건들을 대략 살펴보는 것으로 시작하겠다. 이 위기 속에서 드러난 바, 그리스 문화에 참여하는 수많은 다양한 형태들을 주목하고자 한다. 그런 다음, 1세기 유대교의 다양성과 역동성 한가운데 있던 예수와 바울이라는 중요한 유대 인물로 우리의 시선을 옮겨 보자. 그러면서 정체성, 다양한 관습, 중심되는 신념, 주요 관행, 정체성의 경계, 소속을 확인하는 척도 등, 초기 유대인들에게 중요했던 여러 질문에 집중할 것이다.

그래서 기원전 164년에는 대체 무슨 일이 일어났는가? 그 일은 왜 중요한가?

악당: 안티오코스 4세 에피파네스

기원전 175부터 164년까지 시리아의 왕이었던 셀레우코스 통치자 안티오코스 4세 에피파네스는 이번 이야기에 등장하는 악당이다. 셀레우코스 왕조는 알렉산드로스의 통치를 잇는 계승자 중 하나이니, 알렉산드로스의 유령이 다시 나타난 거라 해도 과언이 아니다. 외경 중에 하나인 마카베오1서는 알렉산드로스의 계승자 중 한 사람인 알렉산드로스 계열의 안티오코스 4세 에피파네스 왕을 명시적으로 등장시키면서 시작한다. 마카베오1서는 알렉산드로스에게 호의적이지 않다. 알렉산드로스는 오만하고 권력욕이 지나치다고 표현한다(1:1-7). 기원전 323년 그가 죽은 후, "그 장교들은 제각기 자기 영토를 다스리게"(1:8) 되었다. 여기엔 이집트를 다스렸던 프톨레마이오스 왕조(프톨레마이오스 2세는 지난 장에 논의했던 『아리스테아스의 편지』에 등장하는 왕이다)와 시리아를 다스렸던 셀레우코스 왕조가 포함되어 있다. 마카베오1서는 이 알렉산드로스의 계승자들이 계속해서 악영향을 끼쳤다고 평가한다. "그들이 집권하는 동안 온 세상은 그들의 학정에 몹시 시달렸다"(1:9).

그림 3.1. 동전에 새겨진 안티오코스 4세 에피파네스

그 가운데서도 최고의 악당을 소개한다. "그들 중에서 죄악의(sinful) 뿌리가 돋아났는데, 그는 안티오코스 4세 에피파네스였다"(1:10). 신학적 관점에서 모두가 하나님께 죄를 범한 자들로 평가받는 가운데서도 그는 특히 "죄악"이라는 단어와 어울리는 자였다.

그렇다면 안티오코스는 어떤 죄악을 저질렀는가?

안티오코스는 예루살렘과 유다 지역 사람들의 삶에 대한 장악력을 확대시키려 했다. 그는 성전 중심적이고, 하나님을 예배하며, 모세의 율법에 나타난 하나님의 뜻에 순종하려는 그들의 자치적 생활 방식을 말살하기 위해 다양한 방법을 동원했다. 안티오코스의 계략은 공포에 의한 문화적, 정치적, 군사적, 종교적 제국주의였다. 마카베오1서는 유대인의 정체성과 공동체를 파괴하고 헬레니즘 관습을 강요하려 했던 그의 행동을 "죄악"이라고 평가한다. 그렇다면 그는 어떤 수단을 사용했는가?

> **안티오코스 4세 에피파네스는 누구인가?**
>
> 안티오코스는 자신이 신에게 죄를 지었다고는 생각하지 않았다. 오히려 정반대였다. 그의 호칭에 있는 "에피파네스"(Epiphanes)는 "에피파니"(Epiphany)란 단어와 아주 비슷한데, 이는 교회의 절기 중 하나인 예수 공현 축일을 가리키며, 나타난 계시를 경험한다는 의미가 있기도 하다. 당시에는 아직 교회가 없었고 수백 년 뒤에나 생겨날 것이었는데, 안티오코스는 스스로를 신의 계시자로 주장한 셈이다. 즉 자신의 통치를 통해 제우스의 뜻을 드러내고 있다고 주장한 것이다. 이 경우, 그런 태도가 누군가에게는 죄로 여겨졌을 것이고, 다른 누군가에게는 계시가 되었다.

<u>협력 끌어내기</u>

매우 부정적인 관점에서 안티오코스를 소개한 후, 마카베오1서는 그에 대한 유대인들의 다양한 반응을 다루면서 안티오코스의 행위를 평가한다.

먼저 마카베오1서 1:11-15는 "변절자들"의 행동에 대해 서술하는데, 저자는 그들을 배신한(unfaithful) 유대인으로 여긴다. 이들 "변절자들"은 안티오코스와 손을 잡는다. 그들은

- (토라가 아닌) 안티오코스의 법 체계를 채택하는 데 동의한다.
- 예루살렘에 김나지움을 세운다. 단순한 체육관이 아니라 그리스 문화를 배우는 곳이었다.
- 할례받은 흔적을 없앰으로써 하나님의 선택된 백성이라는 정체성을

포기한다(농담이 아니다! "에피스파즘[epispasm]"[2]이라는 수술 방법이 있었는데, 이는 문신을 제거하는 것보다 훨씬 끔찍했다).
- 언약을 버리고 모세의 율법에 따라 살지 않는다.

본문에서는 안티오코스와 손을 잡고, 유대교의 고유한 정체성과 관습을 적극적으로 포기했던 그들의 동기가 무엇이었는지 자세히 설명하지 않는다. 그러나 저자의 관점은 매우 분명하다. 그들을 배신한 "변절자"라고 부르는 것 외에도 그들이 "악을 행하였다"(1:15)고 평가한다.

군사력 동원

안티오코스는 예루살렘에 쳐들어가서 "무엄하게도" 성전까지 들어가 "금제단"을 강탈하고 여러 성전 그릇들을 가져갔다(1:20-28). 2년 후, 기원전 167년에, 그는 다시 예루살렘을 공격해 많은 사람을 죽이고 가옥들을 파괴하며 포로들을 사로잡고 성전 옆에 요새를 세운다. 그는 그곳에 군대를 배치하고 (배신한) 유대인들은 안티오코스에게 충성을 맹세한다(1:29-40).

2　다음을 읽어라. Robert Hall, "Epispasm: Circumcision in Reverse," *Bible Review* 8, no. 4(August 1992): 52-57. 문제는, 학습과 사업, 운동 등이 이루어지는 김나지움과 목욕탕에서 남성들이 나체로 있는 게 일반적이었다는 것이다. 그리스인과 로마인들은 할례받은 성기를 이상하게 여겼다. 그래서 할례받은 유대인 남성들은 옷을 벗을 때마다 망신과 조롱을 당하며 사회적 배척을 감당해야 했다.

칙령 반포

안티오코스는 제국을 "하나의 백성"으로 통합시키는 칙령을 내린다(1:41-42). 그는 자신의 제국에 속한 누구든 고유의 정체성을 드러내는 어떠한 관습이나 의식도 지키지 못하게 한다. 유대인들에게 이것은 모세의 율법 준수 금지, 성전의 희생 제사 중단, 그리고 유월절과 안식일 같은 절기 준수 금지 등을 의미한다. 그러면 그들은 "율법을 잊게" 될 것이었다(1:49). 대신 안티오코스는 이교도 제사와 우상 숭배를 포함하는 새로운 규례를 정한다. 정하고 부정한 음식의 구별을 폐지하고, 안식일 준수를 폐지하고, 할례를 금한다. 불복종은 곧 사형을 의미한다(1:41-50).

안티오코스는 감독관들을 세워 각 도시마다 희생제물을 바치게 하는 칙령을 내린다(1:51-52). 감독관들은 예루살렘 성전에 제우스 상("가증스러운 파멸의 우상", 1:54)을 세우고 거기에 제사를 드리게 한다. 그들은 율법의 사본을 불태우고, 율법의 사본을 갖고 있거나 안티오코스의 칙령에 복종하지 않는 자들은 사형에 처한다. 그들은 자기 아들에게 할례를 받게 한 어머니나 그 가족들을 죽이고, "그 젖먹이들도 그들(그 어머니들)의 목에 매달았다"(1:51-61). 그 결과 많은 사람들이 안티오코스의 칙령을 따랐고, "율법을 버렸다"(1:43, 52). 저자는 이를 못마땅해 한다. 이러한 배신(unfaithfulness)으로 인해 많은 "악행이 저질러졌다"(1:52).

저자는 일부 유대인들이 어떤 이유로 그에 순응했는지는 말하지 않는다. 두려워서 그랬을까? 마음속에는 은밀히 충성심이 남아 있으면서 겉으로만 그렇게 한 것일까? 강력한 정복자와 협력해 어떤 이익을 얻으리라는 생각이었나? 이길 수 없다면, 위기가 지나갈 때까지만이라도 타협하는 것이 낫다고 생각했던 걸까?

영웅: 유다스 마카베오스와 그의 가문

악당이 있다면 영웅도 있어야 한다. 마카베오1서는 이제 영웅으로 마카비안 또는 하스모니안 가문의 유다스 마카베오스를 소개한다. 위기의 시대에 하나님께 선택받은 구원자요 구세주로 그와 그의 가문을 등장시킨다. 그들의 반응은 군사적 선택, 즉 싸우는 것이었다.

비록 어떤 유대인들은 안티오코스의 명령에 순응했지만, 반대로 거부하는 이들도 있었다. 저자가 "이스라엘 사람"으로 신원을 확인해 주었던 이들 중 일부는 숨을 곳을 찾아 떠난다(1:52-53). 어떤 이들은 유대 관습에 여전히 충성을 다한 채 안티오코스의 칙령을 거부한다. 안티오코스는 "굳게 결심한" 이들을 죽음으로 내몰았다(1:62-63). 그리고 유다스 마카베오스 같은 사람들은 무기를 들고 유대 전통 의식에 대한 안티오코스의 공격에 격렬히 저항한다(2:1-48).

그렇다면 마카베오1서에 나타나는 반응은 네 가지로 확인된다. 즉 협력, 도피, 비폭력 저항에 따른 죽음, 그리고 투쟁.

이런 네 가지 반응 중 마카베오1서는 특별히 무력에 의한 저항 같은 반응을 높이 산다. 안티오코스의 군사적, 정치적 그리고 문화적 폭력에는 폭력으로 맞서는 게 최선이라는 주장이다. 영웅 유다스 마카베오스는 군사적 반란을 성공적으로 이끌어 이스라엘을 해방시키고 기원전 164년에 성전을 재봉헌했던 위대한 전사다. 유다스의 죽음 이후, 마카비안 혹은 하스모니안 가문으로 확인되는 그의 가문은 약 100년 동안, 기원전 63년 로마가 통치할 때까지 이스라엘의 자유와 정치적 독립을 확보하고 유지하는 왕조를 세운다(우리가 살펴볼 다음 사건이다). 마카베오1서는 이 가문의 업적, 특히 이스라엘의 경건한 정체성을 지키려 했던 업적을 크게 기린다.

마카베오1서는 안티오코스에 대항한 무장 반란과 마침내 이스라엘의 독립을 지켜 낸 이야기를 펼쳐 놓는다. 이는 유다스의 부친, 형제들, 그리고 그의 자녀들이 포함된, 한 가문의 이야기이다.

맛다디아

최초의 폭력적인 대응은 예루살렘 북서쪽 모데인(Modein)이라는 지역에 거주하는 유다스의 아버지 맛다디아에게서 시작된다. 맛다디아는 안티오코스가 요구하는 희생 제사를 거부하고 언약과 율법에 충성할 것을 맹세한다(2:20-22). 그는 "율법을 향한 열심으로 불타올라" 희생 제

그림 3.2. 유다스 마카베오스

사를 드리러 나온 유대인과 왕의 관리를 살해한다(2:23-26). 맛다디아의 열정적인 행동은 사람들을 결집시키는 계기가 되었고 많은 사람들을 광야로 이끌어 낸다. 안티오코스의 병사들은 그들을 뒤쫓았고 안식일에 공격을 감행했다. 하지만 안식일에는 싸우지 않는 편이 더 명예롭다고 생각한 사람들이 있었다. 불행히도 그 결과는 치명적이었다(2:34-38).

그러나 안식일에 죽는 건 맛다디아의 전략이 아니었다. 그는 게릴라 작전으로 군대를 이끌어 "죄인들과…변절자들"을 죽이고, 제우스를 섬기는 제단을 부수고, 무할례자들에게 할례를 시행하고, "이방인들과 왕들의 손에서 율법을 구해" 내었다(2:42-48).

유다스 마카베오스

맛다디아가 죽은 후, 그의 아들 중 영웅 유다스 마카베오스가 지도자가 된다(마카베오1서 3:1-9:22). "망치"라는 뜻으로 추정되는 마카베오스란 표현은 유다스에게 붙여진 별명으로, 위대한 전사로서 그의 정체성과 맹렬한 스타일을 강조한다. 유다스 '망치'는 잇달아 결정적인 군사적 승리를 얻는다. 그 결과, 예루살렘 성전에서 이교도들을 몰아내 정화하고 그곳을 하나님께 예배드리는 곳으로 회복시킨다. 기원전 164년 12월 14일(기슬래월 25일), 사람들은 큰 축제를 열어 "그들에게 성공을 가져다주신 하늘을 찬양하고" 성전을 다시 봉헌한다(4:36-61; 55절 인용).

마카베오1서는 하나님께서 유다스가 이끌었던 연속적인 군사 작전을 좋게 여기시고, 승리를 허락하신 것으로 서술한다. 항복이나 도피, 죽음에 이르는 비폭력 저항이 아닌, 맹렬한 저항이 승리를 가져다주었다. 군사적 저항을 통해 바람직한 충성심이 표현된 셈이다. 성전 재봉헌 이후, 셀레우코스 동맹군에 맞선 군사 작전이 여러 차례 계속된다(5:1-9:22). 안티오코스가 죽고, 그의 죽음은 유대인을 공격했던 것에 대한 형벌로 평가받는다(6:1-17). 그러고 나서 유다스는 전투 중에 죽고, 많은 이들이 이처럼 크게 애곡한다. "이스라엘을 구원한 영웅이 죽다니 웬일인가!"(9:21)

반응의 차이

마카베오1서를 통해 우리는 유대인들이 안티오코스 제국의 압력에 반응한 네 가지 방식을 살펴보았다. 어떤 이들은 적극적으로 협력했고, 어떤 이들은 도피했으며, 비폭력으로 저항하다 죽은 이들이 있었고, 무장하고 싸운 이들도 있었다. 마카베오1서는 마지막 반응이 가장 바람직하다고 평가했으나, 마카베오스의 투쟁을 묘사한 다른 저술에서는 충성

(논란이 많은) 하스모니안 가문의 나머지 사람들

하스모니안 가문의 이야기는 다소 형편없는 연속극 같다. 이후 100년을 간략히 소개한다.

요나단

기원전 164년 예루살렘 성전 재봉헌과 유다스의 죽음 이후, 이스라엘의 독립을 위한 투쟁은 이제 유다스의 형제 요나단의 지도 아래 계속된다(마카베오1서 9:23-12:53). 그러나 군사적 행동은 더 이상 하나님에 대한 충성심을 평가하는 기준이 아니었다. 요나단이 셀레우코스 왕조의 간섭, 분열 시도, 음모에 저항하기도 하고 손을 잡기도 하고 이용하기도 하면서 정치적 외교술이 점차 중요해졌다. 이런 타협적인 외교 정책으로 기원전 152년, (이름이 의미심장하게도 알렉산더 발라스였던) 안티오코스 에피파네스의 아들이 요나단을 예루살렘 성전의 대제사장으로 임명한다(10:1-66). 요나단은 또한 로마와 스파르타와의 동맹을 통해 권력을 유지한다(12:1-23).

요나단이 대제사장으로 임명된 것에 모든 사람이 만족한 것처럼 보이진 않는다. 예루살렘 동쪽, 쿰란에서 발견된 사해 사본 가운데 하나인 『하박국 주석』에는 "악한 제사장"이라는 표현이 등장한다. 『하박국 주석』에 따르면, 이 제사장은 하나님께 불충했으며, 탐욕스럽고, 제사장의 역할을 제대로 하지 못했으며, 의의 교사와 상반되는 악한 제사장이었다. 이 제사장은 누구인가? 많은 학자들이 하박국 주석의 본문과 배경을 근거로 하여 그 제사장은 요나단을 가리킨다고 주장한다. 또 다른 학자들은 요나단의 형제 시몬과 알렉산더 야네우스(아래 참조)를 비롯해 몇몇 하스모니안 가문 사람들을 가리키는 것으로 해석한다.

시몬

요나단이 죽자(마카베오1서 12:46-53), 그의 형제 시몬이 기원전 142년에 지도자가 된다. 그는 통치자요 대제사장이었다(14:41-42). 요나단과 마찬가지로, 외교 전략과 군사적 행동 두 가지 모두에 힘써 예루살렘 성을 차지하는 것과 같은 업적을 남긴다 (13:49-52).

요한 히르카노스

기원전 134년 시몬이 죽자(마카베오1서 16:11-17), 그의 아들 요한이 기원전 104년까지 이스라엘의 군사적, 정치적 그리고 제사장적 지도자가 된다(16:21-24). 요한 히르카노스의 아들 아리스토불로스가 1년 동안 그의 뒤를 잇고, 알렉산더 야네우스("알렉산드로스"란 이름이 아들의 이름으로 여전히 인기가 있었음을 보여 준다)라 불리는 또 다른 아들이 기원전 103년에서 76년까지 대제사장에 "왕"이란 직함을 더해 다스린다. 그의 아내 살로메 알렉산드라가 그 뒤를 이어, 대제사장인 그녀의 아들 히르카노스 2세와 함께 다스린다(기원전 76-67). 정치적 음모와 내전으로 하스모이안 가문은 약해졌고, 기원전 63년 로마가 유대를 지배하도록 길을 열어 준다.

심을 다른 식으로 정의한다. 두 개의 다른 반응을 간단하게 살펴보자.

마카베오2서

마카베오2서도 외경에 포함된다. 제목에서 느껴지는 것과 달리 마카베오1서의 속편은 아니다. 오히려 마카베오1서와 다루는 내용이 겹치는 부분도 있다. 핵심 차이점은 기원전 164년의 승리와 성전 재봉헌이 가능했던 이유에 대해 매우 다른 관점을 제시한다는 데 있다.

마카베오1서처럼 2서도 안티오코스가 예루살렘을 잔인하게 공격하고(5:11-14), 예루살렘 성전을 약탈하고(5:15-27), 유대인의 관습과 규례를 금지시켰다고 전한다(6:1-11; 참조 마카베오1서 1장). 그러나 맛다디아와 유다스에 의한 군사적 반발을 기술하는 대신, 마카베오2서는 시선을 다른 곳으로 돌린다. 바로 몇몇 순교자들에 대한 이야기를 들려준다. 마카베오1서는 안티오코스의 칙령을 거부하다가 죽임을 당한 이들에 대해 아주 짧게 언급하고(1:60, 63) 거의 주목하지 않는다. 대신 무력 대응에 초점을 맞춘다. 그와 대조적으로 마카베오2서는 죽음에 이르기까지 충성했던 자들, 즉 순교자들의 반응에 초점을 맞춘다.

첫 번째 주인공은 고문을 당하다가 죽은 연로한 율법학자, 엘르아살이다. 엘르아살은 안티오코스의 명령에 반발해 돼지고기 먹기를 거부하면서 "자기 생활을 더럽히며 살아가는 것보다 명예롭게 죽는 편이 낫다고" 여겼다(마카베오2서 6:18-19). 마카베오2서는 엘르아살의 충성스런

그림 3.3.
엘르아살의 순교

용기, 목숨을 잃더라도 속임수의 길을 거절한 것, "경외스럽고 거룩한 율법"을 위한 그의 "선한 죽음"을 칭찬한다. 그는 온 민족에게 충성스러운 삶이 무엇인지에 대한 숭고한 본보기를 보여 주었다(6:20-31).

두 번째, 순교자 엘르아살의 이야기 다음으로는 한 어머니와 일곱 아들에 대한 또 다른 순교 이야기가 등장한다(마카베오2서 7장). 이 가련한 여인은 "율법으로 금지되어 있는 돼지고기"(7:1) 먹기를 거부한 그의 아들들이 안티오코스의 고문으로 인해 차례로 죽는 모습을 지켜본다. 그들의 혀가 잘리고, 머리 가죽이 벗겨지고, 손발이 잘려 나갔다. 그들은 하나님의 뜻에 대한 충성심 때문에 말 그대로 솥에 튀겨져 죽었다. 아들들의 죽음을 목격한 후, 그 어머니도 처형 당했다(7:41).

그 형제들과 어머니는 죽음을 맞이하면서, 지금 일어나고 있는 일을 신학적으로 어떻게 해석하는지에 관해 안티오코스 에피파네스와 언쟁을 벌인다. 예를 들어, 그들은 다음과 같이 말한다.

- 하나님의 법과 뜻에 불순종하느니 차라리 죽는 것이 낫다(마카베오 2서 7:2).
- 하나님께서는 고통받는 자들을 불쌍히 여기신다(7:6).
- 부활 때 하나님께서는 이렇게 죽은 충성스러운 자들을 자비롭고 신실하게 일으켜서 "영원한 생명을" 누리게 하실 것이다(7:9, 14, 23).
- 부활 때 하나님께서는 죽임 당한 충성스러운 자들의 훼손된 육체를 회복시키실 것이다. 육체의 부활(7:10-11).
- 하나님께서는 안티오코스와 같이 악한 자들은 다시 살리지 않으실 것이다(7:14).
- 하나님께서는 자신에게 맞선 안티오코스와 협력자들, 그리고 그 후손들을 처벌하고 고문하실 것이다(7:17, 19, 31-36).
- 부활 때 하나님께서는 충성스러운 자 모두를 함께 회복시키실 것이다. 사회적 부활(7:29).
- 하나님께서 한 민족의 죄로 인해 벌을 내리실 때 의인이 고통받는

경우가 있다(7:18, 32). 그러나 이 충성스러운 아홉 명의 죽음이 하나님께 드리는 탄원이 될 것이며, 하나님께서는 "우리 민족에게 속히 자비를 보여 주시고…전능하신 분의 정당한 노여움을…거두어 주실 것이다"(7:37-38). 하나님께서는 그들의 끔찍하지만 충성스러운 죽음에 감동을 받아 자비를 베푸시고 "당신의 종들과 다시 화해하실 것"(7:33)이다.

이런 신학적 성찰에는 마카베오1서에서 발견되지 않은 세 가지가 두드러진다.

첫째, 마카베오2서 7장에는 부활에 대한, 또는 하나님께서 죽은 자들 가운데 일부를 다시 살리실 것이라는 기대에 대한 상당히 발전된 진술이 등장한다. 여기서 부활은 제국의 불의와 압제에 맞서 행동하시는 하나님의 정의라는 관점에서 이해되고 있다. 안티오코스에 저항한 충성스러운 사람들의 죽음은 하나님께서 신실하시지 않다는 것을 의미하지 않는다. 죽음은 하나님께서 안티오코스 같은 불의한 폭군에게서 충성스러운 사람들을 구해 내는 데 실패하셨음을 의미하지 않는다. 죽음은 하나님께서 그런 폭군도 이기지 못할 만큼 무력하시다는 것을 의미하지 않는다. 오히려 하나님은 죽음을 넘어 장차 새 생명을 주시는 분으로 이해된다. 부활은 정의, 온전한 육체, 사회적 관계 등을 특징으로 하는 새 생명에 참여하는 것을 의미한다.

둘째, 이런 신학적 성찰에 의하면 순교자의 죽음이 하나님께 큰 영향을 미친다고 믿는다. 마카베오2서에서는 이들의 순교가 하나님을 감동시켜 안티오코스의 칙령이 불러온 위기에 간섭하게 하시는 중요한 수단이 되었다고 제시한다. 죽음에 이르기까지 충성을 다하는 것은 민족에게 내려진 형벌을 돌이키고 하나님께서 생명력 있는 자비와 능력으로 폭정을 끝내도록 간섭하게 하시는 한 방법이라고 이해한다. 순교자들은 죽음이 죄로 인한 형벌이며, 하나님의 자비로운 개입을 불러일으켜 다른 이들을 유익하게 하는 것으로 받아들였다.

셋째, 마카베오2서에서 유다스 마카베오스의 군사 행동에 대한 이야기는 순교자들에 대한 이 같은 신학적 선언 다음에야 비로소 등장한다. 군사적 수단으로 이룩한 승리는 축소시키고(마카베오1서와 대조됨), 이들 아홉 명(엘르아살, 어머니, 그녀의 일곱 아들)의 순교자들이 죽음에 이르기까지 보여준 충성심을 강조한다. 어떻게 강조하고 있는가?

첫째, 사건이 나열된 순서를 보면, 안티오코스가 성전을 약탈하고(5:1-6:17), 그 후에 순교 사건이 등장한다(6:18-7:42). 그런 다음 유다스의 군사 작전(8-9장), 성전 재봉헌의 순서로 이어진다(10:1-9). 순교는 재봉헌 사건을 해석하기 위한 틀로 부각된다.

둘째, 하나님의 적극적인 참여를 강조한다. 유다스의 군대는 어떤 전투이든 싸우기 전에 하나님께 기도한다(8:2-4). 마카베오2서는 "주님의 분노가 자비로 바뀌었"(8:5)기에 유다스가 성공할 수 있었다고 설명한

그림 3.4. 메노라

다. 이는 정확하게 순교자들의 죽음으로 인해 가능해진 것으로 묘사된다(참조 7:32-38). 유다스는 그들이 믿는 것은 무기가 아니라 적들을 "쳐부수는…전능하신 하나님"(8:18)이었다고 선언한다. 그들은 "'하나님의 도우심'이라는 표어를 내걸고"(8:23), 그들의 편이 되어 싸우시는 전능하신 하나님과 함께(8:24) 전투에 나선다. 그들은 하나님의 자비하심(8:27-29; 순교자들이 그렇듯이, 7:37-38)과 "주님의 도우심"(8:35)으로 승리했다고 생각한다.

셋째, 기원전 164년 성전 재봉헌을 이끌었던 결정적인 승리는 군사력 때문이 아니었다. 하나님께서는 유다스의 검이 아닌 "내장이 뒤틀리는 격심한 복통"(9:5)으로 안티오코스를 내리치셨다. 제산제가 없었던 탓에 안티오코스는 훨씬 더 고통스러웠다. 그의 고통은 "하나님의 능력이 모든 이에게 밝히 드러나게"(9:8) 만들었다. 안티오코스는 예루살렘에 자유를 선포하고 약탈한 모든 것을 돌려줄 것을 약속했다(9:13-16). 안티오코스가 죽자, 유다스와 "그의 동지들은 주님의 인도를 받아" 도시로 들어가 성전을 정결케 하고 재봉헌했다(10:1-9). 무엇이 빠졌는가? 마카베오2서에는 마카베오1서 3-4장 식의 마지막 전투가 없다. 하나님이 치셔서 병을 앓게 된 안티오코스는 도시를 넘겨주고 죽는다. 마카베오2서에는, 아홉 명의 순교자들의 죽음의 결과로 하나님께서 자비를 베푸셨다는 것을 강조한다. 승리는 유다스의 군사력이 아닌, 하나님께서 이루신 일이었다.³

다니엘: 종말론적 반응

다니엘서도 안티오코스 에피파네스의 폭력적인 제국의 팽창이 가져온 위기로 인해 만들어졌다. 다니엘의 모험은 기원전 6세기에 이루어진 것으로 나오지만, 7-12장에 나오는 환상들은 안티오코스 에피파네스와 관련된다. 그 본문에서는 우리가 이미 논의했던 네 가지 반응, 즉 협력, 도피, 비폭력 저항에 따른 죽음, 그리고 투쟁 외에 위기에 대처하는 또 다른 반응을 제시한다. 다니엘은 하나님께서 개입하셔야만 역사를 바꿀 수 있다고, 즉 안티오코스의 권력을 무너뜨리고, 이스라엘을 회복

---

3 엘르아살과 어머니와 그녀의 일곱 아들에 대한 더 자세한 이야기는 외경 마카베오4서에 나와 있다.

시키며, 땅을 새롭게 하고, 하나님의 자비롭고 생명력 있는 법 아래 모든 것을 세울 수 있다고 믿었다.

이것이 종말론적 반응이다. '종말론'이란 단어는 '마지막' 혹은 '세상의 끝'과 관련이 있다. '마지막'(end)이란 말은 종종 시제적 의미―끝이나 최종 단계 혹은 종반전―로 이해되는데, 이것도 적절한 의미다. 그러나 '마지막'(end)에는 또 다른 의미도 있다. 바로 '목표'나 '목적'을 의미한다. 그렇다면 종말론이란, 창조를 향한 하나님 계획의 목표 혹은 궁극적 목적에 관한 것이다. (다니엘서를 포함하여) 성서의 전승에 따르면, 하나님의 궁극적인 목표는 세상을 파괴하는 것으로 끝내는 것이 아니다. 오히려 하나님의 궁극적인 목표는 모든 사람에게 생명을 주시려는 하나님의 뜻을 세상이 알고 나타내는 것이다. 이것은 장래 세상의 일이기 때문에 시간적 요소를 지녔지만, 그 마지막이나 궁극의 목표라는 측면에서 보면 하나님의 통치가 확고히 서는 세상이란 어떤 모습일지에 초점을 둔다. 다니엘서와 같은 저작들은 특정한 위기 상황 속에 내재한 그런 목표를 드러내고 있다.[4]

종종 작가들이 종말론적 사고를 할 때는, 세상의 역사가 서로 대비되는 여러 '세대'(ages) 또는 단계로 구성되어 있다고 본다. 그들은 지금 세상이, 결코 하나님의 목적을 따라 질서를 이루지 않는, 여러 시간대로

---

4 '종말론'(eschatology)은 하나님의 목적의 '마지막' 또는 목표를 가리키는 반면, '묵시록'(apocalyptic)은 이런 목적을 '계시하는 것'을 뜻한다. '묵시록'이란 단어는 감춰진 것을 취해 열어젖혀서 드러내는 것을 말한다.

구성되어 있다고 본다. 세상은 죄, 폭정, 부정의로 얼룩져 있다. 반대로, 곧 다가올 마지막 세대, 곧 하나님 사역의 마지막이자 목표는 만물을 향한 생명과 정의를 특징으로 한다.

다니엘이 환상을 보는 장면이 7장에 나온다. 연이어 큰 짐승 넷이 바다에서 나온다(단 7:3). 각 짐승은 특정 제국이 지배하는 인간 역사의 각 단계를 나타낸다. 짐승들은 힘센 포식자다. 짐승들은 하나님의 뜻을 거스르는 제국들에 대한 저자의 반감이 투영되어 있다. 독수리 날개를 가진 사자는 바빌론 제국(7:4), 곰 같은 짐승은 메데(7:5), 네 개의 머리와 네 개의 날개를 가진 표범 같은 짐승은 페르시아(7:6—1장에서 언급한, 알렉산드로스에게 패배한 다리우스)를 뜻한다. 이 세 제국 다음으로 나오는 넷째 짐승이 그리스의 알렉산드로스와 그의 (안티오코스 4세 같은) 계승자들이다. 특별히 그 넷째 짐승은 "무섭고 놀라우며 또 매우 강하"다(7:7). 알렉산드로스의 계승자들을 상징하는 열 개의 뿔을 가진 넷째 짐승은 다른 짐승들보다 더욱 폭력적이다. 그런 다음 또 다른 뿔이 나타나는데, "입이 있어 큰("거만하게", 새번역) 말을 하였"다(7:8, 19-25, 특히 24절을 보라). 이는 안티오코스 에피파네스를 묘사하는 것이다.

다니엘은 또 "옛적부터 항상 계신" 하나님께서 주재하시는 의회 같은 곳에서 하늘의 심판이 내려지는 광경을 환상으로 본다. 이 자리에서 다루어지는 관심사는 두 가지이다. 첫째는 짐승의 죽음에 관한 것이다. 먼저 세 짐승은 하나님께 "권세를 빼앗겼"고, 요란하고 거만한 넷째 짐승은 "죽임을 당하고 그의 시체가 상한 바 되어 타오르는 불에 던져졌"다 (7:11-12, 26). 하늘의 법정에서 내린 하나님의 조치만이 짐승들의 지상 권력이 소멸되는 이유를 설명할 수 있을 뿐이다. 하나님의 조치로 안티오코스의 폭정은 끝난다. 더 이상 군사적인 충돌도, 순교도, 광야로 도피하는 일도 없다. 사람들이 참여하거나 개입한 것이 아니다. 사람들은 하나님께서 그분의 적당한 때에 분명하고도 효과적으로 간섭하시기를 기다렸을 뿐이다.

둘째 관심사는 이들 제국의 폭정이 있던 자리에 하나님의 통치가 확립되는 것에 관한 것이다. 다니엘은 하늘에서 온 "인자 같은 이"(7:13) 혹은 "사람의 모습을 한 이"(공동번역)를 목격한다. 하나님께서는 "그에게 권세와 영광과 나라를 주고 모든 백성과 나라들과 다른 언어를 말하는 모든 자들이 그를 섬기게 하였으니 그의 권세는 소멸되지 아니하는 영원한 권세요 그의 나라는 멸망하지 아니할 것이"(7:14)다.

네 짐승으로 상징되는 연속된 제국 이후에, 폭정과 제국 통치의 종식으로 대변되는 새로운 세대가 열린다. 제국 통치가 있던 바로 그 자리에 하나님의 통치가 확립된다. 모든 민족을 향한 하나님의 통치는 정체가 명확히 확인되지 않는 하늘의 대행자를 통해 이 땅에서 이루어지는 다스림이다. 그는 한 백성을 대표하는 (짐승이 아닌) 유일한 인물로 나타난다. 이 모든 일들이 어떤 식으로 이루어질지는 분명하지 않지만, 하늘에서 온 대행자는 분명 이 땅에 속해 있지 않다. 27절에서는 다른 하늘의 존재들과 (또는) 충성스러운 유대인들을 위한 중요하지만 명시적이지 않은 모종의 역할을 감당할 것을 암시하고 있다. 그 일이 어떻게 일어나는지는 몰라도, 하나님께서 확립하신 이 세대는 영원히 지속된다. 하나님의 뜻이 성취되는 것이 바로 하나님의 일하시는 목표 또는 '마지막'인 것이다.

정리

셀레우코스의 왕 안티오코스 에피파네스가 예루살렘을 침략하고 약탈한 후에 기원전 164년 예루살렘 성전은 재봉헌되었다. 안티오코스는 유대인의 생활 방식을 파괴하고 헬레니즘 관습을 강제로 지키게 했다. 이제까지 우리는 유대인들이 이런 위기 속에서 '협상'하는 다섯 가지 방식을 살펴보았다. 어떤 이들은 안티오코스와 손을 잡았고, 어떤 이들은 도피했고, 어떤 이들은 비폭력으로 믿음을 지키다 죽음을 맞았으며, 어떤 이들은 싸우고, 또 어떤 이들은 하나님께서 개입하시기를 기다렸다.

기원전 164년에 성전은 어떻게 해방되고 재봉헌되었는가? 누구에게 묻느냐에 따라 다르다. 마카베오1서는 유다스가 안티오코스를 군사력으로 이겼기 때문이라고 전한다. 마카베오2서는 안티오코스에게 비폭력적 죽음으로 항거한 충성스러운 순교자들로 말미암아 하나님께서 개입하셨기 때문이라고 말한다. 다니엘은 인간의 어떤 행위와 관계없이

오로지 하나님의 때에 하나님께서 개입하셔서 인간 제국은 종식되고 하나님의 선하시고 정의로운 통치가 확립된다고 말한다.

유대교와 신약 성서 읽기

기원전 164년이 중요한 이유는 무엇인가? 기원전 164년이 신약 성서를 읽는 일과 무슨 관계가 있는가? 예수의 탄생과 제자들의 등장까지는 여전히 한 세기하고 반이 남지 않았는가?

 분명한 것은 정치와 종교가 이 성서 속 세계에서는 서로 뒤얽혀 있었다는 것이다. 누구의 행적을 봐도 이 점을 알 수 있다. 안티오코스 에피파네스의 행동은 종교 박해가 아니었다. 그는 자신의 제국 권력을 확장하는 데 목적이 있었다. 물론 그는 기존의 종교 관습을 무너뜨리고 새로운 규례를 강제로 지키도록 했다. 그러나 그가 이렇게 했던 것은, 유대에 대한 통치권을 확장하려면 권력의 중심부를 공격해야 했기 때문이다. 권력의 중심부란 곧 예루살렘, 성전, 그리고 제사장 제도를 의미했다.

 유대는 한편으로 신정 국가(theocracy) 체제이면서 다른 한편으로는 제사장 통치(hierocracy) 체제였다. 말하자면 하나님의 통치가 (모세오경인) 토라와 예루살렘 성전, 그리고 제사장 제도를 통해 나타난다는 인식이 존재했다. 우리에게 이상하게 보일지 모르지만, 성전은 단순히 종교

기관이 아니었다. 성전은 또한 정치, 경제, 문화 권력의 중심부였다. 유대인 역사가 요세푸스는 제사장들이야말로 유대의 통치자라고 묘사한다(『유대고대사』 20.251). 이 모든 일에서, 정치와 종교는 안티오코스와 유대에 모두 깊이 얽혀 있었다. 이는 신약 성서 시대 전반에 걸친 특징이었다.

예를 들어 우리는 다니엘서 7장에서, 인간의 도움 없이 하나님께서 네 제국(바빌론, 메데, 페르시아, 그리스)의 통치를 종식시키시고 "인자 같은 이"를 통해 직접 통치하는 나라를 세우시는 것을 보았다. 복음서에서 보면, 때로는 예수의 사역이 언급될 때나(막 2:10, 28) 예수의 죽음이 언급될 때(막 8:31), 그리고 때로는 하나님의 뜻 완수를 위해 예수의 영광스런 재림이 언급될 때도(막 8:38; 14:62), 예수를 "인자"라고 밝힌다. 특별히 예수의 재림을 언급하는 마지막 인용 본문은 분명 다니엘서의 환상을 떠오르게 한다. 다니엘은 "인자 같은 이"가 누구인지 밝히지 않지만, 복음서는 예수가 바로 그라고 밝힌다. 복음서가 가리키는 예수는 하나님께서 "권세와 영광과 나라를 주고 모든 백성과 나라들과 다른 언어를 말하는 모든 자들이⋯섬기게" 한 대상이다(단 7:14). 하나님께서 세상의 모든 제국을 낮추실 때, "영원한 나라"(단 7:27 참조)가 그 위에 세워질 것이다. 이 대목에서 복음서(의 저자들)은 자신들이 그토록 저항하던 제국의 권력이 행사되는 것을 오히려 고스란히 모방하여 기술하고 있다. 지극히 정치적인 용어를 사용해 예수가 온 세상을 통치할 것이라고 말할 때, 이를 당시 지배 세력이던 로마 제국이 들었다면 결코 달갑지 않았을 것이다.

　게다가 안티오코스 에피파네스와 갈등을 겪는 장면에서, 우리는 유대교의 역동성과 다양성, 그리고 유대 백성들의 열심을 엿볼 수 있다. 유대인들은 하나님의 언약 백성으로서 자신의 정체성과 관습을 지키는 일에 매우 열심이었다. 기독교인들은 종종 신약 시대를 살았던 유대인의 삶에 대해 충분히 알지 못하면서도 관대하지 않은 태도를 보이곤 했다. 유대인은 하나님의 은총을 얻고자 행함에 열심을 내는 자들이라든지, 성전에서 아무 생각 없이 억지로 종교 의식을 따르는 자들이라든지, 혹은 예수께 용서 받을 자격이 없는 자들이라는 식의 오해들이 많다. 하지만 정말 마지못해 종교 생활을 유지하는 자들이라면, 정체성을 지키기 위해 무기를 들고 싸우며 자기 목숨을 버릴 수 있을까? 결코 그럴 수는 없을 것이다.

　이처럼 열심으로 행하며 사는 것은 그것이 유대인의 정체성과 깊은 관련이 있기 때문이다. 우선 유대인은 하나님의 은총을 얻을 필요가 없었다. 이미 얻었기 때문이다. 하나님께서는 은혜로 이스라엘을 선택하시고 언약 백성으로 삼으셨다. 하나님께서 선물로 주신 언약 역시 유대인이 자기 정체성을 확인하는 근간이 되었다. 토라는 어떤가? 그 안에 담긴 가르침을 보면 자기 정체성을 충성스럽게 지켜 내며 살아가는 데 필요한 여러 관습과 표지들을 제공하는데, 할례와 안식일 규례 등이 그것이다. 마카베오1서가 안티오코스에게 협력한 자들을 향해 "거룩한 언약을 내버렸다"(1:15)고 표현한 것을 보라.

신약 시대에 유대교가 매우 역동적이고 열정적으로 드러나는 이유는 부분적으로는 하나님을 향한 충성심을 어떻게 표현할 것인지를 놓고 벌어지는 논란과 관련이 있다. 이방인 및 헬레니즘 문화와의 접촉이 어느 정도가 되어야 타협하지 않고 유대인의 정체성을 지켜낼 수 있는가? (마카베오1서에서 주장하듯) 지지자들은 자신을 충성스럽지 않다고 보았는가, 아니면 충성스럽지만 세상을 향해 열린 마음을 가졌다고 보았는가? 비폭력으로 저항하다 죽기까지 충성한 사람들(마카베오2서의 순교자들)은 무력을 동원해 맞서 싸운 사람들에 대해 충성스럽지 못하다고 생각했는가? (다니엘 7장에서처럼) 하나님의 일하심을 기다린 사람들은 무기를 들고 싸운 사람들이 하나님을 신뢰하지 못한다고 생각했는가? 안티오코스의 그리스화 프로그램에 저항했던 마카베오1서가 (아마 히브리어에서 번역했겠지만) 그리스어로 쓰였다는 사실은 흥미로운 역설을 지니고 있다. 즉 다문화 세계에서 정체성을 확립하고 드러내는 문제는 결코 쉽지 않았고, 항상 논란이 많았다.

그리고 무엇보다 확실한 것은 신약 시대의 유대교는 매우 다양했다는 것이다. 결코 획일적이지 않았다.

- 유대인들은 안티오코스에게 모두 똑같은 방식으로 대응하지 않았다. 앞서 보았듯 협력, 도피, 죽음, 투쟁, 신적 개입을 기다리는 등의

대응 방식이 있었다.

- 유다스 마카베오스 뒤를 이은 하스모니안 가문을 지지하던 자들은 반대자들과 공존했다. 예를 들어 쿰란에 거주하는 무리들은 시몬이 제사장직 받는 것을 반대했다.

- 유대 정경으로 인정받은 저술들 역시 하나의 목소리로만 말하지 않는다. 거기엔 모세의 가르침과 함께 여러 예언자 및 지혜 교사들의 가르침이 있었다. 인간의 삶에 대한 관찰을 바탕으로 한 지혜서는, 예언적이고 종말론적인 방식으로 세상을 이해하는 (다니엘서와 같은) 책들과 나란히 자리한다.

- 분명 성전은 제사장 제도와 희생제사가 갖는 경건함의 상징이면서 유월절과 초막절 같은 절기를 축하하는 매우 중요한 곳이지만, 성전만이 하나님께 예배하는 유일한 방편은 아니었다.

- 신약 성서는 대제사장, 바리새인, 사두개인, 서기관들 및 헤롯당과 같은 다양한 집단에 대해 언급한다.

- 땅과 지위와 권세를 가진 상위층 유대인과 갈릴리인들은 종종 제국의 권력자들과 손을 잡았고, 가난한 시골 농부나 마을의 상인과 노동자들의 생활과는 크게 다른 삶의 질을 누렸다.

- 여러 기적을 행하는 사람들, 모세를 떠올리게 하는 유명 선지자(요세푸스,『유대전쟁사』2.258-263, 286-288;『유대고대사』20.167-171, 188) 그리고 반역자들이나 강도들(『유대전쟁사』2.253)은 민중의 불만을 잘

이용했다. 예수는 강도 두 사람과 함께 십자가에 못 박혔다(막 15:27; 마 27:38). 사도행전 5:35-39에서 가말리엘이라는 바리새인은 예수를 반역을 일으킨 유명 과격 집단의 두 지도자인 유다 및 드다와 대비시키는 듯하다.[5]

- 왕권 회복 운동이 인기를 끌기도 했다(요세푸스, 『유대전쟁사』 2.55, 57; 『유대고대사』 17.273-274, 278-284). 많지는 않았지만, 몇몇은 메시아를 기대했다.

서로 다른 전통과 강조점과 관습을 가진 이 모든 집단들이 유대교 안에 공존했다. 이런 큰 역동성과 다양성이 있었음을 감안할 때, 유대인들이 모두 같은 생각을 가지고 같은 방식으로 자신의 신앙을 실천했다고 생각해서는 안 된다. 기독교 전통을 전체적으로 봐도 그 안에 매우 다양한 전통과 관행이 존재하듯이, 예수의 제자들이 또 하나의 집단으로 출현했을 당시 예루살렘도 마찬가지였을 것이다. 어떤 학자들은 이 모든 다양성을 고려하면, 신약 시대의 '유대교'들'(Judaisms)에 관한 논의라고 이름 붙이는 게 더 정확하다는 제안을 하기도 한다.

---

5 요세푸스에 따르면(『유대고대사』 20.100-102), 갈릴리인 유다는 구레뇨가 인구 조사를 시작할 때 로마에 대한 반역을 일으켰다(서기 6년경). 드다는 파두스가 로마의 통치자일 때 대표적 예언자였다(서기 44-46년). 그는 자신을 모세로 표현했으며, 바다를 가르는 것을 재현하려고 했다. 드다는 붙잡혀 예루살렘에서 목이 잘렸다(요세푸스, 『유대고대사』 20.97-99).

예수

예수는 갈릴리와 유대 땅에서 살고 죽었다. 이런 다양한 전통과 관습이 공존하는 세계에서 예수는 어떤 인물로 살아갔을까? 까다로운 질문이다. 여기에 네 가지 가능한 답변이 있다.

우선 (다니엘 같은) 종말론적 전통 속에 예수를 놓고, 다가오는 마지막 때를 알리는 선지자로 그를 설명하는 것이다. 이 관점에서 예수는 다른 종말론적 선지자처럼, 성전 파괴를 포함해 현재의 악한 세상에 종말이 임박했다고 평가한다. 하나님께서는 성전을 대신해 도래하는 새로운 세대에 모든 이스라엘을 회복시키시거나 하나님 나라를 세우실 것이다.[6]

두 번째 답변은 예수를 종말론적 관점이 아닌 사회 정치적 관점에서 선지자로 바라보는 것이다. 이 관점에서 보면, 모세와 엘리야 같은 이스라엘의 선지자들처럼, 예수는 새로운 사회를 주창한다. 여기서 예수는 엘리트 지주 계급과 성전 지도자들에게 착취 당하는 갈릴리의 힘없는 농부들과 함께하는 자로 이해된다. 예수는 계급적 가정 구조(가부장제)와 제국적 사회 구조(지배 세력) 모두를 반대하는 풀뿌리 마을 갱신 운동을 시작한다. 예수는 채무 변제, 토지 반환 등을 주장하고, 치유 사역 같은 일들을 행한다. 이렇게 갱신된 사회 구조 가운데 하나님 나라

---

[6] 예를 들어 E. P. Sanders, *Jesus and Judaism*(Philadelphia: Fortress, 1985)(『예수와 유대교』크리스천다이제스트); Dale Allison, *Jesus of Nazareth: Millenarian Prophet*(Minneapolis: Fortress, 1998); Bart Ehrman, *Jesus, Apocalyptic Prophet of the New Millennium*(New York: Oxford University Press, 1999).

가 이루어진다.[7]

세 번째 답변은 (환상, 천국 여행, 기도 등을 포함한) 유대의 신비 전통과 관련시켜 예수를 성령의 사람으로 바라보는 것이다. 기적을 행하는 유대인 하니나 벤 도사(Hanina ben Dosa), 원을 그리는 사람 호니(Honi the Circle-Drawer) 같이 '성령의 사람' 예수는 하나님을 정기적으로 (세례와 같은) 신비한 방법으로 만난다. 그리고 하나님과의 이런 만남 이후에 치유를 행하고 대안적 가르침을 베풀고, 사회 제도에 항거하는 정의와 사랑에 관한 예언적 메시지를 전한다.[8]

네 번째 답변은 예수를 지혜로 보는 것이다. 잠언 8장 같은 유대의 지혜 전승에 따르면, 지혜란 하나님의 대행자로서 인간들 가운데로 오는 여성형 인물로 묘사되는데, 하나님의 임재를 드러내고, 하나님의 도를 가르치며, 사람들을 하나님과의 관계 속으로 이끈다. 어떤 사람들은 그 지혜의 사역을 받아들이지만, 어떤 사람들은 거절한다. 예수는 자신의 가르침과 행적을 통해 이런 역할을 수행한 것으로 간주된다.[9]

---

[7] 예를 들어, Richard Horsley, *Jesus and the Powers: Conflict, Covenant, and the Hope of the Poor*(Minneapolis: Fortress, 2011). John Dominic Crossan(*The Historical Jesus: The Life of a Mediterranean Jewish Peasant*(San Francisco: HarperSanFrancisco, 1991)(『역사적 예수』 한국기독교연구소)은 로마와 로마의 유대-갈릴리 대리 통치자들의 통치 아래서 경제, 종교, 정치적 구조의 평등한 변혁을 포함한 사회적 비전과 비폭력 프로그램을 꿈꾸는 지중해 유대인 농부로 예수를 본다.
[8] 예를 들어, Marcus Borg, *Jesus: A New Vision*(San Francisco: Harper, 1987)(『예수 새로 보기』 서울신학연구소); 동일 저자, *Meeting Jesus Again for the First Time*(San Francisco: Harper, 1994).
[9] 예를 들어, Elisabeth Schüssler Fiorenza, *Jesus: Miriam's Child, Sophia's Prophet: Critical Issues in Feminist Christology*(New York: Continuum, 1994); Ben Witherington, *Jesus the Sage: The Pilgrimage of Wisdom*(Minneapolis: Fortress, 1994).

예수가 '메시아/그리스도'라는 인식은 초기 제자들에게 매우 중요했으며, 그들은 성서도 그런 관점에서 읽었다. 하지만 '메시아'라는 말은 무슨 뜻인가? '메시아'라는 말은 히브리 단어의 영어식 표현이다. '그리스도'는 같은 단어를 그리스어로 옮긴 것이다. 이 말은 특별한 역할을 위해 "기름부음을 받았다" 혹은 보냄을 받았다는 것을 뜻한다. 이 단어가 "하나님"(divine)을 의미하는 것은 아니다. 1세기 유대인들 사이에서 메시아에 대한 기대가 보편적이지 않았다는 것을 알아야 한다. 예를 들어, 모든 유대인이 로마와 '맞서 싸울' 메시아를 기다리고 있었기 때문에 예수를 알아보지 못했다고 주장하는 것은 잘못이다. 근거가 없는 주장이다. 여러 증거에 따르면, 메시아에 대한 기대를 품은 사람은 소수였고, 그나마도 각양각색이었다. 그 양상이 다양함에도 불구하고 메시아를 찾는 이들은 일부였고, 대부분은 메시아에 대한 기대가 없었다. 1세기 유대교의 다양성 속에서, 모든 혹은 대부분의 유대인이 메시아를 기대했다는 기독교의 주장을 그대로 결론으로 삼기는 어렵다.[10] 예수의 제자들이 남긴 저작에는 하나님의 뜻을 수행하는 예수의 중요성을 설파하면

---

10 James H. Charlesworth 편, *The Old Testament Pseudepigrapha*, 2권(Garden City, NY: Doubleday, 1983-1985); W. Green, Jacob Neusner 등 편, *Judaisms and Their Messiahs at the Turn of the Christian Era*(Cambridge: Cambridge University Press, 1987); James H. Charlesworth 편, *The Messiah*(Philadelphia: Fortress, 1992); J. J. Collins, *The Scepter and the Star: The Messiahs of the Dead Sea Scrolls and Other Ancient Literature*(New York: Doubleday, 1995). M. de Jonge, "Messiah," in *Anchor Bible Dictionary*, D. N. Freedman 편(New York: Doubleday, 1992), 4:777-787 은 굉장히 도움이 되는 요약을 제공한다.

메시아/그리스도

히브리 성서에서 기름부음(anointing)은 특정한 과업을 위해 누군가를 따로 '구별해' 위임할 때 행한 (기름을 붓는) 의식이었다. 그래서 제사장들(레 4:3, 5, 16), 다윗 계열의 왕들(시 2:2; 18:50; 89:20, 38, 51), 선지자들(왕상 19:16; 『집회서』 48:8), 심지어 (이방인) 페르시아의 지배자 고레스(사 45:1)까지도 각자의 역할을 위해 기름부음을 받아 구별되었다. 위 본문에 '메시아'에 대한 명확한 설명은 없다. 마태복음 1:23에서("처녀가 잉태하여…") 이사야 7:14을 인용한 것처럼, 신약 성서 저자가 예수와 관련해 인용한 성서 본문들은 일반적으로 '메시아/그리스도'라는 말을 사용하지 않고, 명확한 메시아적인 인물을 언급하지 않는다.

예수 시대 몇 세기 전, 하나님께서 특별한 대행자(메시아/그리스도)를 기름부어 (혹은 위임해) 하나님의 뜻을 위해 중요 역할을 맡기실 것을 기대하는 전승들이 나타났다. 그 인물에 대한 단일한 직무 설명서 같은 것은 없었다. 이런 전승들은 그 내용은 다양했지만 그럼에도 불구하고 비교적 수가 적은 편이었다. 어떤 이들은 로마의 지배를 정죄할 다윗 같은 왕을 기대했다(『솔로몬의 시편』 17:32; 『에스라4서』 7:26-29; 12:31-34; 『바룩2서』 29-30; 72—누구인지는 확실치 않으나 아마도 왕일 것이라 기대했다). 또 다른 이들은 하늘의 재판관이 불의한 지주들과 통치자 같은 악한 자들을 판단하시길 기다린 반면(『에녹1서』 46-48), 아론의 계열에서 나온 제사장을 기대하는 이들도 있었다(『공동체규칙서』 9.11; 『르우벤 유언서』 6:8). 또한 여러 유명 인물들이 있었는데, 특히 강도들(요세푸스, 『유대전쟁사』 2.228-229; 『유대고대사』 20.113-114, 255-256)과, 스스로 왕이 되어 제자들을 거느린 자들도 있었다. 그들은 보통 지도층 인물을 공격하여 그들의 재산을 약탈했고, 그 후에는 군사 공격 형태의 신속하고도 치명적인 응징을 당했다(요세푸스는 『유대고대사』 17.271-272에서 유다스를, 『유대고대사』 17.278-284에서 아트롱게스를, 『유대전쟁사』 2.434-444에서 므나헴을, 『유대전쟁사』 4.508-510에서 시몬 바 기오라를 언급했다).

서 예수가 '메시아'라는 일치된 고백의 내용이 담겨 있다.

1세기 유대교는 분명 특정 사안들에 대한 이해의 다양성과 관습의 차이를 모두 수용했다. 유대교 안에서 그 모든 것들이 어떻게 함께 유지될 수 있었는가? 이런 다양성을 하나로 묶는, 합의된 이해와 관습이 있었는가? 어떤 이들은 한 분이신 하나님, 땅, 성전, 토라 혹은 모세의 가르침을 이유로 든다. 또 다른 의미 있는 제안으로는 '언약'이 그 다양성을 하나로 묶는 힘이라고 보기도 한다.[11]

언약을 구심점으로 여기는 이런 견해에는 이스라엘의 정체성의 중심에 하나님의 은혜로운 주권이 자리한다는 인식이 있다. 하나님께서는 은혜로 이스라엘을 택하시고 언약을 맺으셨다. 하나님께서는 은혜로 이 언약 안에서 충성스럽게 살아갈 규례와 가르침(토라)을 주셨다. 이런 것들을 친히 주셨다는 사실은, 하나님께서 이 언약을 지키고 보존하는 데 얼마나 열심이신지를 드러낸다. 이스라엘 백성은 여기에 순종으로 응답해야 한다. 순종에는 보상이 따르는데, 특별히 장래에 실현될 새로운 세대에서 누릴 생명이며, 그와 달리 불순종에는 형벌이 따른다. 토라는 회개와 속죄로 죄 용서가 가능하며, 그로 말미암아 언약관계가 지속되고 재확립될 수 있다고 말한다. 하나님의 자비와 순종, 속죄로 말미암아 언약 안에 계속 머무를 수 있게 된 자들은 장차 구원 받을 무

---

11 '언약적 율법주의'에 대한 토론은 다음을 보라. E. P. Sanders, *Paul and Palestinian Judaism*(Philadelphia: Fortress, 1977).

리에 속하게 된다.

　이스라엘 정체성의 핵심에 관한 이 같은 분석에 따르면, 구원은 인간의 노력이 아닌 하나님의 자비에서 온다. 하나님의 가르침에 순종하는 것이 필수적이지만, 순종은 하나님께서 주도권을 쥐고 시작하여 선물로 주신 언약 안에서 이루어질 때만 그 가치가 인정되는 것이다. 더욱이 순종으로는 하나님의 은혜를 얻을 수 없다. 이스라엘은 율법을 지킴으로 하나님의 은혜를 얻는 것이 아니다. 오히려 이스라엘은 하나님께서 은혜로 그들과 언약을 맺으신 결과로 언약 공동체에 들어갔다. 그들은 하나님의 가르침에 순종하고 속죄함으로 그 언약 안에 머물 수 있었다. 신명기 7:6-16과 같은 성서 본문과 외경에 있는 저술, 므낫세의 기도는 그런 이해를 분명하게 표현하고 있다.

　이 분석이 이스라엘 정체성의 중요한 모든 측면을 충분히 표현하는지의 여부는 논란의 여지가 있다. 모든 이들의 의견을 대변한다고 확언할 수도 없다. 그러나 분명한 것은, 이 분석이 1세기 신약 시대 유대교의 몇 가지 매우 중요한 측면을 부각시킨다는 점이다. 많은 기독교인이 생각하는 것처럼, 1세기 유대교는 사람들이 하나님의 은총을 얻기 위한 방편으로 행위에 기반을 두고 있지 않다. 그들은 은혜에 무지하지 않았다. 종교적 의식(rituals)에 죽어 있지도, 사로잡혀 있지도 않았다. 오히려 언약과 토라에 나타난 하나님의 은혜로운 주도권에 뿌리내리고 있었다. 물론 사람들은 충성스러운 삶으로 순종해야 했으며, 그러는 가운데 실패가 불가피했고 반면 죄 용서도 가능했다.

바울, 1세기 유대인

그렇다면 바울은 유대교와 무슨 문제가 있었나? 바울은 자신을 날 때부터 언약 안에 있고 "팔 일만에" 할례를 받은, 그리스 시대의 신실한 유대인으로 여겼다(빌 3:4-7; 갈 1:13-14). 예수를 따르기 전 그의 모습은 "전통에 대하여 더욱 열심이 있"어 예수 믿는 사람들을 나서서 박해했다고 말했다. '열심'(zealous)이란 말은 마카베오1서의 맛다디아와 관련된 자질이다. 그는 비느하스(민 25:11-13)를 떠오르게도 하는데, 안티오코스 에피파네스의 공격을 폭력적으로 물리친 바 있다(마카베오1서 2:23-27, 54). 바울 자신도 종교적 진리를 지키기 위해 폭력 사용을 정당한 것으로 여기는 전통을 받아들이고 있었다. 오히려 그는 예수를 믿게 되었을 때, 할례 같은 "율법의 행위"(works of the law)에서 문제를 안게 되었다(갈 2:15-16).

> 사람이 의롭게 되는 것은 율법의 행위로 말미암음이 아니요 오직 예수 그리스도를 믿음으로 말미암는 줄 알므로(갈 2:16).

> 그러므로 사람이 의롭다 하심을 얻는 것은 율법의 행위에 있지 않고 믿음으로 되는 줄 우리가 인정하노라(롬 3:28).

오랫동안 기독교 독자들은 바울이 선한 행위로 하나님의 은총을 얻으려는 유대인들에 반대하여 하나님의 은혜를 강조했다고 생각했다. 즉 어떤 사람들은 바울이 행위로 구원에 이르려는 믿음에 반대한다고 생각했다. 그러나 이건 정확한 내용이 아니다. 앞서 보았듯 유대 민족은 스스로의 힘으로 구원을 얻는다고 생각하지 않았다. 맛다디아와 유다스 마카베오스는 안티오코스를 공격해 하나님의 은총을 얻으려 한 것이 아니었다. 그들은 하나님과 맺은 언약 관계 안에서 유대인의 삶의 방식을 지키면서 유대 백성으로서 자신의 정체성을 충성되이 드러내는 데 목적이 있었다. 마찬가지로 마카베오2서에 나오는 아홉 명의 순교자들도 죽기까지 충성하여 구원을 얻으려는 게 아니었다. 그들은 하나님께서 이스라엘과 맺은 은혜로운 언약으로 말미암아 이미 하나님의 은총을 소유하고 있었으므로 다만 하나님의 뜻에 충성하고자 죽음을 받아들인 것이다.

중요한 질문은 이것이다. 바울이 말하는 "율법의 행위"란 무엇인가?[12] 그는 하나님께서 가르치고 요구하시는 바를 행하는 것(롬 2:13-15)에 반대하지 않는다. 바울은 예수를 믿는 자들은 율법을 "다 이루어야" 하며, 그것은 곧 자기 이웃을 사랑하는 것이라고 이해한다(롬 13:8-10). 그는 자신에게 있는 유대인의 유산(롬 9:1-5)을 매우 자랑스러워하

---

12 바울의 표현에 대한 도움이 될 만한 분석은 다음을 보라. James D. G. Dunn, *The Theolgy of Paul the Apostle*(Grand Rapids: Eerdmans, 1998), 335-385. (『바울 신학』 크리스천다이제스트)

고, 이스라엘을 향한 하나님의 신실하심에 대해 깊은 확신이 있었다(롬 3:1-5; 11:25-36). 그렇다면 무엇이 문제인가?

"율법의 행위"란 말이 토라에서 발견되는데, 어떤 정체성을 드러내는 여러 표지들을 가리키는 것이라는 몇 가지 증거가 있다. 이들 표지에는 할례, 안식일 준수, 음식에 관한 정결 규례, 우상 숭배 금지 등이 포함되어 있었다. 이런 관습을 행한다고 해서 하나님의 은총을 얻는 것은 아니다. 하나님께서 주도적으로 언약을 맺으실 때 이미 그 은총을 받았다. 오히려 이런 일, 곧 "율법의 행위"를 한다는 것은, 하나님의 백성으로서 유대인의 정체성과 특권을 드러내는 것이었다.

모든 민족과 집단은 자신의 정체성을 드러내는 표지가 있다. 예를 들어, 7월 4일의 불꽃놀이와 피크닉은 미국의 정체성을 드러낸다. 그런 행동은 이미 지니고 있는 정체성의 표현일 뿐이지 시민의 정체성을 획득하기 위한 방편이 아니다. 그러나 한 민족의 전통과 자기 이해를 적절하게 표현하지 못하는 어떤 것을 정체성으로 규정할 때는, 오히려 정체성의 위기를 겪는다. 바울의 관점에서 하나님은 이스라엘과 언약을 맺으셨지만, 그렇다고 하나님께서 이스라엘만 돌보신다거나 다른 모든 민족은 축복하지 않으신다는 의미는 아니다. 바울도 성서를 읽었으므로 이를 잘 알고 있었다. 이방인 아브라함에게 "**땅의 모든 족속이 너로 말미암아 복을 얻을 것이라**"(창 12:3, 고딕은 저자 강조)고 하신 하나님의 약속은 바울에게 매우 중요했다.

예수를 믿는 어떤 이들은 공동체의 구성원을 보다 엄격한 방법으로 제한하기 위해 할례나 음식에 관한 정결 규례 같은 표지들을 사용했다. 갈라디아서에서 일부 교사들은 그리스도에 대한 믿음과 함께 (유대인의 정체성을 드러내는) 할례를 받을 것을 주장한다. 로마서에는 정결 음식, 안식일 및 절기를 지키려는 사람들과 그런 의식들을 경멸하는 사람들 사이에 벌어진 논쟁이 기록돼 있다(14장). 신실한 유대인인 바울은 이와 같은 정체성의 표지들은 이야기의 일부만을 말해줄 뿐임을 잘 알고 있었다. 그는 하나님께서 모든 사람에게 은총을 베푸셨다(창 1장; 12:1-3)는 강조점에 부합하는 보다 넓고 포괄적인 정체성을 회복시키기 원했다. 갈라디아서에서 그는 민족과 남성 특권의 표지인 할례가 예수를 믿는 사람들 사이에서 더 이상 존립할 수 없다고 강하게 주장한다. 로마서 14-15장에서는 이런 입장을 수정한다. 앞서의 주장이 아마도 갈라디아에서 설득력이 없었기 때문일 수 있다. 그는 안식일, 절기, 음식에 관한 정결 규례 등을 금하지는 않지만, 이를 지키거나 지키지 않거나 하는 것이 하나님의 백성에 속하기 위한 기반이 될 수 없다고 주장한다. 어떤 이들은 하나님의 백성에 속하는 자들의 자격에 제한을 두고 싶어 한 데 반해, 바울은 하나님께서 그리스도의 죽음과 부활 안에서 모든 사람을 위해 일하신다는 것을 알고 있었다. "너희는 유대인이나 헬라인이나 종이나 자유인이나 남자나 여자나 다 그리스도 예수 안에서 하나이니라"(갈 3:28).

그러나 그의 선의에도 불구하고 한 가지 문제는, 바울이 일련의 배타적인 표지들을 제안함으로써 오히려 다른 것을 대체하고 있는 것 같다는 점이다. 그리스도를 믿는 믿음은 율법의 행위와 마찬가지로 배제의 기능을 한다. 하지만 바울은 아마 다른 생각이 있었던 것 같다. 종종 "그리스도에 대한 믿음"(faith in Christ)으로 번역되는 구절은 "그리스도의 신실함"(the faithfulness of Christ)으로 번역될 수 있다.[13] 이렇게 선택적으로 (게다가 논란이 될 만한) 번역을 한다면 또 다른 관점을 제시하는 것으로 볼 수 있다. 그 번역을 채택할 경우, 다음과 같은 해석이 가능해진다. 즉 예수님이 나타내신 하나님의 은혜로운 뜻에 충성을 다하여 따를 때, 믿는 자들과 그 공동체가 하나님의 목적에 참여하게 된다는 것이다.

결론

기원전 164년의 성전 재봉헌에 관해 논의하면서, 우리는 신약 시대 유대인의 전통과 관습이 얼마나 역동적이고 다양했는지를 집중적으로 살펴보았다. 1세기 유대교에 대한 이런 이해는, 오랫동안 기독교 공동체에 영향을 준 1세기 유대교에 대한 부정확한 인식과 충돌을 일으킨다. 또

---

13 다음을 보라. Luke Timothy Johnson, "Romans 3:21-26 and the Faith of Jesus," *Catholic Biblical Quarterly* 44(1982): 77-90; Dunn, *Theology*, 379-385, 참고문헌 목록 포함.

한 우리는 예수와 바울이 어떻게 이런 역동적이고 다양성이 풍부한 유대 세계 한가운데 있게 되었는지도 살펴보았다.

4.
로마의 유대 점령
(기원전 63년)

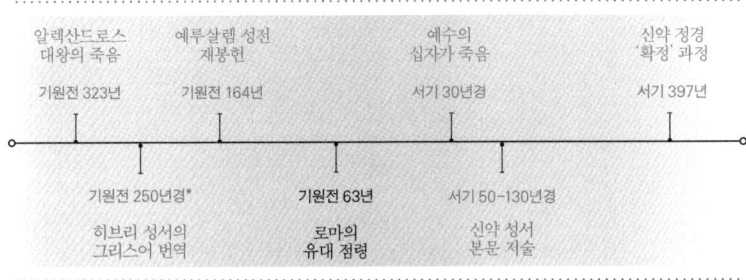

영광이 결코 끝나지 않을 거라는 자기 착각에 빠져 있어도, 제국의 권력은 끝이 난다. 기원전 1세기 무렵, 새로운 권력 로마가 세계 무대 위에 확고한 입지를 구축하고 있었다. 로마는 초강대국이 되었다. 그렇다고 그리스의 모든 것이 끝났다는 의미는 아니다. 알렉산드로스의 그림자는 지나칠 만큼 복원력이 있었다. 그러나 로마가 정치, 군사, 경제적으로 최고의 권력자임을 의심할 여지는 없었다.[1]

---

1 이 장에 중요한 기여를 한 저자와 저서들이다. Richard Horsley, *Jesus and the Spiral of Violence: Popular Jewish Resistance in Roman Palestine*(San Francisco: Harper&Row, 1987); Lester Grabbe, *The Roman Period*, 2권 in *Judaism from Cyrus to Hadrian: Sources, History, Synthesis*(Minneapolis: Fortress, 1992); Amy-Jill Levine, "Visions of Kingdoms: From Pompey to the First Jew-

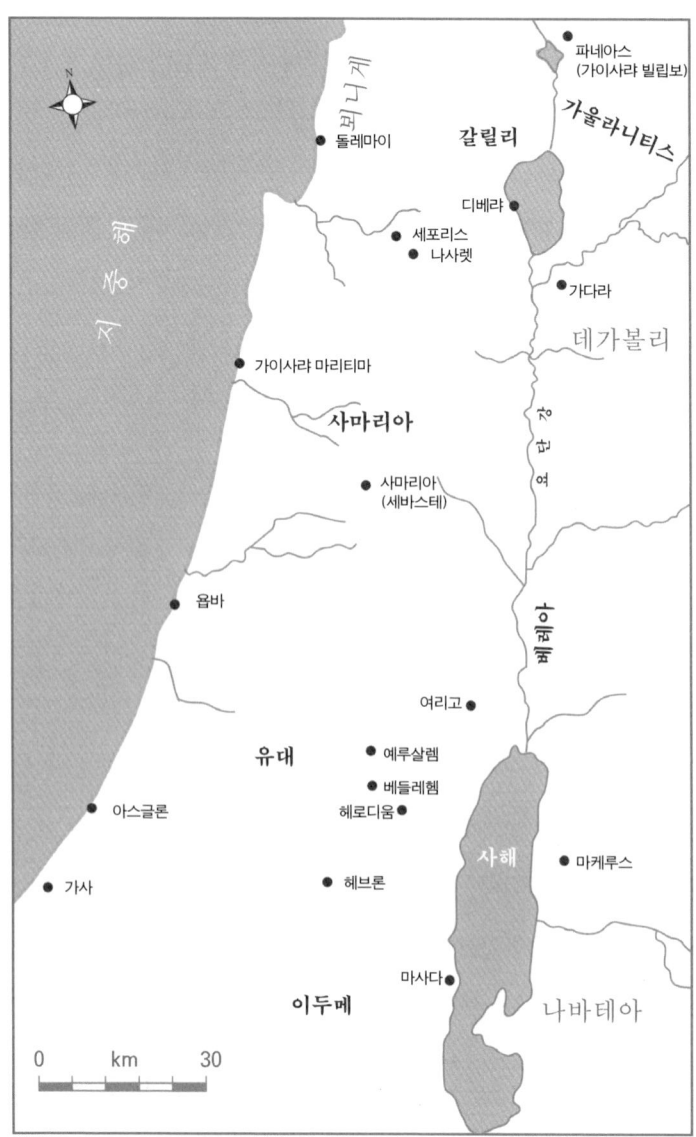

그림 4.1 유대 지역 지도

기원전 63년에 로마는 유대를 점령했다. 이번 장에서는 이 일이 어떻게 일어났고, 로마는 권력을 어떻게 유지했으며, 유대인들이 이 상황을 어떤 식으로 '협상'해 나갔는지 몇 가지 측면에서 살펴볼 예정이다. 또한 신약 저자들이 로마 권력과 '협상'해 나간 다양한 방식들도 살펴볼 것이다.

로마의 유대 점령

예수가 태어나기 약 60년 전인 기원전 63년에 벌어진 로마의 유대 점령을 설명하는 몇 가지 요인들이 있다.

첫째 요인은 로마 사령관 폼페이우스, 또는 폼페이우스 대왕(Pompey the Great)과 관련 있다. 앞서 1장에서도 나왔지만, 폼페이우스는 알렉산드로스를 닮고 싶었던 인물 중 하나였다. 그리고 그는 알렉산드로스처럼 마초적인 군사 정복자였다. 기원전 70년대에 그와 그의 군대는 스페인에서 반란을 성공적으로 진압했다. 그 후 로마 원로원이 그를 동부

---

ish Revolt", in *The Oxford History of the Biblical World*, Michael Coogan 편(New York: Oxford University Press, 1998), 352-387; John H. Hayes와 Sara R. Mandell, *The Jewish People from Alexander to Bar Kochba*(Louisville: Westminster John Knox, 1998); Warren Carter, *The Roman Empire and the New Testament: An Essential Guide*(Nashville: Abingdon, 2006); Richard Horsley, *Revolt of the Scribes: Resistance and Apocalyptic Origins*(Minneapolis: Fortress, 2010)(『서기관들의 반란』 한국기독교연구소).

그림 4.2 폼페이우스 대왕

지중해(알렉산드로스의 옛 활동무대)로 보내 로마로 곡식을 실어 나르는 선박을 위협하는 해적을 소탕하고, 폰투스와 아르메니아 지역에서 활동하는 로마의 적들을 물리치고, 지역 전체에 질서를 확립해 주길 바랐다. 기원전 64년에 폼페이우스는 시리아의 셀레우코스 영토를 장악했다.

한편 그 사이에, 유대 남쪽으로 하스모니안 가문의 지배력은 쇠락해가고 있었다. 기원전 67년에 살로메 알렉산드라 여왕이 죽자 그녀의 두 아들, 아리스토불로스 2세와 히르카노스 2세 사이에 권력 다툼과 내전이 벌어졌다. 두 형제 모두 폼페이우스에게 지원을 요청했다. 폼페이우스가 히르카노스 편에 서자 아리스토불로스는 예루살렘에 진을 쳤다. 폼페이우스는 3개월 동안 예루살렘을 포위한 후에 기원전 63년에 도시를 장악했고 말 그대로 관광을 위해 성전에 들어갔다. 요세푸스는

12,000명이 전투에서 사망했다고 기록한다(『유대전쟁사』 1.150).

제국의 권력이 사용되면, 그곳엔 반드시 승자와 패자가 있다. 기원전 63년에 행사된 로마의 권력에서 비롯된 승자는 누구이고 패자는 누구인가?

패자들

최대의 패자: 유대인

로마가 예루살렘을 점령하면서, 한 세기 동안 지속된 유대의 독립도 끝이 났다. 지난 장에서 보았듯이 거의 정확하게 100년 전, 기원전 164년에 유다스 마카베오스는 안티오코스 에피파네스에게서 예루살렘과 성전을 되찾아 성전을 재봉헌했다. 한 세기 동안 유대는 외세의 지배에서 독립한 상태였다. 유대인 역사가 요세푸스는 탄식한다. "예루살렘이 당한 이 재난의 책임은 서로 분란을 일으킨 히르카노스와 아리스토불로스에게 있다. 그 때문에 우리는 자유를 잃고 로마의 속국이 되었으며 우리가 전쟁을 통해 시리아인에게서 빼앗은 땅도 강제로 돌려주지 않으면 안 되었다"(『유대고대사』 14.77).[2]

특히 '가난한' 유대인들이 패자였다. 로마의 지배는, 적어도 처음에는, 시리아를 다스리는 로마 총독, 분봉왕 헤롯(기원전 4년 사망), 그리고 유대

---

[2] *Josephus*, H. St. J. Thackeray 등 번역, 13권, Loeb Classical Library(Cambridge: Harvard University Press, 1926-1965).

를 관할하는 로마가 임명한 총독들을 통해 이루어졌다. 요세푸스의 설명에 의하면, 그 통치자들의 탐욕, 착취, 강제 노역 부과는 유대인들이 반복적으로 경험했던 것들이라고 강조한다. 제국 권력이 지배하는 데 따르는 대가는 언제나 그렇듯이 소규모 농민, 수공업자, 상인들의 생산과 노동으로 감당해야 했다.

두 번째 패배자: 하스모니안 가문

유대 독립의 상실은 곧 하스모니안 가문 통치의 종식을 의미했다. 기원전 160년대 안티오코스 에피파네스에 맞선 맛다디아와 유다스의 투쟁 이후 하스모니안 가문은 대제사장과 왕이 되어 이전 세기 내내 다스리고 있었다. 이제 그들은 로마의 눈 밖에 난 상태였다.

로마의 유대 점령 이후에도 약 20년 동안 아리스토불로스 2세와 그의 두 아들 알렉산드로스(아직도 여전히 인기 있는 이름)와 안티고노스는 권력 회복을 위해 여러 차례 군사적 수단을 사용했으나 실패했다. 파르티아의 도움으로 동생인 안티고노스는 짧은 기간(기원전 40-37년) 왕이 되었다. 그러나 그 후 기원전 37년 로마의 마르쿠스 안토니우스에 의해 처형 당했고, 그는 말 그대로 머리를 잃었다. 그런 후에도 하스모니안 가문은, 적어도 자진해서 사라지진 않았지만 그들의 통치 시대는 사실상 막을 내렸다.

승자들

첫 번째 승자: 로마

폼페이우스 대왕이 유대 지역에서 분란을 일으키던 한 가문에 얼마나 관심을 가졌는지는 논란의 여지가 있다. 그러나 로마가 통치권을 유지하는 데 있어 유대가 갖고 있는 전략적 중요성만큼은 분명 관심이 있었다. 유대 동쪽으로는 위협적인 파르티아가 있었고, 남서쪽으로는 곡물의 거대 자원인 이집트가 있었다. 유대는 지정학적으로 중요했다. 로마는 병력 이동의 수월성, 국경 완충지대 확보, 그리고 제국 전역의 무역을 보장하기 위해 이 작은 땅에 대한 질서 유지와 통제가 필요했다.

게다가 로마는 유대를 지배하에 두면서 대단히 기분 좋은 변화를 얻어 냈다. 요세푸스의 기록에 따르면, 로마는 유대에 "1만 달란트 이상의" (『유대고대사』 14.78) 공물을 바칠 것을 요구했다.[3]

두 번째 승자: 히르카노스 2세

하스모니안 가문 중에서도 한 명은 일정 부분 덕을 보았다. 형제인 아리스토불로스가 권력 회복을 위해 싸우는 동안, 히르카노스 2세는 지방 세력들과 동맹을 맺어 지배권을 강화하려는 로마의 전략을 잘 알

---

3 앞의 책. 이것은 엄청나게 큰 돈이었다. 한 달란트는 6000데나리온의 값어치가 있었고 한두 데나리온은 마태복음 20:2에 따르면 하루치의 품삯이었다. 요세푸스는 정확한 수치를 알려 주는 걸까, 아니면 "그는 우리에게 수백 억을 지불하게 했다"와 같이 상징적으로 과장해 말한 걸까? 마태복음 18:24에도 같은 양의 달란트가 언급된다.

요세푸스는 누구인가?

지난 장에서 요세푸스라는 이름을 보았을 것이다. 그는 이번 장과 다음 장에서 아주 중요한 인물이다. 이 사람은 누구인가?

요세푸스는 1세기 유대인 역사가다. 그의 작품 『유대 전쟁사』와 『유대 고대사』는 적어도 교육받은 엘리트 유대인이 유대의 역사, 관습 및 당대의 사건들을 어떻게 이해했는지에 대한 매우 중요한 정보를 제공한다. 그는 종종 논란의 중심에 선 인물이었고, 이기적인 행동과 저작들로 혹평을 받기도 했다. 그러나 그가 정보와 관점의 중요한 원천임을 부정할 수는 없다.

그는 서기 약 37년에 태어났다. 그의 아버지는 제사장이었고 어머니는 하스모니안 가문(맞다. 3장에서 우리가 살펴봤던 그 가문)의 후손이었다. 그는 자신이 영리한 아이였다고 즐겨 말한다. 66-67년 로마와의 전쟁 기간 동안 그는 갈릴리에서 로마에 맞서 싸우다가 집단 자살(그가 그렇게 말한다!) 현장에서 살아남은 뒤 사로잡혔다. 요세푸스는 로마의 사령관 베스파시아누스 앞에 나섰을 때 그가 황제가 될 거라고 기회주의자처럼 예언한다. 이 일은 예상대로 서기 69년에 일어난다. 황제에게 행운의 동전이었던 요세푸스는 결국 로마에서 그의 후원자인 플라비아누스 왕조(베스파시아누스 황제와 그의 아들들, 미래의 황제 티투스와 도미티아누스)와 함께하게 된다. 그는 서기 70년대 중반에 유대 전쟁에 관한 보고서를 작성했는데, 로마 제국이 하나님께 선택받았다고 표현한다. 요세푸스는 66-67년의 전쟁(예루살렘과 성전 파괴를 불러온 전쟁)이 유대 반란군과 일부 탐욕스러운 로마 총독들의 잘못 때문이라고 평가한다. 이 글에서 그는 자신의 상관들을 기쁘게 하고 반역자들을 비난하지만, 유대인으로서 자신의 정체성은 자랑스럽게 여기기도 한다. 다문화 세계에 놓인 그의 혼종적 위치와 정체성이 극명히 드러난다. 90년대에 그는 유대인의 관습과 제도를 설명하는 보고서, 『유대고대사』를 썼다. 사람들은 요세푸스의 동기, 로마 후원자들에 대한 충성심, 그리고 자기를 정당화하는 근거가 무엇인지 궁금해 했다. 그가 기록한 역사는 정치적 선전, 자기 변호 및 그의 개인적 관심사가 골고루 반영되어 있다.

고 이를 이용한다. 히르카노스는 폼페이우스가 자신을 대제사장으로 임명하게 하려고 애썼다. 비록 종교적 직무에 국한되기는 했지만 말이다. 약 15년 후인 기원전 47년 즈음 율리우스 카이사르는 히르카노스에게 권력이 제한된 정치 지도자인 분봉왕(ethnarch)을 맡기게 되었으니, 히르카노스는 일정 부분 덕을 본 셈이다(요세푸스, 『유대고대사』 14.191).

세 번째 승자: 헤롯 왕

베들레헴에서 남자 아기들을 죽인 것으로 유명한 헤롯이다. 물론 그는 헤롯 대왕이라 불렸다. 그의 아버지 안티파트로스는 하스모니안 가문 중 한 사람의 관료로 섬겼다. 안티파트로스는 로마와 동맹을 맺어 권력을 강화할 방법을 찾았다. 율리우스 카이사르는 그를 유대의 행정관(procurator)으로 임명했다. 그러자 이번에는 안티파트로스가 그의 아들 헤롯과 파사엘을 차례로 갈릴리와 예루살렘의 총독으로 임명했다. 권력은 당신이 알고 있는 사람들, 즉 인맥, 친족 등용, 족벌 정치 등에서 나온다. 이는 항상 일어나는 일이다.

권력 투쟁과 동맹이 계속되는 가운데, 기원전 40년에 로마 원로원은 안토니우스와 옥타비아누스의 지원 아래 헤롯을 유대의 왕으로 임명한다. 파르티아누스의 지지를 얻고 있던 하스모니안 가문의 안티고노스보다는 헤롯이 더 유망하게(더 충직하게!) 보였던 것이다. 기원전 37년까지 헤롯은 로마 군단의 도움으로 안티고노스를 제거하고 어느 정도 지배권을 확립한다. 헤롯은 로마의 총애를 받았다.

로마는 어떻게 지배했는가?

이렇듯 매번 승자와 패자가 나뉘는 가운데, 우리는 로마가 인구 6,500만에 달하는 제국을 통치하기 위해 권력을 행사하는 몇 가지 공통된 방식을 보게 된다. 군사력은 기본이었다. 로마는 가끔 전투에서는 졌지만, 전쟁에서 패하진 않았다. 알아서 머리를 수그리기만 한다면, 지방 유력자들과 동맹을 맺는 것은 기본이었다. 또한 정복 지역에서 공물과 세금을 거두는 것도 기본 관행이었다. 때로 현물로 바치는 경우도 있었기 때문에, 정복 지역은 말 그대로 중심지 로마에 자원과 물품을 조달하는 수단에 불과했다. 공물과 세금은 로마의 지배 계층과 그 동맹 세력들이 부를 얻는 원천이었고, 지역 주민들의 삶과 생산물에 대해 로마가 권리를 갖고 있다는 사실을 계속해서 상기시켜 주었다.

유대의 분봉왕으로 헤롯을 임명한 것은 로마 통치의 또 다른 전략이었다. 헤롯은 기원전 40년 또는 37년부터 기원전 4년에 죽기까지 분봉왕으로 다스렸다. 헤롯은 로마의 친구요, 유대인의 왕이며, 그를 제거하려는 다양한 음모를 막고 부수기 위해 이것저것을 제대로 이용할 줄 아는 정치가였다. 한 역사가는 날카롭게 논평한다. "정치적 교활함, 행운, 우발적 살인이 결합되어 헤롯은 로마의 지지와 왕권과 자신의 목숨을 유지했다."[4]

헤롯은 여러모로 잔인한 지배자였다. 그런 그가 변명을 한다면 무슨 말을 할까? 몇 가지만 생각해 보자.

로마 탓이다

로마는 다른 하스모니안 가문 사람보다 헤롯을 선호해 왕으로 세웠다. 그러나 하스모니안 가문은 여전히 대중의 지지를 받고 있었고, 권력을 되찾으려는 시도를 계속했다. 헤롯에겐 대중의 지지가 부족했다. 따라서 헤롯의 의심과 편집증은 그의 통치 기간 내내 상당했다.

그는 먼저 자신의 권위를 확립하기 위해 로마의 마르쿠스 안토니우스의 지지가 필요했지만, 안토니우스의 아내 클레오파트라는 헤롯의 땅과 통치권을 노리고 있었다. 헤롯은 요령 있게 그녀를 막아야 했다. 그러다 헤롯은 이집트와 로마, 안토니우스와 옥타비아누스 사이에 긴장이 고조되면서 그 둘 사이에서 입장을 정하지 못하고 혼란을 겪었다. 기원전 31년 안토니우스와 클레오파트라가 악티움 전투에서 옥타비아누스(나중에 아우구스투스 황제가 됨)에게 패배했을 때, 헤롯은 줄을 잘못 서고 있다는 사실을 깨달았다. 헤롯은 아주 빨리, 그리고 성공적으로 옥타비아

---

4 Levine, "Visions of Kingdoms," 356.

누스/아우구스투스에게로 줄을 갈아탔다. 아우구스투스는 헤롯의 통치를 추인하고 영토를 회복시켜 줌으로 그의 든든한 후원자가 되었다.

헤롯은 약삭빠른 사람이었다. 그는 권력이 옥타비아누스(아우구스투스)와 함께하고 있으며, 빛나는 로마 시대가 왔음을 깨달았다. 그는 매우 로마 중심적이었고, 상관을 기쁘게 하는 사람이었다. 또한 아랫사람들이 새로운 로마 세계를 신속히 받아들이도록 기민하게 움직였다.

장모, 아내, 하스모니안 가문 탓이다

헤롯은 통치 기간 내내 하스모니안 가문과 지속적으로 대립했다. 대중의 지지를 받고 있던 하스모니안 가문은 로마의 꼭두각시인 헤롯을 업신여겼다. 권력을 되찾으려는 그들의 음모에 반복적으로 시달리면서 헤롯의 편집증이 심해졌다. 그럼에도 하스모니안 가문에서 완전히 자유롭지 못했다. 헤롯의 아내 마리암네는 물론 그의 장모 알렉산드라(또 이 이름!)까지도 하스모니안 가문이었다.

로마에 의해 왕으로 임명된 후, 헤롯의 첫 임무는 파르티아의 지원에 힘입어 왕위에 오른 (눈 밖에 난) 하스모니안 가문의 안티고노스를 (로마 2개 군단의 지원을 받아) 제거하는 것이었다. 헤롯은 안티고노스를 45명의 고위직 동조자들과 함께 참수하고, 그들의 재산도 몰수했다. 그리고 또 다른 하스모니안 가문, 아리스토불로스 3세의 대제사장직 임명을 거부했는데, 이는 마리암네와 알렉산드라를 크게 자극했다. 헤롯은 여러고

그림 4.3 예루살렘 성전

에 있는 그의 겨울 궁전에서 이 젊은이를 수영장에 익사시켰다(『유대고대사』 15.50-60, 『유대전쟁사』 1.437). 그는 또 다른 하스모니안 가문, 요셉을 반역을 이유로 처형했다. 헤롯은 알렉산드라를 체포하고(『유대고대사』 15.65-73, 80-87), 나이 든 히르카노스 2세를 반역죄로 처형했으며(15.161-182), 마침내 마리암네(15.202-239)와 알렉산드라까지 모두 처형했다!

헤롯은 반가족적인 왕이라는 공적인 이미지를 강화하기라도 하려는 듯, 마리암네와 사이에서 낳은 자신의 두 아들을 반역죄로 처형했다(『유대고대사』 16.66-99). 또한 그의 다른 아내 도리스(헤롯에겐 열 명의 아내가 있었다)와 사이에서 낳은 안티파트로스도 반역죄로 처형했다. 아우구스투스 황제가 아들들을 죽이는 헤롯의 습관을 주목하고는 헤롯의 아들이

요세푸스가 바라본 헤롯

유대인 역사가 요세푸스는 헤롯에 관한 흥미로운 의견을 제공한다(『유대고대사』 16,150-159).¹ 어떤 사람들은 헤롯이 두 가지의 "극단적이고 양립할 수 없는 성향"을 가졌다고 생각한다는 보고로 시작한다. 한편으로 외국 도시에 건물을 올리거나 공공사업을 위해 돈을 쓰는 데에는 매우 관대하고 너그러웠다고 한다. 요세푸스는 헤롯이 자신의 영토뿐만 아니라 시리아와 그리스까지 다른 많은 도시들에 인정을 베푼 행적들을 모아 긴 설명을 이어 간다. 그는 이어서 "그러나 헤롯이 일반 백성뿐만 아니라 가족에게 내린 형벌을 보면 잔인하고 무서운 성품의 소유자로 보인다. 인간답지 않은 야수와 같은 성격의 인물임을 인정하지 않을 수 없다"고 했다.

이렇게 뚜렷한 대비를 어떻게 설명할 수 있을까? 요세푸스는 헤롯의 "양립할 수 없는 성향"에 대한 설명을 거부하고 헤롯을 편드는 듯 이렇게 기록한다. "헤롯의 이런 상반된 행동들의 동기는 단지 하나라고 생각한다. 헤롯은 명예를 매우 소중히 여기는 사람으로 명예욕에 한번 불이 붙으면 그 격정을 이기지 못하는 경향이 있었다. 그는 자기 명성과 관계되는 일이면 언제나 아량을 베풀었다." 명예에 대한 열심 때문에 헤롯이 백성들에게 경제적인 압박을 가했다고 요세푸스는 논한다. 왜냐하면 헤롯은 그를 명예롭게 하는 사람들에게 답례하기 위해 돈이 필요했기 때문이다. 이러한 압박으로 백성들의 원성을 샀고, 그 때문에 헤롯은 더욱 그들을 처벌했다. "헤롯은 백성들 가운데 자신을 비방하거나 통치 방법에 의문을 제기하는 자가 있으면 감정을 자제하지 못하고 그 대상이 친족이든 친구이든 간에 잡아들여 가혹하게 처벌했다."

요세푸스는 헤롯이 자신의 명예욕을 자신의 민족보다는 다른 민족들에서 채우는 게 낫다고 판단한 것으로 보인다고 말한다. "유대인은 개인의 영광보다는 정의를 추구하는 것이 훨씬 영예스러운 일이라고 여기는 민족이다. 그들은 동상이나 신전, 기념물들을 보며 헤롯을 치켜세울 사람들이 아니었기에 헤롯과 좋은 관계를 유지하는 것이 힘들었다. 헤롯이 자기 백성과 부하들은 마구 대하면서도 외국인들, 자기와 아무 관계 없는 사람들에게는 큰 자비를 베푼 것도 그런 연유에서가 아니었을

> 까 생각한다."
>
> 1 *Josephus*, H. St. J. Thackeray 등 번역, 13권, Loeb Classical Library(Cambidge: Harvard University Press, 1926-1965).

되느니 헤롯의 돼지가 되는 편이 낫다고 말했다는데, 이는 놀랄 일도 아니다(마크로비우스, 『사투르날리아』 2.4.11).[5]

마태복음 2장에서는 헤롯이 예수의 탄생 소식을 듣고 걱정했다고 소개한다. 그는 "박사들"에게 경배하러 갈 테니 예수가 어디에서 태어나는지 말해 달라고 했다. 그러나 천사가 요셉의 꿈에 나타나 헤롯이 거짓말을 하고 있으며 실은 예수를 죽이려 한다고 알려 주었다. 요셉과 마리아와 예수는 헤롯이 베들레헴에서 2세 이하의 남자 아기들을 죽이는 동안, 이집트로 도망갔다. 이 이야기를 뒷받침해 주는 다른 역사적 증거는 없다. 그러나 헤롯의 평소 성격에 걸맞는 사건임에는 틀림없다.

<u>오로지 내 잘못만은 아니다</u>

로마의 분봉왕으로 있으면서 헤롯이 피지배민들에게 호의를 베푼 적도 있었다. 그는 예루살렘, 사마리아와 가이사랴에 많은 건축물을, 안

---

5 아우구스투스는 유대 왕인 헤롯이 돼지고기를 먹지 못한다고 추측한 것 같다.

디옥, 아테네, 스파르타와 같은 도시에는 그보다 더 많은 건축물을 세웠다. 헤롯은 이 동맹들의 환심을 사고 싶어 했다. 그런 프로젝트는 고용 창출에는 도움이 되었지만, 자금이 필요했다. 헤롯이 세금을 줄이는 경우가 간혹 있긴 했지만, 통치자가 건축을 하면 으레 농부들이 비용을 지불하는 법이다.

헤롯은 유대인의 종교 관습을 전략적으로 존중했던 것 같다. 그는 처음에 자신의 비용으로 예루살렘 성전을 재건축하기 시작했고, 많은 일자리를 제공했다. 자신의 국제적인 성향에도 불구하고, 그는 그리스식 관행을 강요하려 하지 않았다. 그러나 로마에 있는 상관을 공경하려는 그의 욕구로 말미암은 분쟁이 곳곳에 있었다.

사마리아에서 그는 아우구스투스에게 경의를 표하며 그곳을 세바스테(Sebaste)라고 개명하고 아우구스투스를 위해 황제 숭배 사원을 세웠다. 해안가에 가이사랴 마리티마라는 인상적인 항구 도시를 개발했는데, 그곳은 다양한 로마의 특색을 지녔고 황제 숭배를 위한 사원도 있었다. 예루살렘에는 극장과 원형 경기장을 세웠고, 그곳에서 (야수들과 싸우는 것 같은) 로마식 경기를 개최하고, 유대인의 언약에 배치되는 동상들을 전시했다(요세푸스, 『유대고대사』 15.267-276). 그는 예루살렘 성전 문에 로마 권력의 상징인 독수리를 두었는데, 이는 일부 사람들의 마음을 상하게 했다. 헤롯은 또한 카이사르와 자신에게 충성 맹세를 요구하는 것과 관련하여 일부 바리새인들과 충돌했다. 그는 그들에게 벌금을 물리고 그의 통치의 마지막이 임박했다고 예언하던 일부 바리새인들을 처형했다(『유대고대사』 17.41-45).

로마 권력에 '협상'하는 두 가지 방식

메시아를 소망하기

앞서 3장에서 살펴보았듯, 마카베오스의 투쟁과 그 여파 속에서 드러난 유대인들의 다양성은 로마의 주둔과 간섭에 '협상'해 나가는 상황에서도 명백히 드러났다. 폼페이우스를 환영한 사람들도 있었고, 폼페이우스와 싸운 사람들도 있었다. 로마의 총애를 얻은 헤롯은 비협조적인 가족과 반대자들에 대한 살인적인 폭력과 군사력으로 자신의 자리를 지켜 냈다. 로마에 가장 두드러지게 반대한 이들은 권력을 되찾고 싶어 하던 하스모니안 가문이었다. 그러나 헤롯과 하스모니안 가문 모두 군대를 보유하고 있었고, 나름대로 대중의 지지를 얻고 있었다.

유대인들은 이런 상황에서도 여러 방법으로 로마 권력과 '협상'해 나갔다. 『솔로몬의 시편』이라는 18개의 글 모음집은 헤롯의 통치가 시작될 무렵에 쓰인 것으로 추정된다. 『솔로몬의 시편』의 한 본문(2:26-30)은 기원전 38년 폼페이우스의 죽음을 묘사한 것처럼 보인다. 이들 시편

은 아마 예루살렘의 서기관 집단에서 비롯된 듯하다.[6]

이 글들이 시편으로 불린다고 해서 나머지 삶과는 아무 관계가 없는 개인적 영성만 다룬 글들로만 볼 수는 없다. 오히려 이 글들은 매우 정치적이고 국제적이다. 이스라엘의 언약적 정체성과 하나님과의 관계라는 관점에서 당대의 사건들을 바라보고 있기 때문이다. 폼페이우스의 행적과 그 여파에 대해 그들이 내놓은 분석은 매우 암울하다. 시편 기자들은 유대 지도자들의 분열과 타락뿐만 아니라 기원전 63년 로마의 침략과 예루살렘 점령으로 인해 심히 불안해했다.

『솔로몬의 시편』은 기원전 63년 도시와 성전을 더럽힌 폼페이우스 치하의 로마를 규탄했다.

> 이방의 외국인들이 당신의 제단에 올라왔습니다.
> 그들은 오만하게 신발로 그것을 짓밟고…
> 이방인들이 예루살렘을 모욕하고 짓밟았습니다.
>
> -『솔로몬의 시편』 2:2, 19a

---

[6] 도움이 될 만한 자료로 다음을 참고하라. Horsley, *Revolt of the Scribes*, 143-157(『서기관들의 반란』 한국기독교연구소); Rodney A. Werline, "The *Psalms of Solomon* and the Ideology of Rule," in *Conflicted Boundaries in Wisdom and Apocalypticism*, Benjamin Wright and Lawrence Willis 편, Symposium Series 35(Atlanta: Society of Biblical Literature, 2005), 69-88. Kenneth Atkinson, *I Cried to the Lord: A Study of the Psalms of Solomon's Historical Background and Social Setting*(Leiden: Brill, 2004).

[7] R. B. Wright 역, "Psalms of Solomon," in *The Old Testament Pseudepigrapha*, J. H. Charlesworth 편, 2권(New York: Doubleday, 1983-1985), 2,639-670에서 인용.

비록 "(예루살렘) 지도자들"이 폼페이우스를 "기쁨으로" 환영했지만 (8:16), 시편 기자는 폼페이우스의 폭력적이고 오만한 방식에 뒷걸음질 친다. 시편 기자는 왜 이런 끔찍한 상황이 일어났는지 설명하려 애쓴다. 왜 하나님께서는 땅과 도시와 성전을 보호하지 않으시는가? 시편 기자의 설명은 이렇다. 하나님께서는 부도덕함, 성전을 더럽힌 제사장들, 정통성 없는 왕들을 포함해 이스라엘이 저지른 숱한 죄악들로 인해 형벌을 내리고 계신 것이다.

불의한 제사장에 대한 언급은 아마도 유다스 마카베오스의 동생 시몬의 뒤를 잇는 하스모니안 가문의 제사장들을 가리켜 한 말일 것이다. "그들은 예루살렘뿐만 아니라 주의 이름을 위해 구별된 것들을 더럽혔습니다"(『솔로몬의 시편』 8:22). 만약 이들 시편이 헤롯의 통치가 시작될 즈음에 기록된 것이라면 헤롯을 가리키는 것일 수도 있지만, 하스모니안 가문 역시 정통성 없는 왕들이었음에는 틀림없다.

> 오만함으로 그들은 화려하게 왕위를 세웠고
> 거만한 외침으로 다윗의 왕좌를 약탈했습니다.
>
> - 『솔로몬의 시편』 17:6

이 시편 기자에게는 다윗의 계열만이 합법적인 왕이다. 이 책이 다윗의 아들 이름을 따 『솔로몬의 시편』이라 불린 것은 우연도, 뜻밖의 일도 아니다.

『솔로몬의 시편』은 하나님의 뜻에 대한 이 끔찍한 반역들 때문에 하나님께서 그들의 나라를 멸망시키고 그들의 죄를 벌하기로 작정하셨으며, "우리 민족에게는 외인"[8]인 폼페이우스가 그 뜻을 수행한 것이라고 주장한다(17:7-10). 폼페이우스는 물론 자신이 하나님의 뜻을 수행하고 있음을 알지 못했으며, 스스로를 하나님의 형벌을 내리는 대행자로 여기지 않았음이 분명하다. 이것은 이들 시편과 시편이 뿌리를 두고 있는 집단의 관점이다.

시편 기자는 하나님을 폼페이우스의 행적과 그 여파를 빌어 사람들에게 벌을 내리시는 분으로 인식한다. 그러나 시편 기자에겐 깊은 고민이 있었다. 시편 기자의 눈에 이 상황을 감독하고 있는 폼페이우스가 도를 넘어선 것으로 비친다. 불법적인 통치가 자행되고, 성전 지도층은 탐욕스럽고 부정하며, 종교법과 민법이 무시되고, 외국인 침략자들이 주둔하고 있지 않은가. 그의 세계관에서 의인은 번성하고 불의한 자는 벌을 받아야 하며, 땅과 성전은 하나님의 손안에서 안전해야 했다. 그러나 현실은 그렇지 않은 것 같았다. 악인들이 번성하고 의인들이 고통 받으며, 성전과 땅은 이방인의 통치 아래 더럽혀졌다.

시편 기자가 심각한 의문을 갖는 건 놀라운 일이 아니다. 그는 하나

---

8 이는 헤롯을 가리킨 구절일 수도 있다. 그의 아버지는 이두매인으로 어쩔 수 없이 유대교로 개종했다.

님께서 이스라엘과 맺은 언약에 신실하실지, 그래서 두려움 앞에 선 이스라엘의 실존을 지키실지 궁금해한다. 그는 하나님께 다시 한 번 고한다.

> 당신은 하나님이며, 우리는 당신이 사랑하는 백성입니다…
> 자비를 거두지 마시고, 그들이 우리를 치지 않게 하소서.
> 이는 당신께서 모든 민족 가운데
> 아브라함의 자손을 택하셨기 때문입니다.
> — 『솔로몬의 시편』 9:8-9

그래서 그는 하나님께서 나서서 이 죄인들에게 복수해 주시길 원한다. 시편 기자는 "의로운 자들에게 악을 행한 죄인들을 그대로 갚아 주시길" 간구한다(『솔로몬의 시편』 2:35). 시편 기자는 자신과 친구들이 상황을 바꾸기 위해 할 수 있는 것이 없기 때문에 하나님께서 일하여 주시길 고대한다. 하나님의 일하심에 대한 부르짖음 속에는 하나님께서 언약에 신실하사 복수해 주실 것이라는 신뢰와 소망뿐만 아니라 그들의 무력함과 소외감 또한 담겨 있었다.

그러나 시편 기자는 정의가 지연되고 있음을 깨닫는다. 그리고 그는 하나님께서 역사 속에서 흔히 하시던 일반적인 방식으로 일하시길 기대하지 않는다. 『솔로몬의 시편』 17장에서 시편 기자는 하나님의 구원이 한 왕을 통해 오고 있다고 여긴다. 정통성 없는 하스모니안 가문(그리고 헤롯 가문)과 비교하여 이 분은 다윗의 자손인 합법적인 왕이다. 그는 하나님의 기름부음 받은 자, 메시아 즉 그리스도이다(17:32). 그는 "불의한 통치자들을 멸하"고, 예루살렘에서 이방인들을 제거하며 나라들을 멸하여 복종시키고, 거룩한 백성들을 모으고, 지파에 따라 땅을 분배하고, 정의롭고 지혜롭게 통치할 것이다.

그는 어떻게 이 일을 행하는가? 『솔로몬의 시편』 17:24에서 시편 기자는 "그 입의 말씀으로" 한다고 말한다. 33절에서는 "말과 기수와 활에 의지하지 않고", "전쟁의 날"을 바라지 않는다고 한다. 즉 그는 로마와 동맹국들을 내쫓고 하나님의 왕국을 세우기 위해 전쟁을 하지 않는다. 그러나 오직 "그 입의 말씀"으로 이 목적을 어떻게 달성할 수 있는지 이해하기 어렵다. 그가 어느 날 "로마인들아, 집으로 가라!"고 외치면, 그들이 갈까? 폭력이 아닌 비폭력은 하나님의 뜻에 영향을 미치는 그만의 방식이었다.

흥미롭게도 이것은 유대 문헌 중 가장 최초의 그리고 가장 완성된 메시아에 대한 언급 가운데 하나이다. 이는 하나님의 정의가 부정되는 듯 보이는 무기력한 상황에서 나왔다. 아직 메시아에 대해 보편적이거나 통일된 비전이 없던 때였음에도 불구하고, 이 본문에서는 "메시아"를 초인적인 영웅이나 신의 형상을 한 누군가로 묘사하지 않았다. 그는 다윗과 같은 왕이며, 폼페이우스 같이 강력하다. 그는 하나님의 정의의 대행자이며 하나님의 통치를 가져올 자이다. 『솔로몬의 시편』은 (앞서 3장의 다니엘처럼) 종말론적인 확신을 품고서 마지막 때를 바라보며 현재의 수치와 고통, 상함을 견딘다. 하나님께서는 언약에 신실하실 것이다. 이 인물을 통해 하나님의 정의가 세워질 것이다.

대중의 행동

로마의 침략에 반대하는 또 다른 이들도 있었다. 어떤 이들은 메시아를 통해 하나님께서 일하시길 기다렸지만, 또 어떤 이들은 다른 식으로 정의를 찾았다. 그들은 때로는 평화롭게, 때로는 격렬하게, 때로는 무질서한 군중으로, 때로는 지도자와 그를 따르는 지지자들에 의해 스스로 행동에 나섰다.

예를 들어 헤롯은 예루살렘 성전 문에 로마 권력을 상징하는 독수리상을 붙여 두었다. 헤롯의 죽음이 가까웠을 무렵, 두 명의 사랑받는 유대인 교사는 이 형상이 율법에 위배되며 하나님께 죄를 범하는 것이라고 가르쳤다(출 20:4). 그들은 청년들을 촉발시켜 우상을 허물게 했다. 헤롯은 이런 시위를 좋아하지 않았다. 헤롯은 대제사장을 끌어내리고 몇몇 주도자들을 사형에 처했다(요세푸스, 『유대고대사』 17.149-167, 206).

헤롯은 기원전 4년, 예수가 태어났을 무렵 죽는다. 요세푸스가 묘사하길, 헤롯을 괴롭히던 수많은 신체 질환 가운데서도 "은밀한 부분이 곪아 벌레까지 생겼다"(『유대고대사』 17.168-169)[9]고 한다. 매우 고통스러웠을 것이다. 헤롯의 지지자가 아니었던 요세푸스는 헤롯의 고통이 "그의 악행에 대한 하나님의 심판"이라고 해석했다.

헤롯이 죽자 헤롯의 의지와 로마의 견제, 백성들의 뜻이 서로 충돌하는 가운데 불안한 권력의 승계가 이루어졌다. 헤롯은 유언장(그는 몇 개의 버전을 가지고 있었다)을 통해 그의 아들 중 셋을 통치자로 임명했다. 유대는 아르켈라오스, 갈릴리는 안티파스, 그리고 갈릴리 북쪽과 서쪽에 이르는 영토[10]는 필립. 물론 그의 결정은 논란을 불러일으켰다. 로마에 있던 안티파스는 아우구스투스 황제에게 아르켈라오스를 내쫓으라고 부추겼다. 또 다른 대표단은 헤롯 가문의 왕을 원하지 않으며 시리아의 로마 총독이 직접 통치하게 하라고 요구했다.

예루살렘에서 군중들은 아르켈라오스에게 세금을 감면하고, 죄수를 방면하며, 소비세를 없애고, 새로운 대제사장을 임명해 주기를 촉구했다. 유월절에 폭동이 일어났고, 군인들은 질서 회복을 위해 약 3천 명을 죽였다. 시리아의 로마 총독이 헤롯의 궁전과 보물을 장악하려 하고, 헤롯 군대가 예루살렘에서 포위되었을 때, 갈등과 폭력이 더욱 격화되었다(『유대고대사』 17.200-268). 일련의 사건들로 유대 전역에 반란이 촉발되었다. 죽은 헤롯 왕에게 충성한 군대들이 아르켈라오스에게 충성한 사

---

9 *Josephus*(Thackeray).
10 즉 가울라니티스, 트라코니티스, 바타나에아, 파네아스.

람들을 공격했다. 그리고 갈릴리의 세포리스에서 왕좌를 노리는 유다가 이끈 상당한 무리가 왕궁을 공격하고 무기를 빼앗고 재산을 약탈했다. 유다는 헤롯에 의해 처형당한 히스기야라 하는 반역자의 아들이었다. 헤롯의 노예였던 시몬도 왕권에 대한 야심이 있었고 그를 따르는 무리가 있었다. 그들은 시몬이 살해되기 전에 몇 개의 궁궐을 약탈하고 불태웠다. 아트롱게스 역시 왕권에 대한 야심과 대규모의 추종자, 그리고 전쟁 계획을 갖고 있었다. 그들은 기습 공격으로 로마와 고위층 유대인들을 공격해 재산을 몰수하고 공포를 조성했다(『유대고대사』 17.269-285). 요세푸스는 "유대 땅은 온통 강도들로 들끓었다"(『유대고대사』 17.285)라고 말했다.[11]

아르켈라오스는 서기 6년까지 10년간 왕위를 유지했다. 그의 가혹한 통치에 대한 불만에 자극을 받아, 아우구스투스는 그를 골(Gaul) 지방으로 추방시켰다. 유대는 시리아에 병합되었고 로마 총독이 직접 통치하는 로마 제국의 지방이 되었다. 초기 예수를 믿는 자들과 관련된 가장 유명한 총독은 폰티우스 필라투스(본디오 빌라도)이다. 그는 서기 26년에서 약 36년까지 다스렸다.

서기 6년 아르켈라오스가 제거된 이후의 권력 이동은 더욱 대중의 동요를 불러일으켰다. 서기 6-7년 동안 시행된 인구 조사는 대제사장들

---

11 *Josephus*(Thackeray).

에게 지지를 받았지만, 유다와 사독이 이끈 집단은 이를 반대했다. 이들은 인구 조사를 강제적인 노예제도로 여겼다. 또한 어떤 로마인도 자신들의 주인이 아니며 오직 하나님께만 충성한다고 주장했다. 이후에 이어진 사회적 불안은 극심했다. 반역자들의 급습, 재산 약탈, 고위층 암살, 식량 공급 두절로 인한 기근, 잔인한 보복 등이 끊이지 않았다(『유대고대사』 18.4-10).

헤롯의 다른 아들들은 관직에서 꽤 오래 버텼다. 안티파스는 서기 39년까지 갈릴리를 다스렸다. 그는 세포리스를 재건했고, 갈릴리 바다 서쪽 해안에 아우구스투스의 후계자인 황제 티베리우스(서기 14-37년)의 이름을 따서 티베리아스(디베랴)라고 불리는 또 다른 도시를 세웠다. 안티파스가 갈릴리에서 행한 통치는 20대 후반의 예수가 공적 활동을 시작할 수 있는 환경을 조성했다. 또한 안티파스는 세례 요한의 선동이 두려워 그를 처형한다. 역사가 요세푸스가 보고하길, 어떤 사람들은 헤롯의 군대가 패배한 것이 요한을 처형한 데 대한 하나님의 심판이라 여겼다고 한다(『유대고대사』 18.116-119). 서기 39년 안티파스는 권력 투쟁에서 패하고 가이우스 칼리굴라 황제는 음모 혐의로 그를 제거한다. 그가 죽자 필립이 33/34세까지 통치한다. 필립은 가장 먼저 파네아스라는 도시를 재건하고 도시 이름을 황제와 자신의 이름을 따서 가이사랴 빌립보라 개명했다.

안티파스의 통치 말기에, 대규모의 비폭력 시위가 발생한다. 유대인

그림 4.4. 가이우스 칼리굴라의 두상

들의 예배 의식을 향한 공격 행위는 드물었는데, 가이우스 칼리굴라 황제는 시리아의 총독(legate) 페트로니우스에게, 필요하면 공권력을 동원하여 예루살렘 성전에 가이우스 동상을 세우라고 명령했다. 그는 약 200년 앞선 기원전 160년대에 있었던 안티오코스 에피파네스의 전철로부터 배운 게 없음이 분명하다.

그러자 "수많은 유대인들이 (갈릴리 해변의) 프톨레마이스에 있는 페트로니우스를 찾아왔"고, 다시 티베리아스에 찾아왔다(요세푸스, 『유대고대사』 18.263-272).[12] 그들은 대규모의 연좌시위를 벌이며 이 명령을 실행하지 말아 달라고 페트로니우스에게 간청하면서, 황제를 대항해 전쟁을

---

12 같은 책.

하겠다는 것이 아니라 "율법을 어기느니 차라리 죽는 것이 낫다"고 선언했다. 그리고 나서 "그들은 얼굴을 땅에 대고 목을 길게 늘어뜨리고 기꺼이 죽겠노라고 부르짖었다"(『유대고대사』 18.271).[13] 밭에 나가 경작하는 일을 등한시하면서, 기근과 세금 체불의 위험을 무릅쓰고 40일 동안 이런 평화적인 저항을 계속했다. 페트로니우스는 목숨을 걸고 황제에게 그들의 뜻을 전하기로 동의하고 나서 무리들을 해산시켜 생업에 종사하게 했다. 하나님께서는 비를 내려 곡물이 잘 자라게 하심으로 그들의 충성심에 보상해 주신다. 이는 기적으로 여겨졌다. 황제가 죽고, 동상 설치 계획이 폐기되자 페트로니우스의 행위는 존경을 받았다(『유대고대사』 18.273-309).

결론

권력을 행사하면, 반드시 저항이 따랐다. 그래서 기원전 63년 이후 로마의 통치가 시행되는 동안 중요한 시기마다 대중의 저항은 사건 발발에 중요한 작용을 했다. 이런 사건들은, 식민지화하려는 로마의 권력, 지역 엘리트들의 모호한 역할, 그리고 무력한 백성들의 (드물지만 표출되는) 소망 사이에 복잡한 충돌이 있음을 보여 준다. 나타난 상황에 관련된 다수의 인물들 사이의 복잡한 역학 관계를 이렇게 정리할 수 있다.

---

13 같은 책.

- 헤롯의 통치에 대한 상당한 불만과 보다 나은 미래에 대한 소망 표출
- 유대 독립을 향한 열망
- 유대인들 사이에 존재하는 관점의 다양성
- 지역 역학에 대한 로마의 둔감함
- 자신의 이익과 권력을 유지하는 동안 외국인 주인을 기쁘게 하려는 지역 엘리트들
- 일부 불만을 가진 지역민들의 폭력 행사
- 그리고 순응과 항의가 혼합된 비폭력

예수 추종자들과 로마 권력

기원후 1세기 로마 제국 전반에 걸쳐, 예수를 믿는 자들도 로마 권력과 '협상'해야 하는 상황에 직면한다. 예수를 믿는 자들은 서기 약 30년쯤 로마가 십자가에 매단 한 사람에게 헌신했다(다음 장에서 살펴볼 예정이다). 그렇다면 그들은 예수에 대한 충성심을 지키면서도 어떻게 이 제국 땅에서 자신만의 길을 만들어 갔을까?

유대인들이 로마 권력에 다양한 방법으로 '협상'해 갔듯이 예수의 제자들도 그랬다. 몇 가지 다양하고 복잡한 상호작용을 관찰하기 위해, 먼저 로마서 13장의 바울을 살펴본 후에, 요한계시록 13장을 볼 것이다.

권력에 대한 긍정적 평가

신약 성서의 몇몇 저술에서 예수를 믿는 사람들은 조용하고, 품행이 바르며, 충성된 시민으로 묘사된다. 예를 들어 그들은 황제를 위해(황제께가 아니라) 기도한다(딤전 2:1-2; 딛 3:1-2). 베드로전서는 신자들에게 사회적으로 협력하며 선한 삶을 살라는 일반적인 교훈의 일환으로, 왕/황제를 존대할 것을 가르친다(벧전 2:13-17).[14] 황제를 존중하는 방법으로는 세금을 내고, 황제를 위해 기도하고, 황제의 형상에 제물을 바치는 것 등이 포함될 수 있다. 가끔 상인 조합 같은 다양한 단체들뿐만 아니라 시민들이 주요 공공 행사에서도 제물이나 제사를 드리는 경우가 있었다.

베드로전서는 신자들에게 우상과 관련된 활동에 참여하길 권하는 것인가? 이상하게 들리겠지만 그것이 베드로전서의 전략인지도 모른다. 분명 이 같은 요청은, 기독교인들은 사회에 협력하는 행동으로 좋은 평판을 얻어야 한다는 베드로전서의 나머지 주장과 일치한다. 그래서 베드로전서는 내면에 온전함을 유지하면서 사회적으로 법을 지키고 공공의 활동을 허용하는 동시에 "너희 마음에"(3:15) 그리스도를 존중하라고 독자들에게 권한다. 그리고 베드로전서는 우상과 관련된 지나친 행

---

14 Warren Carter, "Going All the Way? Honoring the Emperor and Sacrificing Wives and Slaves in 1 Peter 2:13-3:6," in *A Feminist Companion to the Catholic Epistles and Hebrews*, Amy-Jill Levine 편(London: T&T Clark, 2004), 14-33.

동은 비난하면서(4:3) 우상 자체는 비난하지 않는다.

로마서 13:1-17에 나오는 바울의 교훈은 오랫동안 해설자들을 곤혹스럽게 만들었다. 바울은 제국의 수도에 있는 교회들에게 "위에 있는 권세들에게 복종하라"(13:1)고 가르친다. 그는 신학적인 이유를 제시한다. 1-2절에서 바울은 지배권을 가진 로마의 통치자가 "하나님으로부터" 온 것이며, 하나님께서 "정하신" 것이고, "하나님의 명"이라고 세 번이나 선언한다. 다음 네 구절에서는 로마의 통치자가 선한 행위에 상을 주고 악한 행위에 벌을 주며, "선을 베푸는" 자이며, "하나님의 사역자"임을 세 번 강조했다(13:3-5). 6-7절에서 바울은 "복종"하라는 그의 교훈과 같은 맥락에서 조세를 바쳐야 한다고 가르친다.

바울이 "복종"을 강조하는 것은 분명해 보인다. 그러나 로마서 13:1-7을 다른 문맥과 연결해 본다면 그게 이야기의 전부는 아니다. 하나님께서 로마의 통치자를 임명하셨다는 말은 권위를 매우 치켜세우는 듯하다. 이것이 때로 많은 사람들에게 끔찍한 결과를 가져왔다는 것을 바울 역시 잘 알고 있었다. 로마서의 다른 본문에서 바울은 로마 국가를 그렇게 치켜세우지 않는다. 바울은 모든 것들이 죄로 인해 오염되었으며 하나님의 심판 아래에 있다고 말한다(1:18-3:20). 13:1-7의 바로 앞 장인 12:1-2에서, 바울은 신자들에게 이 세대, 즉 로마 제국의 세대를 본받지 말라고 말한다. 그래서 13:1-7 다음에 거의 바로 이어지는 본문에서 그는 세상에 임하는 심판의 날이 가까웠다고 상기시킨다(13:11-12).

13:1-7에서 그는 하나님의 뜻을 행하지 않거나 모든 사람의 유익을 위해 정의를 행하지 않고 그저 하나님의 목적에 반대하는 위에 있는 권세들과 어떻게 관계를 맺어야 할지에 대한 일반적인 문제를 제기하는 것이 아니다.

관찰들을 통해 우리는 이 본문에서 바울이 보편적 교훈을 제시하고 있는 것이 아님을 알 수 있다. 그는 로마 제국과 관련해 로마에 있는 교회들이 직면하고 있는 특별한 상황을 염두에 두고 있다. 예를 들어, 로마서 13:6-7에서 조세 납부의 중요성을 언급하는 것은, 아마도 어떤 이들이 세금을 내지 않겠다고 했기 때문일 것이다. 바울은 그와 같은 행동에 동의하지 않고 로마 당국에게 협력할 것을 권한다. 만약 그렇다면, 13:1-7은 제국에 대해 조심스럽게 비판도 하면서 이 상황에서는 법을 지키라고 권하는 것이다.

권력에 대한 부정적 평가

신약 성서의 다른 저술들은 로마 권력에 대해 매우 부정적인 평가를 내리면서, 예수를 믿는 자들에게 완전히 다른 방식으로 접근하기를 권하고 있다.

계시록 13장은 제국이 마귀의 지배를 받고 있다는 계시를 말한다.[15]

---

15 요한계시록의 주제에 대한 이해하기 쉬운 논의를 추천하자면, Warren Carter, *What Does Revelation Reveal? Unlocking the Mystery*(Nashville: Abingdon, 2011).

12장은 마귀를 "온 천하를 꾀는" 용으로 그린다. 용, 즉 마귀는 "하나님의 계명을 지키며 예수의 증거를 가진 자들"(계 12:9, 17)을 공격한다. 13장은 마귀가 땅에서 마귀의 일을 하는 두 짐승 혹은 대행자를 거느리고 있다고 밝힌다.

13:1-10에서 첫째 짐승은 로마 제국, 특히 황제를 가리키는데, 꼭 네로 황제가 떠오르도록 묘사되었다(서기 54-68년). 사람들은 용과 이 짐승 모두에게 경배한다. 황제 숭배는 널리 장려되었지만, 강요하지는 않았다. 요한이 강조하는 것은 황제 숭배 참여는 곧 마귀 숭배 참여와 같다는 것이다.

13:11-18에 묘사된 둘째 짐승은 사람들로 하여금 첫째 짐승에게 경배하고 제국의 경제 활동에 참여하도록 부추긴다(16-17절). 아마도 이 짐승은 제국 총독이나 매우 부유한 지역 엘리트들을 가리키는 것으로 보인다. 그들은 요한계시록 2-3장에 언급된 일곱 교회가 위치하고 있는 일곱 도시와 같은 도시에 근거지를 두고 있었다. 이들은 다양한 시민 행사를 조직하고 후원했으며 성전과 동상을 세우고 의식 행렬의 선두에 섰다. 또한 이들은 상인과 수공업자 조합의 후원자이면서 황제 숭배와 상업 활동을 고무시키는 일에 대제사장처럼 섬겼다. 사람들은 살아남기 위해 이들 시민 네트워크와 경제 네트워크에 참여해야만 했다.[16]

---

[16] 둘째 짐승의 표지(13:16-17)는 사고 파는 것을 통제한다. 이것은 사람들에게 새겨진 바코드 같은 문자적인 표지가 아니다. 오히려 믿는 자들을 확인하는 대조적인 표지 같은 것이다(7:3-4). 이 표지는 충성심, 소유

"짐승" 곧 로마 제국을 마귀의 대행자로 간주하는 요한계시록의 요점은, 예수를 믿는 자들은 짐승의 활동에서 멀어져야 한다는 것이다. 저자는 제국이 사악하고 위험하다고 묘사한다. 신자들은 시민 축제에서 하는 황제를 숭배하는 일에 참여해서는 안 된다(이는 벧전 2:17의 가르침과는 반대다). 경제 활동에 참여해서도 안 된다. 저자는 2-3장에서 언급한 일곱 교회들의 신자들이 이 제국의 세계에서 너무 안락하고 편안한 것에 매우 염려한다. 세상 속에 너무 많은 교회가 있고, 교회 안에 너무 많은 세상이 있는 것은 문제이다. 그러나 불행하게도 저자는 그들이 경제, 문화, 사회, 정치적으로 제국에서 떨어져 나온다면, 어떻게 살아남아야 하는지는 분명하게 제시하고 있지 않다.

요한계시록은 로마와 그 제국의 멸망에 대한 비전 또는 환상을 제공하면서 마친다. 따라서 18장은 로마의 종말을 기리는 애가(哀歌)다. 18장은 "땅의 왕들"과 "땅의 상인들"과 "선장과 선원들"의 고통스러운 목소리를 사용하여, 로마의 국제적 연결고리와 매일의 경제적 영향력 등 모든 것이 하나님의 심판으로 파괴될 것임을 강조한다. 19-22장은 로마의 몰락과 하나님의 통치 확립에 관한 일곱 개의 환상 혹은 그림을 제공한다. 그 그림 중 하나는 마지막 전투에 대한 것인데, 이로 인해 로마 지배

권과 점유와 대한 것이다. 이 표지는 악마와 제국에 대한 충성심을 의미한다. 18절은 그 표지가 숫자 "666"이라고 확인한다. 고대세계에서 알파벳 안의 문자들이 숫자값을 가지는 것은 상식적인 일이었다. 666에 대한 가장 보편적인 설명은, 이것이 히브리어 형태가 아닌 그리스어 형태에서 "네로 황제"를 의미한다고 보는 것이다.

를 보장해 주었던 강력한 군사 조직이 무너지고 만다(19:17-21). 또 다른 그림은, 13장에서도 묘사했듯, 로마 왕좌 뒤에 숨은 권력인 마귀의 패배를 묘사한다(20:1-3). 그리고 또 다른 그림은 로마를 대신한 새로운 도시, 즉 새 예루살렘을 그리고 있다. 새 예루살렘은 하나님의 뜻이 드러나는 곳이며, "다시는 사망이 없고 애통하는 것이나 곡하는 것이나 아픈 것이 다시 있지 아니"하는 곳이다(21:1-22:7).

메시지는 분명하다. 로마의 운명은 정해져 있고, 신자들은 제국과 관계를 맺어서는 안 된다. 그러나 요점은 열렬히 강조하면서도, 요한계시록은 제국과 얽히지 않고 사는 법에 대한 프로그램은 제공하지 않는다.

신약 성서에서 계시록만이 로마 제국을 이토록 부정적으로 제시한 것은 아니다. 복음서 역시 일부 부정적인 관점을 내놓고 있지만, 제국이라는 상황에서 일상을 살기 위한 약간의 전략과 실천사항들이 부정적 판단과 섞여 있다. 대립과 적응, 이 두 가지가 팽팽하게 맞서고 있다.

마태복음과 누가복음에 기록된 시험에 관한 장면에 (마가복음에는 없지만) 예수와 마귀 사이의 긴 대화가 나온다(마 4:1-11; 눅 4:1-11). 세 번째 시험(누가복음에서는 두 번째 시험)에서, 마귀는 예수께 만약 자신에게 "엎드려 경배하면," "천하만국"을 주겠다고 한다(마 4:8-9; 눅 4:5-6). 하나님의 아들이요, 대행자인 예수는 이를 분명히 거절하고 하나님께 충성을 다한다. 그러나 중요한 것은 두 복음서 모두 마귀가 천하만국을 배분할 권세를 가졌다고 표현한 점이다. 마귀는 로마 제국의 배후였다.

두 복음서에서 로마 제국은 예수의 사역의 장소이자 대상으로 여겨진다. 마태는 제국의 폭력성을 폭로한다. 앞에서 살펴봤듯이, 로마의 통치 방식 중 한 가지는 유대왕 헤롯처럼 분봉왕을 통해서였다. 마태는 헤롯이 스파이를 보내고(예수가 태어난 곳을 알아내도록 박사들을 보냄, 2:8), 거짓말을 하고("나도 가서 그에게 경배하게 하라", 2:8), (베들레헴의 남자 아기들에 대한) 살인적인 폭력성으로 자신의 권력에 위협이 되는 존재를 제거하는 장면을 묘사한다. 헤롯의 아들 안티파스도 자신의 결혼을 비난하던 세례 요한을 없애 버린다(마 14:1-12).

마태복음은 또한 로마의 다른 동맹인 예루살렘 지도자들에 대해서도 매우 부정적이었다. 기독교 독자들은 대제사장을 비롯해 서기관, 사두개인, 그리고 바리새인들이 단순히 "종교 지도자들"이라고 생각해 왔다. 그러나 그런 식의 이해는, 종교와 정치를 분리시킬 뿐만 아니라, 그들이 갖고 있던 사회적 리더십이 얼마나 중대했는지를 인식하지 못한 것이다. 예수가 무리를 보고 "목자 없는 양과 같이 고생하며 기진함이라"고 말했을 때, 그의 공격 대상은 다름 아닌 사회 지도층이었다(마 9:36). 그들은 사회 지도자로서 역할을 다하지 못했고, 권력을 남용했으며, 사회를 향한 비전을 상실했다. "목자"는 흔히 사회 지도층, 황제, 왕에 대한 은유로 사용되었다. 이는 특히 에스겔 34장에 나오는 백성들을 돌보고 먹이지 않은 이스라엘 지도자들에 대한 비난을 상기시킨다.

예를 들어, 마태복음 15장에서 예수는 부모를 돌보지 않는 이스라엘의 지도자들을 비난한다. 21:13에서는 성전을 "강도의 소굴"로 삼은 그들을 비난한다. 이는 예레미야 7장(11절을 보라)에 등장하는, 강압적 통치를 일삼는 성전 지도자들을 향한 비난과 일맥상통한다. 마태복음 23장에서 예수는 그들의 착취, 탐욕, 위선 등을 비난한다. 이들은 로마의 동맹자요, 제국의 면면을 드러내는 자들이면서도 또한 이스라엘의 전통과 정체성을 대표하기도 했다.

복음서에서 로마 세계가 하나님의 심판 아래 놓여 있다고 묘사하는 것은 놀라운 일이 아니다. (다니엘서 같은) 종말론적 전승에 의지하고 있는 복음서는 예수를 하나님의 통치를 위임 받은 인자로 소개한다. 그는 다시 돌아와 하나님의 통치를 온전히 실현할 것이다. 마지막 전투에서 로마 군대는 로마 권력을 승인했던 우주의 신들과 함께 멸망하고, 온 민족에게 생명을 주시는 하나님의 통치, 즉 하나님 나라가 세워질 것이다(마 24:27-31).[17] 예수의 제자들은 이 일을 위해 기도해야 한다. "나라(또는 제국)가 임하시오며 뜻이 하늘에서 이루어진 것같이 땅에서도 이루어지이다"(마 6:9-10).

바울도 로마와 같은 세상 제국을 넘어 하나님의 통치가 분명하고도 필연적으로 승리할 것에 대한 비전을 갖고 있었다. 고린도전서 15:23-

---

17 나는 이 주장을 다음에서 자세하게 설명했다. "Are There Imperial Texts in the Class? Intertextual Eagles and Matthean Eschatology as 'Lights Out' Time for Imperial Rome(마 24:27-31)," *Journal of Biblical Literature* 122(2003): 467-487.

24에서 그는 하나님의 뜻이 최종적으로 성취되는 모습을 이같이 묘사하고 있다. "그러나 각각 자기 차례대로 되리니 먼저는 첫 열매인 그리스도요 다음에는 그가 강림하실 때에 그리스도에게 속한 자요 그 후에는 마지막이니 그가 모든 통치와 모든 권세와 능력을 멸하시고 나라를 아버지 하나님께 바칠 때라." 바울이 살던 세상에서 "통치와 권세와 능력"은 로마에 속해 있었다. 그는 로마 통치의 종식에 대한 비전이 있었다. 역설적이게도 하나님의 통치 확립에 대한 이 비전은, 멸망 당할 제국 세계의 특징인 강력한 권력의 격렬한 행사를 고스란히 모방한다.

그렇다면 예수의 제자들은 그동안 어떻게 제국에 관여해야 하는가? 바울은 교회들에게 편지를 보내면서 그들이 함께 교제하는 가운데 하나님의 통치에 대한 기쁜 소식을 삶으로 드러내야 한다고 권한다. 바울이 고린도 교인들에게 화가 났던 것은 그들이 주의 만찬을 기념할 때마다 당시 관습에 얽매이고 계급적이며 사회에 만연한 식사 관행을 고스란히 드러냈기 때문이다(고전 11:17-34). 이런 관행은 권력과 부와 신분에 따라 엘리트 계층과 그렇지 않은 사람들을 나누던 제국 세계의 방식을 강화시킨다. 주의 만찬 때 이런 나눔은 대개는 사람들이 가져오는 음식의 양과 질에 따라 이루어진다. 신분이 높은 사람들은 보다 좋은 음식을 보다 많이 먹고 마실 수 있었다. 그래서 고린도교회 신자들이 모여 주의 만찬을 기념할 때도 이런 관습이 그대로 이어졌다. 그 결과 "어떤 사람은 시장하고 어떤 사람은 취하"게 되었다(고전 11:21). 바울은 격노했다. 바울은 이런 관습이 "하나님의 교회를 업신여기고 빈궁한 자들을 부끄럽게 하"(고전 11:22)는 것이라고 말했다. 이런 관습은 모든 사람에게 공평하게 베푸시는 하나님의 은혜를 저버리는 것이다. 그것은 "유대인이나 헬라인이나 종이나 자유인이나 다…한 몸"이라는 교회의 비전을 저버리는 것이기도 하다(고전 12:13 참조).

복음서들도 마찬가지로 사람들에게 제국을 등지라고 하지 않는다. 예를 들어 예수를 믿는 자들은 세금을 낸다(마 17:24-27; 22:15-22). 또한 복음서들은 제국과 폭력으로 맞서라고 제자들을 가르치지 않는다. 예수는 폭력을 금했다. "악한 자를 폭력적으로 대적하지 말라"(마 5:39, 저자 사역). 오히려 그의 제자들은 제국 한가운데 살면서, 제국의 불의함을 드러내야 한다. 예수는 제국의 폭력을 흡수해 그 잔혹함을 노출시키는 전략으로 "왼뺨을 돌려 대라"고 제자들을 가르친다. 뿐만 아니라 예수는 속옷이나 망토를 내놓으라고 채권자에게 고발당한 사람들에게 외투까지도 벗어 건네주라고 가르친다. 힘없는 사람들을 모욕하고 착취하려는 제국주의자의 끝없는 욕망을 드러내는 방편인 셈이다.

그들은 또한 제국주의 방식이 만들어 낸 온갖 폐해를 고칠 수 있는 전혀 다른 방식의 사회적, 미시경제적인 삶을 구현해야 한다. "네게 구하는 자에게 주며 네게 꾸고자 하는 자에게 거절하지 말라"(마 5:38-42). 굶주린 자들에게 먹을 것을 주고, 목마른 자들에게 마실 것을 주며, 나그네를 환대하고, 헐벗은 자들에게 옷을 입히고, 병든 자들을 돌보며,

옥에 갇힌 자들을 방문하는 등의 행동이야말로 가장 중요하다(마 25:31-46). 예수가 했던 이런 일들은 이제 그 제자들도 따라야 한다. 그는 "가난한 자에게 복음을 전하게 하시려고…기름을 부으시고…포로 된 자에게 자유를, 눈먼 자에게 다시 보게 함을 전파하며 눌린 자를 자유롭게 하고 주의 은혜의 해를 전파하게 하려 하"신다(눅 4:18-19). 병든 자를 치유하고 귀신을 내쫓고 굶주린 자를 먹이고 소외된 자들과 함께 먹는 것—복음서에서 예수가 반복해서 했던 일들—은 단순히 깜짝 놀랄 만한 능력을 과시하려는 게 아니다. 이런 행위들은 하나님의 통치와 그 나라의 도래를 알리는 표적이다. 이런 행위들은 로마 세계의 불의함을 역전시키고 하나님께서 이루실 세상을 조금이나마 엿보고 기대하게 한다.

결론

유대인들이 현실로 존재하는 로마의 권력 앞에서 여러 다양한 방식으로 '협상'해 나갔듯이, 예수를 믿는 자들 역시 그랬다. 사람들은 종종 로마가 지배하는 세계에서 그들만의 방식으로 살아남기 위해 여러 전략을 동시에 택하기도 했다.

5.
예수의 십자가 죽음
(서기 30년경)

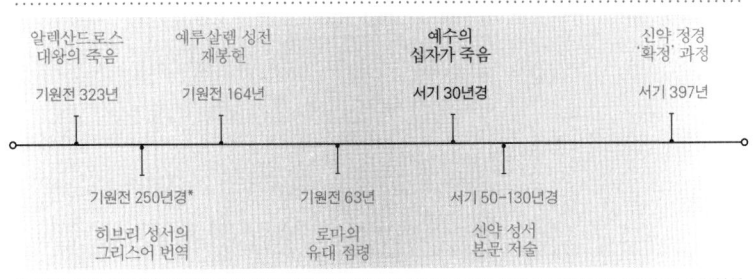

사람들은 십자가를 장신구로 사용한다. 십자가를 회사 로고의 일부로 사용하는 곳도 있다. 십자가는 옷에 그려지기도 한다. 십자가를 노래하는 사람들도 있다. 교회는 공개적으로 십자가를 전시한다. 십자가는 기독교 전통의 거의 유일한 상징이라 할 수 있다. 칼, 단두대, 교수대, 전기의자, 주사기 등 사형에 처하는 다른 상징들이 십자가처럼 대중화되어 사용된 적이 있는가?

다섯 번째 핵심 사건은 서기 30년경 일어난 예수의 십자가 처형 사건이다. "경"이라는 단어는 중요하다. 이상하게 들릴지 모르겠지만 기독교에서 대단히 중요한 이 사건의 정확한 날짜를 아는 사람이 없다. 그

그림 5.1. 필라투스의 비문

저 예수의 십자가 사건이 일어났을 법한 기간을 알 뿐이다. 십자가 사건은 약 서기 26년에서 37년 사이, 필라투스(빌라도)가 유대의 총독이었을 때 일어났다고 알려져 있다. 그 범위 안에서 더 정확한 시기는 알 수가 없다. 그러니 서기 30년경(ca. 30 CE)은 꽤 훌륭한 어림수다. "경"을 의미하는 "ca."는 "약"(about) 혹은 "거의"(approximately)의 뜻을 지닌 라틴어 'circa'의 축약형이다. 그래서 서기 30년경(ca. 30 CE)은 "서기 30년 쯤"(about 30 CE)을 의미한다.[1]

---

[1] 이 장에서 참고할 저서들은 다음과 같다. Martin Hengel, *Crucifixion*(Philadelphia: Fortress, 1977), (『십자가 처형』대한기독교서회)(주제에 걸맞게 헹엘은 아르헨티나에서 1977년 5월에 인권을 위한 투쟁에 연루되어 고문 끝에 살해당한 에른스트 케제만 교수의 딸 "엘리자베스 케제만을 기념하며" 이 책을 헌정했다.); Joseph Fitzmyer, "Crucifixion in Ancient Palestine, Qumran Literature, and the New Testament," *Catholic Biblical Quarterly* 40(1978): 493-513; Richard Horsely, *Jesus and the Spiral of Violence: Popular Jewish Resistance in Roman Palestine*(San Francisco: Harper&Row, 1987); Rich-

예수의 십자가 사건은 신약의 저술들과 여러 외경 본문에 다수의 증언이 담겨 있다. 사복음서는 예수가 십자가 처형을 당하기까지 이어지는 여러 사건들을 설명하는 수난 기사를 제공한다. 의미심장하게도 사복음서는 십자가 처형 자체에 대해서는 자세한 언급을 제공하지 않는다. 십자가 사건에 대해 감정을 배제하고 담담하게 묘사하면서 그 고통이나 상처나 피 등에 대해서는 자세히 설명하지 않는다. "십자가에 못 박고 그 옷을 나눌새 누가 어느 것을 가질까 하여 제비를 뽑더라"(막 15:24). 사도행전 역시 예수의 십자가 죽음을 언급하고 있으며(행 2:23, 5:30, 10:39), 바울도 "우리는 십자가에 못 박힌 그리스도를 전하니"(고전 1:23, 갈 3:13)라고 선언한다.

신약 성서 외에도 예수의 십자가 사건을 언급하는 글들이 있다. 하나의 예로 유대인 역사가 요세푸스는 이렇게 썼다. "빌라도는…그(예수)를 십자가형에 처하도록 판결했다(『유대고대사』 18.63-64).[2] 이 본문이 후대 기독교인 독자에 의해 첨가되거나 적어도 편집되었을 거라고 의심하는 사람들도 있다. 그리고 로마인 역사가 타키투스는 그리스도인이라

---

ard Horsley and J. S. Hansen, *Bandits, Prophets, and Messiahs: Popular Movements at the Time of Jesus*(San Francisco: Harper & Row, 1988); K. C. Hanson and Douglas E. Oakman, *Palestine in the Time of Jesus: Social Structures and Social Conflicts*(Minneapolis: Fortress, 1998); Bart Ehrman, *Jesus: Apocalyptic Prophet of the New Millennium*(Oxford: Oxford University, 1999); David Chapman, *Ancient Jewish and Christian Perceptions of Crucifixion*(Tübingen: Mohr Siebeck, 2008; Grand Rapids: Baker Academic, 2010).
2 *Josephus*, Thackeray 등 번역, 13권, Loeb Classical Library(Cambridge: Harvard University Press, 1926-1965).

는 명칭이 '그리스도'에게서 나왔다고 설명하면서 "그는 티베리우스 집권 당시 총독이던 폰티우스 필라투스의 선고로 사형에 처해졌다"(『연대기』 15.44)[3]고 썼다.

예수의 십자가 사건을 이해하려면, 누가 그리고 어떤 이유로 로마가 지배하는 유대에서 십자가에 못 박혔는지 살펴보아야 한다. 이는 예수의 십자가 사건과 함께 "누가" 그리고 "왜"라는 질문으로 우리는 이끌어간다. 그러고 나서 신약 저자들이 십자가 죽음의 의미를 해석하는 몇 가지 방식을 살펴보기로 하자.

누가 십자가에 못 박혔는가?

십자가형은 유대인 역사가 요세푸스 시대에 "가장 처참한 죽음"(『유대전쟁사』 7.202-203)이었다.[4] 십자가형은 보통 채찍질을 포함한 고문과 함께 집행되었고 조롱과 사회적인 모욕을 주는 것이 특징이었다. 십자가형은 일반인들을 위한 형벌은 아니었다. 로마의 법 체계는, 법적 권한이 부여되는 사회적 지위와 연계되어 있었다. 형벌은 범죄의 경중 자체보다는

---

[3] Tacitus, *The Histories and the Annals*, C. H. Moore and J. Jackson 역, 4권, Loeb Classical Library(Cambridge: Harvard University Press, 1937).
[4] *Josephus*(Thackeray).

십자가에 못 박힌 강력범과 노예들

키케로는 부패한 베레스 총독이 반역을 위해 음모를 꾸민 노예들을 십자가에 못 박지 않았다고 불평한다(『베레스』 2.5.9-13). 타키투스는 "십자가형은 보통 노예들에게 적용되었다"고 언급한다(『역사와 연대기들』, 4.11).[1] (당연히 남성인) 풍자시인 유베날리스는 『풍자시집 6』에서 "여성들의 행태"를 꼬집으면서, 아무 잘못 없는 노예를 남편더러 십자가형에 처해야 한다고 주장하는 변덕 심하고 철없는 한 여인을 예로 든다. 유베날리스에 따르면 그녀의 요구는 여덟 남편 중 하나인 그 "남편을 좌지우지하려는" 하나의 방법이었다(6.219-230). 마르티알리스는 준공을 마친 로마 콜로세움에서 (서기 81년경) 상연된 연극을 묘사한다. 그 연극에는 라우레올루스로 불린 저주받은 반역자가 십자가에 못 박히는 장면이 나온다. 유죄 선고를 받은 한 죄수가 콜로세움 공연에서 라우레올루스 역을 맡아 평생 단 한 번뿐인 연기를 한다. 그가 십자가에 달리면 곰 한 마리가 그를 공격한다.

십자가에 달린 라우레올루스는 곰의 공격에 속수무책으로 목숨을 잃는다. 심하게 훼손된 사지는 피를 흘린 채 살아 있었다. 그의 온몸 어디에서도 온전한 부분을 찾을 수 없었다.

마르티알리스는 "라우레올루스"가 부모를 공격하거나 칼로 주인의 목을 베거나 성전에서 도둑질하거나 로마를 공격하는 등의 범죄를 저지른 것에 대한 형벌을 받았다고 지적한다(『경구시』 7).[2]

---

1. Tachitus, *The Histories and the Annals*, C. H. Moore and J. Jackson 공역, 4권, Loeb Classical Library(Cambridge: Harvard University Press, 1937).
2. *Epigrams*, D. R. Shackleton Bailey 역, 3권, Loeb Classical Library(Cambridge: Harvard University Press, 1993).

죄인의 사회적 지위를 고려해 수위를 정해야 한다고 여겼다.[5] 참수형이나 칼로 자결하는 등의 사형 집행 형태들은 좀 더 명예로운 방법으로 간주되어 높은 지위의 사람들에게 적합한 것으로 여겨졌다.

십자가 처형 방식은 보통 로마 시민들에게는 적용되지 않았다. 예외가 있다면 반역죄 같은 경우였다(십자가 처형을 통해 피고인에게 시민의 자격이 없음을 보여 준다). 또 다른 예외는 부패한 권력자가 이 방식을 남용하는 경우였다(이 형벌을 남용하는 자가 통치자의 자격이 없음을 스스로 보여 준다)![6] 십자가형은 강력 범죄자들 그리고 대개는 반란을 일으킨 노예 등 낮은 계급민들에게 시행되었다.

강력 범죄자나 노예들을 처벌하는 것뿐만 아니라 십자가형은 특별히 반란을 일으킨 외국인을 처형할 때도 사용되었다. 전쟁 중이든 사회적으로 불안정한 시기든 관계 없이, 강도들이나 폭력 테러리스트, 무장 게릴라 집단 등은 주로 지배 계급민들과 그들의 자산을 공격했다. 그에 대한 응징은 항상 신속하고 폭력적이었으며 많은 이들이 십자가에서 최후를 맞았다.

기원전 63년 로마가 유대 전역을 지배하게 되면서(앞선 4장) 로마는 반란을 일으킨 자들을 처형하는 방법의 하나로 십자가형을 시행하기 시작했다. 로마는 또한 사람들에게 겁을 주어 순응하게 만드는 수단으로

---

5   키케로는 이 부분에 대해 *Rab. Perd.*, 9-17에서 주장했다.
6   키케로는 로마 시민을 십자가에 못 박은 시실리 총독, 베레스를 고발한다(*In Verrem* 2.5.162-163).

이 십자가형을 사용했다. 로마 연설가 퀸틸리아누스는 십자가형이 은밀히 집행되지 않았다고 설명하는데, 이는 미국의 사형제도와 같다. 오히려 십자가 형벌은 사람들이 많이 다니는 도로 같은 곳에서 공개적으로 집행되었으며, 그럼으로써 가능한 많은 사람들이 두려움을 갖게 만들었다. "범죄자들을 십자가에 못 박을 때마다 우리는 가장 많은 사람들이 이용하는 길을 선택했다. 되도록 많은 사람들이 보고 공포에 사로잡히게 만든 셈이다. 모든 형벌은 범죄자를 처벌하는 것뿐만 아니라 본보기를 세우는 역할을 하기 때문이다"(lesser declamations 27.4.13).[7] 이렇게 공개적으로 집행되는 십자가형은 로마의 평화(Pax Romana)를 유지하는 데 일조했다. 이 "평화"는 로마가 주도하는 안정적인 사회, 경제, 정치적 질서를 가리키며, 로마 지배층과 지역 동맹들의 이익을 위해 움직이는 군사들에 의해 강화되었다. 이 같은 질서 유지를 위한 경제, 사회, 군사적 필요들을 채우기 위해 지배층이 아닌 속주 주민들의 법령 준수와 복종이 요구되었다.

유대 사회에서 이런 질서를 위협하는 주된 세력은 반란을 도모하는 집단이나 강도들이었다. 그렇다고 온 유대가 기원후 첫 세기 내내 반란을 도모하는 세력으로 들끓었다고 생각한다면 잘못이다. 사실 그렇지는 않았다. 그러나 요세푸스는 로마를 자기네 땅에서 몰아내야 한다고

---

[7] *Quintilian*, Donald A. Russel and D. R. Shackleton Bailey 공역, 7권, Loeb Classical Library(-Cambridge: Harvard University Press, 2002-2006).

유대 반란 세력과 대중이 세운 왕들

헤롯이 죽던 기원전 4년경, 유다, 시므온, 아트롱게스처럼 왕좌를 노리던 이들은 지역 엘리트 계급이 소유한 사람들과 재산을 공격하고, 자기만의 방식으로 권력을 쥐겠다는 의도에서 스스로를 왕으로 선언함으로써 대중의 불안을 야기했다(요세푸스, 『유대고대사』, 17.269-285).

기원후 첫 세기 중반 펠릭스(벨릭스)가 총독이었을 때(서기 52-60년) 요세푸스는 저항이 광범위하게 일어났다고 보고한다. 이런 저항의 양상은 다양했다. 모든 유대인이 무기를 든 것은 아니었다. 농부들은 대개 폭력에 의지하지 않았다는 연구가 있다. 그들은 폭력이 성공하지 못한다는 것을 잘 알고 있었다. 대신 그들은 비폭력적이고 겉으로는 저항으로 보이지 않는 수단들을 강구했다. 소문을 퍼뜨리고 세금을 회피하며, 법령을 준수하는 시늉을 하고, 복수와 정의가 실현되는 가공의 이야기를 만들어 내는 식이었다. 그러다 간혹 폭력 사태가 일어나면 가혹하고도 절망적인 환경에 시달렸다.

요세푸스가 시카리라고 부른 집단은 단검을 외투 속에 숨기고 군중 속에 섞여 들어가 주요 인물들을 암살하곤 했다. 그들에 의한 희생자 중 하나가 대제사장 요나단이다. 그 외에도 요세푸스가 거짓 예언자라고 부른 사람들이 있는데(요세푸스는 그들을 무시하는 차원에서 이런 표현을 쓰고 있다) 그들은 로마의 지배로부터 구원해 주겠다는 하나님의 계시를 받았다고 주장했다. 한편, 예루살렘을 직접 공격한 이들도 있었다(『유대전쟁사』, 2.254-263). 로마는 이 모든 반역 행위를 격퇴시켰다.

하지만 이로 인한 무질서가 진정되는가 싶으면, 또 다른 지역에서 연이어 소란이 일어났다. 사기꾼들과 강도들이 연대하여 반란을 일으키도록 사람들을 선동했다. 사람들에게 독립을 외치도록 부추기기도 하고, 로마의 권력에 복종하는 자들을 죽이겠다 위협하기도 하고, 로마에 의한 예속을 자발적으로 수용한 자들을 제거하도록 압력을 가하기도 했다. 그들은 무리를 지어 온 나라를 다니며 부유한 자들의 집을 털고 집주인

> 을 살해하고 마을을 불살랐다.
>
> – 『유대전쟁사』 2.264-265¹
>
> 66-70년 사이에 로마에 대항한 전쟁이 광범위하게 일어났다. 반란을 일으킨 세력들 사이에서도 많은 내부 갈등이 있었고, 그로 말미암아 다수의 유대 지도자와 분파들이 출현했다. 69-70년의 긴 예루살렘 공성전 후에 로마는 반란군을 무찌르고 예루살렘을 파괴하고, 헤롯 왕에 의해 막 재건된 성전을 불살랐다.
>
> 1 *Josephus*, H. St. H. Thackeray 등 번역, 13권, Loeb Classical Library(Cambridge: Harvard University Press, 1926-1965).

생각하는 사람들 때문에 그 세기 내내 반란 시도가 잦았다고 이야기한다. 로마는 신속하고도 잔인한 군사 보복으로 로마의 "평화"를 위협하는 폭동에 응징을 가했다.

십자가형은 로마가 반역자들을 응징하는 수단 중 하나였다.

- 기원전 4년경 헤롯 왕이 죽은 후, 몇몇 인물들이 스스로 왕이라고 선언했다. 지지자들을 결집시키고 지역 엘리트를 공격하여 그들의 재산을 약탈하고 로마의 지배에 도전했다. 요세푸스에 따르면, 시리아 총독이었던 바루스가 그 지지자들을 감옥에 수감했으며, 그중 가장 위협적인 2천 명의 폭도들은 십자가에 못 박았다고 한다(『유대고대사』. 17.285, 295; 『유대전쟁사』 2.75).

- 로마 총독 티베리우스 알렉산드로스(이 이름이 다시 등장했다!)는 서기 46-48년 사이에 권력을 행사했는데, 갈릴리 출신 유다의 아들인 야고보와 시몬을 십자가에 못 박았다. 요세푸스는 인구 조사가 실시된 서기 6년에 헤롯의 아들 아르켈라오스가 유대 지역에서 쫓겨난 후, 유다가 로마의 "노예화" 정책에 맞서 반란을 이끌었다는 사실을 상기시킨다(『유대고대사』 18.4-10; 20.102). 그러면서도 요세푸스는 정작 야고보와 시몬이 재판에 넘겨져 십자가에 못 박힌 이유를 설명하진 않는다. 추측컨대, 두 아들이 아버지의 행적을 따랐기 때문일 것이다.
- 쿠마누스가 유대 총독일 때 시리아의 총독으로 있던 콰드라투스는 사마리아인들과 유대인들을 "반란에 가담한 죄로" 십자가에 못 박았다(『유대고대사』 20.129; 『유대전쟁사』 2.241-244).[8]
- 펠릭스가 총독으로 다스리던 서기 50년대에 반란자의 수가 점점 늘었다. "그가 십자가에 못 박은 반란군과 공모죄로 처형한 일반인의 수가 셀 수 없이 많았다"(『유대전쟁사』 2.253).[9] 반란자들이 너무 많아 펠릭스 총독은 날마다 "반란자들을 사형에 처했다"(『유대고대사』 20.160-161).[10]
- 플로루스 총독(서기 64-66년)은 계속해서 사회 불안을 부추겼고, 그 결과 66년에 전쟁이 발발했다. 그는 예루살렘 성전의 보물을 약탈했

---

8 *Josephus*(Thackeray).
9 앞의 책.
10 앞의 책.

다. 긴장이 고조되었고 그는 군인들을 보내 예루살렘 상류층의 거주지를 습격했다. "많은 시민들이 체포되어 플로루스 앞에 끌려갔고 채찍질 당한 다음 십자가에 못 박혔다." 나름 상류층이었던 요세푸스의 시각에서 볼 때, 플로루스가 "행정장관급의 고위층 사람들뿐만 아니라 유대인 출신이나 로마 관직을 지닌 사람들을 채찍질하고 십자가에 못 박은 후에" 사정은 더욱 악화되었다(『유대전쟁사』 2.306-308).[11] 요세푸스가 고위층의 십자가 처형에 이토록 불쾌했던 이유는 무엇인가? 그가 알기로 십자가형은 하류층에게 적용되어왔지, 이런 상류층에 적용된 예가 없었기 때문이다. 이런 처형 행태는 치명적 상해를 입히는 것에 더해 수치와 모욕을 주었다. 그렇다면 플로루스 총독은 왜 이 같은 일을 벌였을까? 아마도 그가 무능하고 둔감하며 (요세푸스의 말을 빌리자면) 잔인했기 때문일 것이다. 또는 그들의 행동을 로마 권력에 도전하는 반역으로 여겼기 때문일 것이다. 그렇다면 십자가형이 지나친 형벌은 아니라고 생각했을 것이다.

- 서기 66-70년에 이르는 전쟁 기간 동안 (69년에 황제가 된) 로마의 베스파시아누스 장군은 어떤 정보도 내놓지 않으면서 "미소 짓는" 유대인 반란군들을 십자가에 못 박았다(『유대전쟁사』 3.320-321).
- 전쟁 동안 베스파시아누스의 아들 티투스를 포함해 여러 로마 사령관

---

11 앞의 책.

> **십자가에 못 박힌 사람들은 어떻게 죽는가?**
>
> 십자가형 집행에 정해진 순서는 없는 것 같다. 때로 희생자들은 채찍질을 당한 다음 십자가 처형 장소로 행진했다. 그들은 각기 다른 자세로 십자가에 못 박힌 것으로 보인다. 요세푸스는 로마 군인들이 "제멋대로" 다양한 방식으로 희생자들을 십자가에 못 박았다고 주장한다(요세푸스, 『유대전쟁사』 5.451).[1] 과연 못을 손바닥에 관통시켰다면 그 못이 희생자의 몸을 제대로 지탱할 수 있었을지, 손/발목에 못을 박은 후 밧줄까지 묶었는지 그렇지 않은지, 다리를 쭉 뻗었는지 구부렸는지에 대해서는 논란이 있다.
>
> 사인에 대해서도 논란이 있다. 예전에는 희생자들이 질식사로 죽었다는 이론이 지지를 받았다. 벌려진 팔은 가슴에 충격을 가하고 숨을 쉴 수 없게 만든다. 그럴 경우 죄수는 빨리 죽는다. 현대에 와서는 희생자가 쇼크로 죽는다는 이론이 지지를 얻고 있다. 첫 번째 충격은 십자가에 못 박힐 거라는 예측에서 오는 정신적 고통이다. 그 다음 충격은 채찍질인데, 신경과 피부, 근육에 심각한 외상을 입히고 발한, 발작, 탈수, 탈진을 일으킨다. 십자가 처형 장소로 걸어가 손과 발을 십자가에 못 박히는 것도 이런 증상을 악화시킨다.[2]
>
> 1. *Josephus*, H. St. J. Thackeray 등 번역, 13권, Loeb Classical Library(Cambridge: Harvard University Press, 1926-1965).
> 2. 자세한 논의를 위해 Vassilios Tzaferis, "Crucifixion-The Archaeological Evidence," *Biblical Archaeological Review* 11(1985): 44-53을 보라. Frederick Zugibe, "Two Questions about Crucifixion: Does the Victim Die of Asphyxiation?", *Bible Review* 5(1989): 34-43. 십자가에 못 박힌 희생자의 매장에 대해서는 John Granger Cook, "Crucifixion and Burial", *New Testament Studies* 57(2011), 193-213을 보라.

들은 유대인들을 겁주기 위해 십자가형을 사용했다. 티투스는 예루살렘의 항복을 이끌어 내기 위해 69-70년의 포위 공격 기간 동안 매일

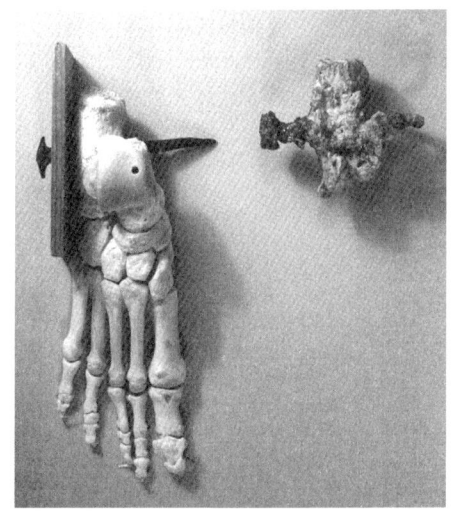

그림 5.2. 발뒷꿈치뼈와 못

예루살렘 밖에서 "500명이나 때론 그 이상의" 사람들을 십자가에 못 박았다(『유대전쟁사』 5.289, 449-451).[12]

- 사실 보존된 기록도 얼마 없지만, 이 모든 기록에도 불구하고 고고학자들이 십자가에 못 박힌 사람들의 유골을 거의 발견하지 못한 것은 놀라운 일이 아닐 수 없다. 1968년에 예루살렘 북동쪽에서 발견된 유골이 적어도 하나는 있다. 그 유골은 키가 166센티미터이고 24-28세 정도의 여호하난으로 불리는 남자의 것이었다. 여호하난의 다리뼈는 부러져 있었고 양쪽 발뒷꿈치뼈에 강철 못이 관통해 있었다. 발뒷꿈치

---

12 앞의 책.

뼈에는 올리브나무 조각이 붙어 있었다. 그는 기원후 1세기 어느 때인가 앞에서 언급한 대규모 반란군 십자가 처형 기간이나 또는 이와 유사한 범법 행위로 소규모 처형 기간에 희생된 것으로 보인다.

어떤 사람들이 십자가에 못 박혔는가? 로마의 통치에 위협 당하고 이에 맞선 낮은 신분의 사람들, 노예들, 강력범들, 반역자들이다. 십자가형은 궁극적으로 이런 메시지를 주었다. "너희가 우리 가운데 있는 것을 원하지 않는다." 십자가에 대한 책이 『사형의 역사』, 『단두대의 역사』, 『교수형』, 『고문과 처형의 역사』와 같은 제목의 책들과 나란히 도서관에 꽂혀 있는 것은 놀라운 일이 아니다. 이 사실은 예수의 십자가 사건을 이해하는 중요한 배경을 제공한다.

예수의 십자가형은 대략 서기 30년경: 왜?

예수가 죽임을 당한 방식(십자가형) 외에도, 그가 로마의 통치에 맞선 반역죄로 십자가형에 처해졌음을 보여 주는 몇 가지 관찰이 있다.

어떤 관찰은 예수와 함께 십자가에 못 박혔던 사람들과 관련이 있다. 마가복음(15:27)과 마태복음(27:38) 두 본문 모두 예수가 "강도" 또는 반역자들과 같이 십자가에 못 박혔다고 전한다. 누가복음은 "범죄자", "행악자"(23:32-33, 39)를 의미하는 보다 일반적인 단어를 사용하는 반면, 요한은 그들의 정체를 "다른 두 사람"(19:18, 32)이라고 다소 모호하게 표현한다. 마태와 마가가 사용한 단어는 "강도"로 번역되는데, 같은 단어를 요세푸스는 앞서 언급한 반역자들이나 폭력 테러리스트, 혹은 무장 게릴라 집단을 표현하는 데 사용했다. 우리가 이미 살펴보았듯, 로마의 통치에 반역을 저지른 이 같은 인물들은 누구나 할 것 없이 로마나 지역 군대에 의해 죽임을 당하거나 십자가에 못 박혀 죽었다. 예수는 그와 같은 부류의 두 사람과 함께 십자가에 못 박혔다. 당신이 어떤 사람인지는 당신 곁에 있는 친구들을 보면 알 수 있다.

둘째 관찰은 예수가 반역자로 처형된 이유를 명확하게 알려 준다. 모든 복음서들은 필라투스가 예수를 가리켜 "유대인의 왕"이라 하는 표지판을 십자가 위에 붙였다고 전한다. 마태복음 27:37을 읽어 보자. "그 머리 위에 이는 유대인의 왕 예수라 쓴 죄패를 붙였더라." 쉽게 말해 "이 사람은 유대인의 왕 예수다"라고 쓴 것이다. 이는 마가복음(15:26)과 누가복음(23:38)도 똑같이 말하고 있다. 요한복음은 이 죄명에 주의를 기울인다. 한번 읽어 보자. "나사렛 예수, 유대인의 왕"(요 19:19). 요한복음은 이것이 세 가지 언어로 쓰여져서 모든 사람들이 읽을 수 있었다고 보고한다(19:20). 대제사장들은 이 문구를 고쳐 예수가 '실제로' 유대인의 왕이었다는 게 아니라, '자칭' 유대인의 왕이었음을 명확히 하기를 원했다(19:21). 필라투스는 그들의 요구를 거절했다(19:22).

십자가 위에 걸린 이 "유대인의 왕"이라는 고발은 십자가의 서곡이 된 예수와 필라투스 사이에 일어난 대립의 특징을 이룬다. 사복음서 모두에서 필라투스는 예수에게 직접 "유대인의 왕"이냐고 묻는다(마 27:11, 막 15:2, 눅 23:3, 요 18:33). 군인들은 예수를 "유대인의 왕"이라고 조롱한다(마 27:29-31, 막 15:16-20, 눅 23:36-37, 요 19:2-3). 마태복음은 예수의 십자가 죽음을 설명하면서 이 용어를 세 번 반복하고, 마가복음은 다섯 번, 누가복음은 세 번, 요한복음은 일곱 번 반복한다. 이와 같은 반복은 이 용어가 얼마나 중요한지 보여 준다. 그러나 왜 "유대인의 왕"이 조롱 당하고 십자가에 못 박혀야 하는가?

　먼저 이것은 승인과 권위의 문제다. 로마가 분봉왕을 통해 제국의 일부를 다스리길 원할 때면 왕을 임명했다. 로마 제국에서 이 방법 외에 왕이 될 수 있는 다른 방법이 없었다. 로마의 축복 없이는 어떤 왕도 있을 수 없었다. 지난 장에서 우리는 기원전 40년 로마가 헤롯을 분봉왕으로 임명했다는 사실을 살펴보았다. 기원전 4년에 헤롯이 죽었을 때, 로마는 헤롯의 아들 아르켈라오스가 유대를 통치하도록 허락했다. 이것이 제대로 이루어지지 않자 로마는 서기 6년 아르켈라오스를 제거했다. 또한 우리는 헤롯이 죽은 후에 로마의 허락 없이 왕이 되고자 했던 유다, 시므온, 아트롱게스의 전말을 살펴보았다. 그들은 붙잡혀 죽임당했다.

　로마와의 전면전이 발생한 66-70년에도 왕위를 노리는 인물들이 나타났고 하나같이 같은 방식으로 처리되었다. 가장 선두에 섰던 인물은

그림 5.3. 십자가상

시몬 바르 기오라로서, 그를 따르던 사람들은 "그의 명령을 왕의 명령"처럼 복종했다(『유대전쟁사』 4.510).[13] 왕처럼 차려입은 채 시몬은 결국 로마에 항복했다(『유대전쟁사』 7.29). 로마는 시몬을 패배한 사람들의 불법적이고 반역적인 왕으로 처형했다(『유대전쟁사』 7.154). 시몬은 로마의 허락 없이 스스로 왕이 되려 했다. 로마는 이것을 반역 행위로 간주했고, 로마 권력을 위협하는 존재로 여겼다. 시몬은 처형되었다.

둘째로 예수가 "유대인의 왕"으로 십자가에 처형된 것은, 그가 로마 권위에 반하는 지도력과 통치를 실행한 것으로 이해되었음을 나타낸다.

---

13 앞의 책.

그는 로마가 허락한 적 없는 왕권을 주장한 것처럼 이해되었다. 허가되지 않은 통치권을 주장하는 사람들에 대해 제국은 인내하지 않았다. 로마의 승인이 없었기에 예수는 반역자로 십자가에 못 박혔다.

셋째 관찰은 바라바의 역할에서 찾을 수 있다. 필라투스는 예수와 악명 높은 죄수, 바라바 중 하나를 놓아 주겠다고 제안한다(마 27:15-26; 막 15:6-15; 눅 23:18-25). 마가복음은 바라바가 "민란 중에 살인하고 체포된 자"라고 말한다(막 15:7, 눅 23:19에서도 거의 비슷하게 반복됨). 요한복음은 명쾌하게 바라바가 "강도", 즉 반역자였다고 확인한다(요 18:40). 필라투스가 보기에 예수와 바라바는 꽤 공정한 거래였다. 그놈이 그놈이었으니 말이다.

예수, 반역자 왕

이는 보통 주일학교에서 가르치는 예수의 이미지와 거리가 멀다. 이것은 분명 "친절하고 온화하고 부드러운 예수"가 아니다. 그러나 친절하거나 영적이거나 기도하기 때문에 십자가에 못 박힌 사람은 없다. 대개는 반역자들이었기에 십자가에 못 박혔다. 예수는 공생애 동안 무슨 일을 했길래 반역자 왕으로 십자가에 못 박혔는가? 복음서들에 따르면, 예수가 적극적으로나 공개적으로 자신이 "유대인의 왕"이라고 선언하지 않았기에 이 질문은 더욱 탐구해 볼 가치가 있다.[14] 모든 사실을 짚어 볼 수는 없고, 세 가지 요인을 살펴보려 한다.

하나님의 제국/나라 선포하기

하나님 나라는 예수의 공생애 사역의 주제곡이었다. 사역 초기에 그는 자신과 자신의 공적 활동을 언급하면서 "하나님의 나라가 가까이 왔다"(막 1:15)고 알렸다. 그는 하나님의 나라, 또는 하나님의 통치를 비유로 이야기했다(막 4장). 그는 사람들을 치유하고 먹이고 귀신을 내쫓고 소외된 사람들을 환대하고 함께 식사하면서 하나님 나라가 어떠할지를 보여 주었다. 그는 제자들에게 "(당신의) 나라가 임하"시길 하나님께 기도하도록 가르쳤다(마 6:10; 눅 11:2). 그가 사용한 표현들은 모든 민족을 다스리는 왕, 특히 이스라엘을 다스리는 왕이신 하나님에 대한 오랜 전승을 떠올리게 했다. 또한 이는 백성들 가운데 하나님의 통치를 구현하도록 기름부음을 받은, 위임을 받은 자들인 이스라엘의 왕들에 대한 한 전승을 떠올리게 했다.

이토록 선하고 삶을 변화시키는 교훈과 행적을 펼쳤을 뿐인데, 예수는 왜 십자가에 못 박히고 말았는가? 답은 명확하다. 통치 권력자들은 누군가가 또 다른 나라나 제국을 주장하기 시작할 때 매우 예민해지기

---

[14] "유대인의 왕"이라는 표현은 복음서에서 오직 수난 기사와 마태복음 2:2, 동방 박사들이 쓸 때만 나온다.

마련이다. 그 나라에는 당연히 왕들이 있기 때문이다.

'나라'라는 단어는 우리에게 매력적이고 위험하지도 않은 단어로 느껴진다. 현대의 신약 주석가들은 예수가 말한 '나라'를 영적인 차원으로 개인화시키고 내재화시켰다. "예수가 나의 마음을 다스린다"거나 "예수는 내 삶의 왕이다"라는 의미로 만든 것이다. 그러나 예수가 사용한 언어는 그보다 훨씬 더 범위가 넓은 것이다. 우리가 "나라"(kingdom)라는 말로 번역하는 명사는 보통 성서의 전승에 따르면 "제국"(empire)으로 번역된다. 이 단어는 바빌론, 메데, 페르시아, 그리스(단 2:37-45), 알렉산드로스 대왕(마카베오1서 1:1-6), 안티오코스 에피파네스(마카베오1서 1:16), 그리고 로마(요세푸스, 『유대전쟁사』 5.409) 같은 제국을 나타낸다. 이런 맥락은 예수가 사용한 단어에 매우 다른 의미를 부여한다.

예수가 "하나님의 제국"에 대해 말했을 때, 그는 지중해 세계를 지배하는 로마 제국을 배경에 놓고 말한 것이다. 제국이라는 말은 하나님의 통치가 단지 개인적이고 내적인 것이 아니라 하나님께 예속된 "나라들"을 포함하고 있음을 보여 준다(마 25:31-46; 32절 참조, "민족"). 이 단어는 정치적, 사회적, 경제적, 문화적 차원을 아우른다. 만약 당신이 총독이나 군사령관이어서 유대 지방에서 로마 제국을 대변하는 자로 날마다 살고 있다면, 누군가 다른 제국에 대해 이야기할 때 매우 예민해지지 않겠는가?

로마의 예루살렘 동맹들

앞서 설명했듯이, 로마는 지역의 고위층들과 동맹을 맺고 통치하기를 좋아했다. 로마는 로마의 권력과 혜택을 지배층으로 알려진 가능한 모든 이들과 나누었다. 유대에서 이 전략은 예루살렘을 기반으로 한 제사장 계급의 사람들과 손을 잡는다는 것을 의미했다. 바로 요세푸스가 유대의 지도자들로 묘사한 이들이었다(『유대고대사』 20.251). 로마 당국은 대제사장을 임명했고, 성전 바로 옆 요새에 제사장 예복을 보관해 두었다. 대제사장은 자신의 예복을 입기 위해 옆에 있는 문을 지나가야만 했다. 이로 인해 관리 감독이 확실하게 이루어졌고, 누가 상관인지 계속해서 상기시킬 수 있었다. 가야바는 서기 18-36년까지 대제사장으로 남아 있었는데 이는 그가 기도를 열심히 했겠다는 추측뿐만 아니라, 그가 로마의 상관들을 기쁘게 하는 면에서 정치적으로 대단히 영리했음을 보여 준다. 기본적으로 로마 총독들과 대제사장 집단은 좋은 동맹이었다. 왜냐하면 양자는 자기 권력을 유지하고 현재의 사회 구조를 지키고 싶어 했기 때문이다.

복음서의 설명에 따르면, 예수는 예루살렘의 지도층 무리들, 그리고 그들의 대리자들과 갈등을 일으켰다. 갈등의 중심에는 하나님의 뜻과 사회적 관습에 대한 해석의 대립이 있었다. 예를 들어 마태복음 15:5-6에서 예수는 늙고 궁핍한 부모들로부터 재산을 취해 하나님께 (그리고 성전과 제사장들에게) 드리는 자들을 축복하는 지도자들의 행태를 비난한다.

가장 심각한 갈등은 종려주일에 예수가 그들의 권력 기반인 예루살렘 성전에 들어간 후에 일어났다(마 21:12-17). 그는 환전상의 탁자를 뒤집어엎고 성전을 "강도의 소굴"로 만든 것을 비난하며 이사야 56:7과 예레미야 7:11을 인용했다. 예수는 지도자들을 향해 백성을 착취하는 자들이라며 공격했다. (가난한 사람들을 억압하고 성전 안에 있으면 안전하리라 착각하는 성전 지도자들을 향해 끊임없이 예언자적 책망을 가하는) 예레미야 7장을 인용하며 그들이 하나님께 정죄를 당할 것이라고 했다. 예수의 이런 행동은 친구를 사귀거나 인간관계를 넓히는 효과적인 방법은 아니었다.

게다가 얼마 후에 그는 성전이 파괴될 것이라고 선포한다(마 24:1-4). 예루살렘 지도자들의 권력 기반이 사라질 것이란 얘기다. 이 같은 선언은 성전에 대한 하나님의 심판이 임박했음을 효과적으로 알렸다. 이런 선언을 내뱉은 자가 목숨을 부지하기란 힘들었다.

로마의 동맹인 유대 지도층은 그런 공격을 참을 수 없었다. 예수는 힘 있는 로마와 손을 잡은 성전 지도자들에게 맞서고 그들과 대척점에 서게 되었다. 그의 십자가 죽음은 불가피했다.

예루살렘 지도자들과 로마 총독이 모의해 예수의 십자가형이 집행되기까지의 과정을 살펴보는 일은 꽤 흥미롭다. 예수가 지도자들을 공격하는 비유들을 말하고(마 21-22장), 그들의 위선을 지적하고(23장), 그들이 지배하는 세상의 종말을 알리면서(24-25장) 긴장은 더욱 커진다. 지도자들은 예수를 필라투스에게 넘긴다. 처형 권한은 총독에게 있었기 때문이다(요 18:31).

로마 총독과 예루살렘 지도자들 간의 상호작용이야말로 예수가 죽음에 이르는 과정을 담고 있는 이야기 속에서 작용하는 가장 핵심적인 동력이다. 당시 필라투스는 권력 기반이 약했던 인물이었으며 예루살렘의 지도자들로부터 예수를 십자가에 못 박으라는 압력을 받은 것으로 알려져 있다. 그러나 실은 그렇지 않다. 로마 총독들은 결코 약하지 않았다. 게다가 필라투스는 자신의 동맹인 예루살렘 지도자들에게 대적으로 지목된 인물이라면 당연히 자신에게도 대적이 된다는 점을 알고 있었다. 그렇다고 예루살렘 지도자들의 요구를 그대로 수용해 예수를 처형할 수는 없었다. 그런 처신을 보인다면 대중들은 필라투스를 예루살렘 지도자들의 종처럼 인식하게 될 것이다.

필라투스는 예수를 십자가에 못 박겠다는 자신의 결정을 지지할 무리들이 필요했다. 그는 먼저 예수가 얼마나 많은 지지를 받는지 보려고 무리들에게 바라바와 예수 중 하나를 택하도록 제안한다. 그가 예수에게 어떤 처분을 내리길 원하는지 묻는다(막 5:9). 예루살렘 지도자들에 의해 동요된 무리들은 바라바를 놓아 달라고 소리친다(막 15:11). 필라투스는 무리들에게 예수가 무슨 죄를 저질렀는지 묻는다(막 15:12, 14). 그들은 십자가형을 요구하고(막 15:13-14), 필라투스는 예수를 십자가에 못 박지 않겠다는 말로 지도자들과 무리들을 조롱한다. 그러자 응당 무리들은 예수를 십자가에 못 박으라고 더욱 소리를 질러 간청한다(마 15:14). 이제 필라투스는 무리들을 자기가 원하는 바대로 움직일 수 있게 되었다. 무리들은 필라투스가 시키는 일이면 무엇이든 다 하겠다는 태도로 그의 권력에 기대어 그만 바라보고 있었다. 비록 필라투스가 그들의 뜻에 따르는 것 같아 보였지만 말이다(15:15).

필라투스는 약하거나 우유부단한 것이 아니라 영리했다. 필라투스는 어쨌든 예수를 십자가에 못 박으려고 했다. 질문을 던지면서 필라투스는 얼마나 많은 사람들이 예수를 지지하는지 확인했고, 반역자 왕을 십자가에 못 박는 것에 대한 대중의 지지를 얻어 냈다. 필라투스에게는 기분 좋게 일을 마친 날이었다.

종말론적 위협들

로마 권력에 도전하면서도 예수는 앞서 살펴 봤던 다른 반역자들과 달리 폭력에 의존하지 않았다. 비록 (다른 반군 지도자들처럼) 그 역시 무리들이 따랐지만 예수는 그들에게 폭력 사용을 금했다. "악을 행하는 자들에게 폭력적으로 맞서지 말라"(마 5:39, 저자 사역). 왜 예수는 폭력 사용을 포기하고 금했을까?

예수의 가르침에 담긴 종말론적 관점으로 일부 설명해 볼 수 있다. 예수는 종말론적 선지자였다. 비록 그는 자신의 가르침과 행동을 통해 하나님의 제국 또는 통치가 지금 임했음을 알렸지만 또한 하나님의 개입을 통해 장래에 그 나라가 완성될 것이라고 알렸다. 그는 지금(now) 그리고 아직(not yet)이라는 시간의 두 기둥 사이에서 사역했다. 지금, 이미, 하나님의 제국과 통치는 그의 사역을 통해 역사하고 있다. 그러나 아직 하나님의 뜻은 완전히 성취되지 않았다. 예수가 말했듯이 하나님의 뜻, 하나님의 통치가 완전히 성취되는 그 때는 아직 오는 중이다.

여러 사건들이 한데 모이면 이 성취가 실현될 것이다. 한 가지 사건은 예수가 하나님의 통치 대행자로 이 땅에 재림하는 것이다. 예수는 다니엘 7장을 끌어와 하나님의 통치를 대변하는 인자가 바로 자신임을 드러낸다(막 14:62; 마 26:64). 다니엘 7장에서 이 통치는 이 세상 제국들에 대한 하나님의 심판 다음에 온다. 그렇다면 이것은 로마 제국과 그 동맹들에게는 좋은 소식이 아니다. 그들이 알고 있듯 그때가 되면 제국 세상이 끝나고 그들이 누리던 권력과 특권도 잃게 될 것이다. 하나님의 대행자 예수는 이것을 성취할 것이라고 주장했다. 이런 메시지를 전하는 메신저는 죽여 마땅하지 않은가!

다른 사건은 모든 민족들에 대한 심판이다. 예수는 인자가 이 땅에 와서 모든 민족을 자기 앞에 모으고 "목자가 양과 염소를 구분하는 것 같이" 구분하는 장면을 묘사한다(마 25:32). 하나님의 복을 받는 기준은 그 민족들이 굶주린 자, 목마른 자, 이방인, 병든 자, 헐벗은 자, 그리고 갇힌 자들을 돌보았는지와 관계가 있다. 도움이 필요했던 사람들은 대개는 제국의 희생자들이었다. 제국의 엘리트들이 점점 더 부유해지고 권력을 가지는 동안, 이들은 자기들이 가진 것마저 수탈당하고 말았다. 하나님께서 심판을 내리시는 기준은 얼마나 많은 권력과 지위와 부를 축적했는가, 얼마나 많은 노예를 거느렸는가, 얼마나 많은 적들을 죽였는가에 있지 않다. 이것들은 제국에서 성공했음을, 그리고 '위대한 인물'임을 가리키는 통상적인 표지였다. 예수에 따르면, 무력하고 약한 자들을 적극적으로 돌보았느냐는 것이 하나님의 기준이다. 연약한 자를 무시하면 그 때문에 형벌을 받게 된다는 것이 하나님의 의중이다. 이런 장면을 묘사함으로, 예수는 그들이 지금 권력을 누리는 이 세상은 종말을 맞고 이 세상에 대한 하나님의 정죄가 임박했음을 선언한다. 아이러니하게도 미래에 이런 폭력이 기다리고 있는 한, 현재의 폭력은 없어도 된다.

소수만 많이 소유하고 다수는 거의 소유하지 못하는 방식에 기초해 인간의 상호작용이 이루어져서는 안 되며, 그 대안이 될 만한 매력적인 사례를 누군가 제시한다면, 어떤 제국이든 두려워하기 마련이다. 제국은 이렇게 선언하는 사람을 두려워한다. "이런 방식이어서는 안 된다. 모든 사람을 위한 더 나은 방식이 있다." 예수는 인간 공동체를 형성하는 대안이 될 만한 방식을 제시했고, 잃을 게 너무 많았던 권력자들은 예수를 십자가에 매달아 죽여야만 했다.[15]

---

15   왜 예수의 제자들은 예수와 함께 십자가에 못 박히지 않았는가? 이 질문은 오랫동안 역사학자들을 괴롭혀 왔다. 나는 제자들에 대한 뚜렷한 후속 조치가 없었던 데에는 두 가지 요인이 있었다고 본다. (1) 필라투스

예수의 십자가 죽음에 대한 해석

예수는 제자들에게 자신의 십자가 처형에 담긴 의미를 풀어 놓은 설명서 같은 것을 남기지 않았다. 필라투스에게 "예수는 십자가에 못 박고 세상이 원하는 대로 하시오. 이들의 죄는 그가 없앨 것이오"라는 메모를 남기지도 않았다. 제자들은 십자가의 의미를 찾아내야만 했다. 2천 년 동안 예수의 제자들은 십자가 사건을 이해하려고 노력해 왔다. 십자가에 담긴 의미는 무엇인가? 대체 그것은 무엇을 뜻하는가? 이 질문에 대한 해석은 언제나 현재진행형이다. 예를 들면 내가 운전해서 학교에 갈 때마다 지나치는 어느 교회 현판에 이런 글귀가 있다. "천국으로 가는 열쇠는 못에 걸려 있다." 그런 문구는 성서에 없다. 이것은 예수의 십자가 사건에 대한 매우 현대적인 해석이다.

기독교 전통에는 예수의 십자가 사건을 바라보는 다양한 관점들이 존재한다. 그러나 일부 기독교 전통은 어느 하나의 관점에만 집중하고 이런 다양성은 무시한다. 예를 들어 예수의 십자가 사건이 죄를 위한 희생이었다는 관점만 강조한 결과 다른 여러 해석들이 빛을 잃게 되었다.

신약 성서에 수많은 해석들이 존재한다는 사실을 보면, 예수를 따른

가 군중들에게 선택하게 한 후, 그는 예수에 대한 지지가 변변치 않다는 사실을 발견했다. (예수는 바라바만큼도 인기가 없었다.) 필라투스는 예수를 처형하는 것만으로도 소요를 잠재우는 데 충분하다고 여겼다. (2) 예수와 예수의 제자들은 유대 고위층과 그 재산에 위해를 가하지 않았다. 필라투스는 성전에서 예수가 한 행동이나 세상의 종말이 올 거라는 위협 정도는 그의 십자가 죽음으로 수그러들 것이라고 여겼다.

초기 신자들에게 예수가 십자가에서 "가장 끔찍한 죽음"을 당한 것을 이해하는 것이 얼마나 긴급한 과제였는지를 반증한다(요세푸스, 『유대전쟁사』 7.203).[16] 십자가에서 무슨 의미를 찾을 수 있었을까? 십자가는 어떤 중요성을 갖고 있는가? 반역자로 십자가에 못 박힌 사람을 따르는 제자들로서 로마 제국을 살아간다는 것은 어떤 의미인가? 2장에서 살펴보았듯, 신약의 저자들은 구약 본문에서 언어와 이미지를 빌려 왔다. 예를 들어 그들은 예수에게 무슨 일이 일어났는지 이해하기 위해 시편에서 찾은 고난받는 의인의 패턴을 빌려 온다(예를 들어, 시편 22편). 그들은 하나님의 뜻에는 신실하나 사람들의 지도자들에게는 거절 당하는 예언자의 개념을 빌려 온다(눅 13:33-34). 이런 예들은 많은 이해들 중 몇 가지에 불과하다.

바울

바울은 예수의 십자가 죽음을 여러 가지로 해석한다. 그중 하나가 로마서 3:25에 나오는데, 예수의 십자가 죽음은 "그의 피로 말미암는 화목제물"이었다. "피"를 언급함으로써 십자가와 희생을 떠오르게 한다. 바울은 "화목제물"(sacrifice of atonement)이란 말을 사용하는데, 그 단어는 70인역에서 "속죄소"(the mercy seat), 즉 "언약궤"의 뚜껑을 가리킨다

---

16 *Josephus*(Thackeray).

(출 25:17-22; 레 16장). 해마다 속죄일에 죄 씻음을 위해 이곳에 희생의 피가 뿌려졌다(레 16:13-16). 바울은 그 이미지를 빌려 오면서도 예수의 십자가는 죄가 제거되는 "곳"(place)이라고 말씀을 재해석한다.

그러나 십자가에 못 박힌 반역자 예수가 어떻게 죄의 대속을 위해 죽음을 당하는 희생제물 예수로 이해될 수 있는가? 흥미롭게도 바울이 로마서 3:25에서 사용한 "화목제물"이란 표현이 마카베오4서 17:22에도 나타난다. "경건한 자들이 흘린 피와 '속죄 제물'(an atoning sacrifece)이 된 그들의 죽음을 통하여, 하나님께서 학대 당하던 이스라엘을 지키셨다." 마카베오4서는 외경에 포함되어 있다. 그 책은 아마도 1세기 초, 바울이 편지를 쓰기 수십 년 전에 기록되었을 것이다.

마카베오4서는 지난 장에서 토의했던 마카베오1서와 2서의 전승에 속한다. 마카베오2서는, 앞서 살펴보았듯 엘르아살이라는 나이 든 유대인, 일곱 형제들과 그들의 어머니를 포함해 믿음을 버리라는 안티오코스 에피파네스의 칙령에 굴복하기보다 끔찍한 순교를 선택한 사람들(마카베오2서 6-7장)의 이야기를 들려준다. 마카베오4서는 그 이야기를 좀 더 자세히 설명해 준다. 마카베오2서에 따르면, 순교란 하나님께 드리는 '탄원'이다. 안티오코스가 내린 끔찍한 고통은 범죄한 이스라엘에게 내려진 하나님의 형벌로 이해되었다. 그러므로 하나님의 형벌로 고통을 겪는 이스라엘에게 자비를 베푸시도록 하나님께 드리는 탄원이 바로 순교라는 것이다. 마카베오4서는 한 걸음 더 나아간다. 마카베오

4서 17:22에 따르면, 순교란 언약에 신실하지 못했던 이스라엘의 죄를 씻고 안티오코스 에피파네스로부터 민족을 지켜 내도록 "속죄하는 제물"로 이해된다.

마카베오4서와 같은 단어를 사용함으로써, 바울은 예수의 죽음을 순교로, 즉 로마 권력에 굴복하길 거부하고 하나님의 통치(제국)을 증거한 자의 죽음으로 묘사한다. 그러나 예수의 죽음은 그 혼자만의 죽음으로 끝나는 것이 아니었다. 바울(그리고 예수를 따른 많은 초기 신자들)은 "우리를 위하여"(for us) 예수가 순교한 것이라고 이해했다. "우리를 위하여"라는 짧은 구절은 신학적으로 매우 중요하다. 그 "위하여"라는 단어 안에 신학이 존재한다. 이 단어가 예수의 죽음과 예수를 믿는 자들을 (유익한 측면에서) 서로 연결시켜 주기 때문이다. 예수의 죽음은 마카베오2서와 4서의 순교자들처럼 다른 이들에게 유익을 가져다주는 죽음으로 이해되었다. 그 유익은 마카베오2서에서처럼 하나님의 자비를 구하는 탄원에 국한되는 것이 아니었다. 그것은 (출애굽기와 레위기에서 빌려 온) 마카베오4서에서처럼, 죄를 없애 주는 희생제물이기도 했다.[17]

고린도전서 1:23

고린도전서에서 바울은 매우 다른 해석 하나를 제시한다. 그는 예수

---

17 고린도전서 5:7과 로마서 8:32에서 바울은 예수의 죽음을 희생제물로 나타낸다(창 22:16에서 아브라함이 이삭을 희생제물로 준비했던 일을 넌지시 암시하면서 말이다).

의 십자가를 인간의 모든 생각과 행위를 평가하는 기준으로 제시한다. 고린도전서 1:23에서 바울은 "우리는 십자가에 못 박힌 그리스도를 전하니 유대인에게는 거리끼는 것이요 이방인에게는 미련한 것이로되"라고 선언한다. 이 구절은 바울이 십자가의 의미에 대해 기록한 고린도전서 1:18-2:5의 본문 중 일부이다. 바울은 고린도 교인들 사이에 있었던 분쟁에 대처하기 위해 그 본문을 썼다(고전 1:10-17). 고린도 교인 중 일부는 자신의 태생, 신분, 재물과 권세를 드러내기 위해 세련된 단어를 사용하고 교양 있는 사고 행위를 강조했다. 제국 내 지역 엘리트들이 주로 이런 태도를 드러내곤 했는데, 다른 사람들과 비교하여 우위를 점하고 있는 소수의 특권의식을 강조하는 전형적인 세계관이었다.

바울은 이에 대한 답변의 일환으로, 십자가야말로 하나님께서 세상에서 일하시는 방식을 보여 줄 뿐만 아니라 하나님께서 의도하신 세상이 어때야 하는지를 보여 준다고 제시하는 것이다. "십자가에 못 박힌 그리스도"(1:23)야말로 하나님의 뜻을 나타내는 자다. "십자가에 못 박힌 그리스도"는 인간의 모든 행위를 판단하는 잣대이다. 이 진술은 바울이 살던 세상에서 대부분의 사람들이 십자가에 대해 갖고 있던 혐오감을 전제로 하고 있다. 그들에게 십자가는 수치스럽고 비참한 사형 형태였다. 앞서 보았듯, 십자가는 보잘것없는 자들, 범죄자들, 그리고 위험인물들에 대한 형벌과 사회로부터의 배척을 의미했다.

예수의 십자가 죽음을 통해 하나님께서는 특권과 권력 중심의 사회 구조가 하나님의 뜻과는 아무 상관이 없음을 보여 주고 계시다고 바울은 말한다. 하나님의 관심은 다른 곳에 있다. "하나님께서 세상의 천한 것들과 멸시 받는 것들과 없는 것들을 택하사"(1:28). 바울이 살던 세상에서 십자가에 달린 사람보다 더 비천하고 멸시 받는 존재는 없다. 그럼에도 특별히 "십자가에 못 박힌 그리스도" 안에서 하나님의 은혜로운 능력이 명백히 드러났다. 이 일은 모두의 상식과 통상적인 지혜를 거부하는 것이다. 바울의 주장에 따르면, 하나님께서 일하시는 방식은 너무나 특이하고 불합리해 보인다. 그렇기에 우월성을 강조하고, 지배하는 것이 당연하며, 자기 유익을 구하고, 성취자에게 성공으로 보상하는 식의 인간의 관습과 제국의 관례와는 도무지 맞지 않는다. 십자가는 그동안 인간이 당연시하던 삶의 방식을 곤란하게 만들었다. 십자가는 불쾌하고 어리석고 터무니없으며 "유대인에게는 거리끼는 것이요 이방인에게는 미련한 것"(1:23)이다. 이 구절에 나오는 "유대인과 이방인"이란 우리 모두를 말한다.

"십자가에 못 박힌 그리스도"에 대한 바울의 해석은 실천적인 측면에서 사회, 정치적으로 큰 의미가 있다. 고린도 신자들 가운데 누군가 자신이 남보다 낫다고 생각해 다른 이들을 자기보다 하대했다면, 그는 그런 행위를 즉각 멈추어야 한다. 바울은 "십자가에 못 박힌 그리스도"를 가리키면서, 모든 사람, 특히 소위 보잘것없는 사람들을 소중히 여길 줄 아는 바탕 위에, 이제까지와는 다른 사회적 질서와 관계를 생각하고 만들어

가야 한다고 요청한다. "십자가에 못 박힌 그리스도"는 대안적 삶의 방식이 되어야 한다. 그것은 모든 사람에게 은혜를 베푸시는 하나님의 방식에 기반해 누구도 배제하지 않고 정의로운 사회 질서를 만들어 가는 것이다. "하나님께서 세상의 미련한 것들을 택하[시고]…세상의 약한 것들을 택하[신다]"(고전 1:27).

갈라디아서 3:13

갈라디아서 3:13에서 바울은 예수의 십자가를 또 다른 방식으로 생각한다. 바울은 이렇게 말한다. "그리스도께서 우리를 위하여 저주를 받은 바 되사 율법의 저주에서 우리를 속량하셨으니 기록된 바 나무에 달린 자마다 저주 아래에 있는 자라 하였음이라." 하나님의 은혜가 결여된 상태인 "저주"라는 개념이 이 구절을 이해하는 데 중요하다. 누군가 "저주 받았다"고 말하는 것은 그 사람이 하나님의 은총이나 은혜와 상관없거나 은혜 바깥에 있다고 선언하는 것이다. 율법은 축복이었다. 율법은 하나님의 은혜를 실어 나른다. 율법이 없다면, 율법 바깥에 있다면 하나님의 은혜가 결여된 것이다. 나무에 매달린 것은, 신명기 21:23에 의하면, 하나님의 은혜 바깥에 있는 것이다.

바울은 이런 전통적인 사고를 상기시킨다. 그는 "나무에 달린 자", 저주를 받아 하나님의 은혜 밖에 있는 자가 다름 아닌 십자가에 못 박힌 반역자 예수라고 생각하는 것 같다. 바울은 다시 "우리를 위하여"라는 짧은 구절을 사용한다. 저주를 받았다는 건 예수에게만 해당하는 것이 아니라, 유대인과 이방인 즉 모든 사람에게 해당한다는 것이다. 예수는 "우리를 위하여 저주"를 받았다.

하지만 그리고 나서 바울은 그것을 뒤집어 버린다. 또 다른 전제를 제시하는데, 즉 부활이다. 예수는 계속 십자가에 매달려 있지 않았다. 하나님께서 그를 죽은 자들 가운데서 일으키셨다. 바울이 생각할 때, 하나님의 그 행위는 이 세상 어느 것, 또는 어느 누구도 하나님의 은혜 바깥에 있지 않음을 보여 준다는 것이다. 이 세상 어느 것, 또는 어느 누구도 하나님의 은혜가 미치지 못할 곳에 있지 않다. 하나님의 능력에서 빠져 버릴 자는 아무도 없다. 하나님의 은혜, 하나님의 은총, 하나님의 사랑, 하나님의 능력은 세상 어디에든 가닿는다. 십자가에 매달려 저주를 받은 사람도 예외가 될 수 없다. 하나님께서는 저주를 받은 한 사람을 살리셨다. 하나님께서는 한계가 없으시다. 과감히 행동하신다. 틀에 박힌 관습에 얽매이지 않으신다.

그러면 왜 이것이 중요한가? 다음 구절에서 바울이 말하고 있듯, 저주를 받(았다 간주되)고 십자가에 못 박힌 자가 다시 살아났다는 사실은 하나님의 축복이 유대인과 이방인, 즉 세상의 모든 사람에게 미친다는 것을 보여 주기 때문이다. 그리고 갈라디아 교인들에게 그것은 유대인의 정체성을 취하기 위해 할례를 받을 필요가 없음을 의미한다.

복음서: 마태복음

복음서들도 예수의 십자가 죽음에 담긴 의미에 관한 폭넓은 고찰을 내놓는다. 한 예로, 십자가 죽음에 이르기까지 이어지는 사건들을 마태가 설명하면서 내놓은 관점과 해석을 살펴보도록 하자(26장).

- 26장 첫 구절은 예수가 임박한 십자가 죽음을 다시 한 번 알리는 장면이다(26:1-2; 참조 16:21; 17:22-23; 20:17-19). 즉, 그가 십자가에 못 박힌 사건은 갑작스럽게 벌어지는 일도 아니고, 대적에 의한 패배도 아니다. 하나님의 뜻이 이루어지는 것이며, 예수가 상황을 통제하고 있음을 말해 준다.
- 3절에서 장면과 관점이 바뀐다. 예루살렘 권세자들이 예수를 체포하여 십자가에 못 박을 흉계를 꾸민다. 예수는 계급이 지배하는 정의롭지 못한 사회를 추구하는 그들에게 도전했다(20:25-28). 사람들은 그런 말 듣기를 좋아했고, 예수의 영향력은 무시할 수 없었다. 지역 엘리트에 의해 유지되고 그들의 유익에만 국한되는 사회 구조를 공격한 탓에 예수는 십자가에 못 박힌다.
- 6-13절은 대비되는 관점을 제공한다. (남자 제자들은 가만히 있는데) 한 여자가 (예수가 하나님을 섬기다 죽을 것을 알고) 예수의 장례를 위해 향유를 붓는다.
- 14-16절은 또 하나의 대비되는 관점을 부각시킨다. 예수의 십자가형

은 그의 제자 중 한 사람, 유다가 배반한 결과다. 그렇다면 유다의 동기는 무엇인가? 돈이다.

- 17-30절은 예수의 죽음에 담긴 의미를 해석하기 위해 유월절이라는 배경을 사용한다. 유월절은 하나님의 백성이 이집트 권력에서 구원받은 날을 기념하는 날이다. 이제 로마의 권력이 배경으로 자리한 상황에서, 예수는 자신이 흘릴 피가 죄 사함 또는 해방을 위한 것임을 밝힌다. 그리고 장래에 로마의 불의하고 가혹한 통치를 포함한 모든 악이 패퇴하고 하나님의 나라/제국이 온전하게 세워질 것임을 제시한다.

- 베드로의 실패가 있을 것임을 예언한 장면 후에(26:31-35, 69-75), 예수가 겟세마네에서 하나님의 뜻에 변함없이 충성하는 장면이 등장한다(26:36-46).

- 유다의 배반으로 체포되었을 때(26:47-56), 예수는 폭력으로 저항하지도, 하늘의 군대를 소집하지도 않았다(26:51-54). 그는 이것이 성서의 말씀에 따라 일어난 일이라고 선언한다. (여기서 구체적으로 성서의 특정 구절을 인용하지는 않았지만) 일반적으로 말씀을 인용하는 것은 하나님의 뜻을 밝히는 또 다른 방법이었다.

- 57-68절에서 대제사장 가야바 앞에 끌려 나온 예수는 '성전을 헐고 다시 지을 수 있다'고 말했다는 고소를 당한다. 성전이 무엇을 말하는가에 대해서는 모호한 부분이 있었다. 여기서 성전은 예루살렘 성

신약의 참고 자료들

신약의 다른 부분에선 다른 방식으로 예수의 십자가 사건을 해석한다.

- 요한복음은 예수가 유대인의 왕임을 강조한다. 요한은 예수가 십자가 위에 들려 올려진 일을 왕의 대관식으로 바라보는 듯하다(요 19:13-21). 예수의 십자가는 곧 그의 왕좌! 부활 및 승천과 연결지어 보면, 그것은 생명을 주시려는 하나님의 뜻을 드러낸다.
- 바울은 빌립보서 2:7-8에서 노예와 십자가 사이의 연결고리를 빌어 예수를 종으로 묘사하면서(빌 2:7), 그의 주인인 하나님께 순종하여 십자가에 못 박혔다(2:8)고 제시한다. 역설이게도, 그 다음에 하나님은 "하늘에 있는 자들과 땅에 있는" 모든 자들이 그의 주되심을 인정하도록 예수를 높이신다.
- 골로새서의 저자는 십자가를 화목이 이루어지는 곳으로 묘사한다(골 1:20).
- 골로새서는 더불어 십자가를 "통치자들과 권세들"에 대한 승리가 이루어지는 곳으로 본다(2:14-15). 이 통치자들과 권세들이 누구냐 하는 것은 논란이 되어 왔다. 어떤 이는 천사나 악령으로, 또는 별이나 행성으로, 또는 인간의 정부와 지배자들을 통치하는 것으로 알려진 신적 존재들로 본다. 만일 맨 후자라고 본다면, 반역자 그리스도는 하나님께서 그를 부활로 일으키실 때, 그를 십자가에 못 박은 사회 정치적 권력자들 배후의 세력들까지 멸한 셈이다. 15절은 승리한 장군이나 황제가 로마에 입성하면서, 사로잡은 포로들과 노획물을 구경거리로 삼고 개선 행진을 벌이는 장면을 이미지로 사용한다. 아이러니하게도, 골로새서는 부활한 예수가 자기를 십자가에 못 박았으나 이제는 패배한 인간과 하늘의 권세들을 사로잡아 개선 행진을 벌이는 장면을 서술한다.
- 요한계시록은 예수를 "땅의 임금들의 머리가 되신"(계 1:5) 분으로 소개하면서, 예수를 십자가에 못 박은 자들의 권세를 예수가 부활을 통해 승리한 것으로 언급

> 한다. 승리를 거둔 이런 능력에 대한 강조는 5:5에서도 계속되는데, 여기서는 예수를 사자로 묘사하고 있다. 그러나 5:6에서 놀랍게도 이 사자는 "일찍이 죽임을 당한 것 같은 어린 양"으로 "서 있"다. "서 있는데"라는 말은 하나님이 일으키심으로 말미암아 갖게 된 어린양(예수)의 능력을 상징한다. "죽임을 당한 것 같은"(As if slaughtered)이란 말은 로마와 예루살렘 동맹의 손에 의해 십자가에 달려 폭력적으로 죽었음을 나타낸다. 땅의 임금들을 다스리는 그의 능력은 폭력으로부터 온 것이 아니다. 그들의 폭력을 순교로써 다 받아들인 그의 연약함에서 온다.

전과 예수 자신 모두를 가리키는 것이었다. 성전 파괴에 대한 이야기는 지도자들의 권력 기반을 공격한 셈이다. 그가 하나님의 대행자(메시아)인지에 대한 질문에 예수는 다니엘 7장을 인용해 대답한다. 다니엘 7장은 하나님께서 세상 제국(로마 제국!)의 통치를 멸하시고 "인자"이신 예수께 하나님 나라를 맡기신다는 환상에 관한 본문이다. 대제사장은 "신성모독!"이라고 외친다. 그러나 로마의 몰락을 선언했으므로 이 신성모독은 곧 반역죄였다.

마태복음 27장도, 예수를 반역자 "유대인의 왕"(저자 사역)이자 로마 통치에 맞설 권세를 지닌 자로 제시하는 것을 포함해, 예수의 십자가 사건에 대한 여러 해석과 관점을 제공한다. 28장은 예수의 부활에 관해 설명하면서 로마의 권력에 한계가 있음을 보여 준다. 그들은 하나님의 대행자 예수의 시체를 지키지 못한다. 그리고 하나님께서는 로마가 아닌 예수에게 "하늘과 땅의 모든 권세를"(28:18) 주신다. 물론 아이러니하게도, 모든 것을 지배하는 하나님의 승리에 대한 비전은 당시 모든 나라를 지배하는 권세를 가졌노라 주장하던 로마에 대한 이미지와 매우 비슷하다.

결론

이번 장에서 살펴본 다섯 번째 사건은 서기 30년경 예수의 십자가 죽음과 관련된다. 로마는 강력범, 반역한 노예, 그리고 로마의 통치에 맞선 강도, 즉 반역자처럼 달갑지 않은 사람들을 제거하는 데 십자가를 사용했다. 하나님의 나라/제국에 대한 예수의 선언, 로마와 동맹을 맺은 예루살렘 성전 지도층과의 갈등, 그리고 종말론적인 예수의 선언, 이 모든 것들이 로마 통치에 위협을 가한다고 알려지면서 예수는 결국 십자가에 못 박혔다. 신약의 저자들은 예수를 믿는 자들에게 십자가의 중요성을 보여주기 위해 여러 방식으로 십자가를 해석한다.

6.
신약 성서 본문 저술
(서기 50-130년경)

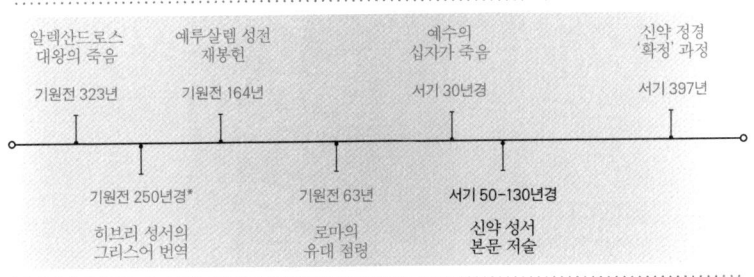

이번 장에서 우리의 초점은 서기 30년경 예수의 십자가 죽음으로부터 20년 정도 나아간다. 여섯 번째 중요한 사건은 '사건'이라는 단어의 의미를 상당히 확장시킨다. 사실 이 여섯 번째 사건은 서기 약 50년에서 약 130년 정도까지 80년간 지속된다. 이 수십 년 동안, 나중에 신약 성서를 구성하게 될 문서들이 저술된다. 신약 성서를 구성한 이 대부분의 문서들이 언제 저술되었는지 정확하게 알진 못한다. 그러므로 서기 50-130년이라는 연대는 대략적인 기간임을 명심할 필요가 있다. 신약 성서의 저술들이 기록되던 이 수십 년은 예수를 믿는 자들의 운동이 출현하는 데 지대한 영향력과 원동력을 제공한 기간이었다.

그림 6.1. 글을 쓰고 있는 바울

21세기를 사는 우리에게 '신약 성서' 하면 바울 서신이나 사복음서 같은 책을 드는 것이 당연하다. 그러나 1, 2세기에 살던 이들에게 그것은 매우 낯설었을 것이다. 당시에는 신약 성서가 없었다. 신약 성서 편찬 위원회도 없었다. 어떤 방법과 이유로 저술들이 모아져 신약 성서 모음집, 즉 정경을 형성하게 됐는지는 다음 장에서 집중해서 보게 될 것이다. 그러니 이번 장에서 그 저술들을 신약 성서라고 언급하지만 1, 2세기 당시에 그런 표현은 시대착오적이었음을 기억해야 한다.

먼저 바울 서신으로 논의를 시작해 보자. 다음으로 바울이 죽은 후에 구성된 저술들 몇 권을 살펴보려 한다. 이런 저술에는 바울이 주인공인 사도행전뿐만 아니라 바울의 이름으로 기록된 서신들(에베소서, 디모데전후서)이 포함되어 있다. 그 다음으로 베드로전후서, 야고보서, 히브리서, 그리고 요한계시록 같은 다른 몇몇 서신들을 그 특징들을 포함해 살펴보려 한다. 복음서를 논의하는 것을 마지막으로 총 네 부분을 마치게 된다. 이번 장을 통해 우리는 예수를 믿는 자들의 공동체를 위해 기록된 저술들의 형태, 기능과 내용에 대해 생각해 보려 한다.

바울 서신

바울은 항상 논란을 부르는 인물이다. 그가 살아 있는 동안에도 그랬고, 지금까지도 쭉 그래 왔다. 사람들은 그의 서신을 읽으면서 많은 논쟁을 벌여 왔다. 베드로후서 저자의 말처럼, "그(바울의 서신) 중에 알기 어려운 것이 더러 있으니 무식한 자들과 굳세지 못한 자들이 다른 성경과 같이 그것도 억지로 풀다가 스스로 멸망에 이르"(벧후 3:16)기도 했다. 그렇다, 바울은 알기 어려웠다. 그의 종말론적인 사고의 틀, 그의 어휘, 그의 복잡한 주장, 독특하면서도 (우리에겐) 이해하기 어려운 시대적 상황은 그를 이해하기 어렵게 만든다. 그러나 바울에 대한 당신의 해석에 동의하지 않는다고 해서 "무식한 자들과 굳세지 못한 자들"이라고 꼬리표를 붙이는 건 곤란하다.

신약 성서에서 복음서가 첫자리에 위치한 것을 고려하면, 바울 서신으로 논의를 시작하는 것이 이상하게 보일지 모른다. 그럴 만한 이유가

편지의 양식

바울이 살던 당시의 편지들은 보편적으로 사용되는 양식을 따랐다. 편지는 발신자와 수신자를 밝히고, 수신자를 향한 인사말로 시작한다. 관계를 밝힌 후에는 보통 수신자의 건강에 초점을 맞춘 감사나 기도가 이어진다. 그런 다음 편지의 본론이 나오는데, 여기에 중요한 내용이 담긴다. 맺는말에는 편지에 따라 보다 다양한 내용이 포함될 수 있다. 마지막 명령, 평안 기원, 지인들과의 마무리 인사말, 마무리 축도 등.

바울 역시 이 양식을 따라 편지를 쓰면서 자신의 신학적, 목회적 사역을 수행한다. 인사말에서 그는 자기 이름을 밝히고, 때론 자신을 상세히 소개하기도 한다. 자신이 세우지 않은 교회에 보내는 편지인 로마서 1:1-16에서 그는 소상하게 자신에 대해 이야기하고 있는데, 이 부분은 그들에게 자신을 소개하고 그들을 안심시키며 자신의 복음에 대한 이해를 요약해 주는 역할을 한다. 그는 보통 인사말에서 하나님의 뜻과 관련해 신학적으로 풍성한 의미를 담고 있는 "은혜와 평강"이라는 표현을 사용한다. 바울이 서신에서 하나님께 대한 감사를 드릴 경우, 이는 앞으로 상세히 다루게 될 중요한 문제에 대한 도입부가 된다.

고린도전서에서 바울이 감사를 드리는 대목도 이런 기능이 있다. 바울은 독자들의 영적 은사를 강조하며 이에 대해 감사를 드리는데(1:7), 이는 그가 12-14장에서 깊이 다루게 될 가르침의 주제가 된다. 바울은 또한 장차 있을 "우리 주 예수 그리스도의 날"에 대해서도 언급한다(1:7-8). 이 "날"이란 하나님의 뜻이 성취될 장래를 가리키는데, 바울은 하나님의 뜻이 이미 성취되었다고 생각하는 고린도 교인들을 바로잡으면서 15장에서 이에 대해 더 자세히 설명한다(4:8을 보라).

그러나 바울이 감사를 드리지 않는 편지도 있다. 갈라디아서에서 바울은 다른 교사들을 환대한 갈라디아인들에게 무척 화가 난 듯 보인다. 그래서 그는 감사의 인사말을 생략하고 이렇게 시작한다. "그리스도의 은혜로 너희를 부르신 이를 이같이 속히 떠나 다른 복음을 따르는 것을 내가 이상하게 여기노라"(1:6).

바울이 쓴 편지의 본론은 주로 신학적, 윤리적, 그리고 종말론적 가르침을 담고 있

> 다. 그리고 맺는말 역시 당시의 양식을 따르지만, 거기에도 신학적 메시지를 담아 낸다. 예를 들어, 고린도후서의 맺는말에는 마지막 명령(13:11), 거룩한 입맞춤의 문안(11절), 다른 신자들로부터의 문안(12절), 축복(13절) 등이 연달아 포함된다.

있다. 바울 서신은 복음서보다 먼저 기록되었다. 바울 서신은 예수 운동 출현 이후 가장 먼저 기록된 책이다. 정경에 실린 책들의 순서는 저술된 연대기적 순서를 반영한 것이 아니다. 그래서 우리는 신약의 저술 중 가장 오래된 바울 서신에서 시작하려 한다.

편지를 쓸 때 바울은 이메일도, 핸드폰 문자도, 트위터도 없던 세계에 일반적이던 통신 형태를 빌렸다. 바울이 얼마나 많은 편지를 썼는지는 분명하지 않다. 신약 성서에는 13개의 서신에 그의 이름이 저자로 실려 있다. 그럼에도 대부분의 학자들은 이들 13개의 편지 중 7개의 편지(로마서, 고린도전후서, 갈라디아서, 빌립보서, 데살로니가전서, 빌레몬서)만 바울이 썼고, 바울의 추종자나 제자들이 존경받는 그의 이름을 빌려 나머지 6개의 편지(에베소서, 골로새서, 데살로니가후서, 디모데전후서, 디도서)를 썼다고 생각한다. 일단은 이런 구분을 받아들이고, 추후에 그 이유와 결과에 대해 논의하도록 하자. 이 시점에서는 바울이 쓴 편지냐 아니냐 하는 구분을 안다고 해서 이들 6개 편지를 소홀히 다루게 된다는 의미는 아님을 밝히고 넘어가겠다.

바울은 적어도 7개의 편지를 썼다. 그러나 그것이 전부는 아니다. 고

> **조합된 편지?**
>
> 어떤 이들은 현재 우리에게 있는 바울 서신 중 일부는 조합된 편지일지 모른다고 생각해 왔다. 즉 몇 개의 편지가 하나로 합쳐져 구성되었다고 생각한다. 고린도후서를 보면, 1-9장과 10-13장 사이에 어조와 강조점에서 큰 변화가 생긴다. 이 변화를 어떻게 설명할 것인가? 바울이 간섭을 받아 갑작스런 상황 변화가 생겼는가? 어느 아침에 마신 커피가 충분히 진하지 않았나? 빈대에 물리기라도 했나? 아니면 두 개의 다른 편지의 일부분이 나중에 합쳐진 것인가? 뿐만 아니라 어떤 학자들은 빌립보서의 어조와 내용의 변화에 대해 설명하기를, 우리가 보는 빌립보서는 세 개의 다른 편지들의 조각(나머지 두 조각은 4:10-20과 3장)으로 구성되었을 수 있다고 했다.

린도전후서에서 그는 고린도 교인들에게 쓴 또 다른 편지들을 언급하고 있다. 고린도전서 5:9-11에서 그는 고린도 교인들이 오해했던 것처럼 보이는 편지 하나를 언급한다. "내가 너희에게 쓴 편지에 음행하는 자들을 사귀지 말라 하였거니와 이 말은…이제 내가 너희에게 쓴 것은…." 이렇게 바울이 이전에 편지를 보냈다는 언급이 고린도전서에 나온 것을 미루어 볼 때, 우리가 알고 있는 지금의 고린도전서가 사실은 고린도후서에 해당한다는 것이다!

비슷한 일이 우리가 읽는 고린도후서에서 일어난다. 고린도전서를 쓴 몇 년 후에 기록된 고린도후서 2:3-4에서 바울은 자신이 쓴 또 다른 편지를 언급한다. "내가 이같이 쓴 것은 내가 갈 때에 마땅히 나를 기쁘게 할 자로부터 도리어 근심을 얻을까 염려함이요…내가 마음에 큰 눌림과 걱정이 있어 많은 눈물로 너희에게 썼노니 이는 너희로 근심하게 하려 한 것이 아니요 오직 내가 너희를 향하여 넘치는 사랑이 있음을 너희로 알게 하려 함이라." 마음의 "큰 눌림"과 "걱정"을 보여 주는 (바울이 보냈다는) 편지가 고린도전서라고 한다면 정확한 판단은 아닐 것이다. 그렇다면 바울은 고린도전서 말고 또 다른 편지를 언급하는 것이 틀림없다. 여기 그가 언급한 편지까지 감안하면 고린도후서는 사실상 고린도 4서가 될 뻔했다! 고린도전서 5:9-10과 고린도후서 2:3-4에서 언급한 이 두 편지는 우리가 아는 한 남아 있지 않다. 이들 두 편지—고린도 교인들의 오해를 부른 편지 하나와 바울의 큰 눌림과 걱정을 보여 주는 편지 하나—에 대한 바울의 설명을 고려하더라도, 고린도 교인들이 그 두 편지를 간직할 정도로 소중히 여기지 않았다는 건 놀라운 일이 아니다! 그렇다면 바울은, 비록 현재까지 남아 있지는 않지만, 다른 교회들에게도 다른 편지들을 썼을까?

지역 상황

바울이 쓴 다른 편지들을 주목해 보면, 바울 서신을 이해하는 데 전후 상황이 매우 중요하다는 것을 알 수 있다. 편지란 고립되거나 한 번 읽으면 없어지거나 자유롭게 떠돌아다니는 통신 수단이 아니다. 그는 누구나 읽을 편지를 써서 주소록에 있는 모든 사람에게 편지를 발송한 것이 아니다. 오히려 그 편지들은 바울과 믿음의 공동체 사이에 발전하고 있는 관계의 일부분이었다. 그래서 편지들은 편지를 쓴 구체적인 상황과 연결되어 있었다. 따라서 고린도전후서는 바울과 이들 믿음의 공동체들과의 관계가 깊어지고 상호작용이 확장되어 갔다는 증거를 보여 준다. 예를 들어 고린도전서를 쓰기 전에 바울은

- 공동체를 세우기 위해 고린도에 있었다(고전 4:15).
- 그들에게 편지를 썼다(5:9-11).
- 고린도 교인들의 방문이 있었다. 글로에의 사람들(1:11), 스데바나, 브드나도, 아가이고(16:17-18), 바울에게 보고한 사람들(5:1).
- 그들에게서 편지를 받았다(7:1).

그림 6.2. 고린도

- 그리고 디모데를 보내 그들을 방문하게 했다(4:17-18).

그 후 바울은 그들에게 일어난 몇 가지 문제들에 답변하기 위해 고린도전서를 쓴다. 그는 이 문제들을 언급할 때마다 "…에 대하여는"(now concerning, 7:1, 8:1, 12:1, 16:1)이라는 표현을 반복적으로 사용한다.

바울과 고린도 교회 신자들 사이의 상호작용은 이 편지 이후에도 계속된다.

- 바울은 고린도에 다시 방문하지만, 일이 잘 풀리진 않았다. 바울은 이를 "근심 중에 나아"(a painful visit)갔다고 표현한다(고후 2:1).
- 그는 그들에게 많은 눈물로 편지를 쓴다(2:2-4).
- 편지는 (바울이 직접 가지고 가는 대신) 디도가 가지고 간 듯하다(1:23; 2:1).
- 디도는 어느 정도 화해를 이끌어 내서 바울을 기쁘게 한다(7:5-16).
- 공동체는 다른 교사들을 받아들였다. 그들은 바울의 정통성과 진실성에 의문을 제기했다(고후 12; 13:3). 그 사실로 바울은 기쁘지 않았다(고후 10-13).
- 바울은 고린도후서를 쓰게 된다.

이런 상호작용의 과정에서 바울의 편지는 그를 대신하는 역할을 한다. 그는 자신이 그곳에 있을 수 없거나, 그곳에 있지 않는 것이 더 낫다고 여길 때 편지를 보낸다.

그는 편지를 통해 목회적 돌봄, 선포와 가르침, 격려와 책망, 진단과 점검 등의 사역을 수행한다. 그러나 우리는 이들 편지에서 언제나 바울 편에서의 이야기만 듣게 된다. 이 편지들을 읽는다는 건, 한쪽 편의 전화 통화만 듣고서 상대편은 누구인지, 그 사람은 무슨 말을 했을지 상상하려고 애쓰는 것과 같다.

바울 서신을 신약 정경의 일부로만 생각하고 읽으면 이런 상호작용의 과정을 소홀히 여기기가 쉽다. 마치 바울의 목소리가 유일한 목소리인 것처럼, 바울이 혼자 제국의 주변부를 돌아다니며 교회를 세우고 가르친 것처럼 보이는 잘못된 인상을 얻기 쉽다. 그러나 면밀히 들여다보면, 이 공동체에는 많은 목소리와 인물들이 있었음이 분명하다. 다양한 목소리들이 경쟁하듯 서로 영향을 주고 있었다. 그러다 바울 서신이 정경으로 채택되면서, 바울의 목소리는 커지고, 다른 사람들의 목소리는 작아지고, 심지어 때로는 사라지기도 했다. 그러나 이들 공동체에는 분명 수많은 목소리뿐만 아니라 많은 갈등이 있었다.

예를 들어 고린도전서에서 고린도 교인들은 서로 잘 지내지 못했다(11:19). 그들은 각각 당을 지어 저마다 다른 사도들에게 헌신해 있었다(1:11-12). 교회에는 아마도 후원자 역할을 한 엘리트와 부유한 계층이 일부 있었고, 대부분은 가난한 사람들이었던 것 같다(1:26-29). 가진 자와 가지지 못한 자 사이의 구분은 특히 교회로 가져온 음식을 먹을 때와 성찬식 때 더욱 뚜렷해져서 어떤 이들은 배부르게 먹고 마실 수 있었고, 어떤 이들은 거의 먹지 못했다(11:17-34). 또한 다른 모든 사람들보다 자신이 영적으로 우월하며 이미 하나님의 충만한 뜻을 누리고 있다고 여기는 자들도 있었던 듯하다(1:18-2:16; 4:8-10; 12-14장). 9장에 보면, 바울과 잘 지내지 못하는 사람들도 있었던 것 같다. 고린도 교인들 사이에서는 관습과 관련된 다양한 논란이 있었다. 그래서 바울은 성(5장); 신자들 간의 소송(6장); 영성, 성, 결혼(7장); 우상에게 드려진 음식(8-10장); 그리고 예배(11-14장)에 대한 가르침으로 그들의 문제에 관여한다. 그는 분명 많은 사람들 가운데 하나의 목소리다.

고린도후서를 보면, 다른 몇 사람이 공동체 가운데 들어와서 바울의 권위와 설교할 권리에 대해 도전했다. 바울이 보기에 그 갈등은—우리로선 바울 편의 이야기만 들을 수 있다—믿음의 공동체에서 참된 지도자 또는 '사도'를 특징짓는 기준 때문에 일어난 것이었다(고후 12:12; 13:3). 오늘날 교회에는 목회 후보자들을 평가하고 성직에 임명하는 매우 분명하게 규정된 절차가 있다. 그러나 서기 50년대에는 그렇지 않았다. 이들 믿음의 공동체는 참된 사도 혹은 신뢰할 만한 설교자를 어떻게 구별할 수 있는가?

바울에 따르면, 그 모든 것들은 바른 기준을 아는 지식에 달린 문제였다. 그는 이들 다른 교사들을 폄하하여 "지극히 크다 하는 사도"(고후 11:5)라고 꼬리표를 붙이고 나서 그들을 "거짓 사도요 속이는 일꾼이니 자기를 그리스도의 사도로 가장하는 자들"이라 부르고, 그들이 실제로 사탄의 종이라고 주장한다(고후 11:13-15). 이런 폭언은 그 갈등이 깊고, 감정이 고조되어 있었으며, 많은 부분 위태로웠음을 암시하고 있다. 그는 계속해서 그들이 스스로를 추천한 다양한 기준들에 대해 논의한다. 언변이 뛰어남(10:10; 11:6), 다른 사람과의 비교(10:12), 재정 후원에 대한 요구(11:7-12), 더 큰 사랑 보여 주기(11:11; 12:15), 그리스도 안에서 유대적 유산과 사역에 더 충실함(11:22-23), 보다 뛰어난 영적 경험(12:1-10) 등이다.

바울은 그들이 당시 인간적이고 문화적인 기준에 따라 스스로를 자랑하고 드러낸다고 답변했다(11:18). 이런 기준들은 그리스 로마 세계에서 철학자들과 순회교사들이 사용하는 것들이었다. 그것들은 문화적이고 세속적인 기준이다. 이런 기준으로만 보면, 바울은 오히려 자기가 "거짓 사도들"보다 더 낫다고 답변한다. 그들이 할 수 있는 것이 무엇이든 그는 더 잘할 수 있다고 말한다. 그러나 하나님께서는 이런 기준들이 받아들여지지 않는다는 점을 단호하게 선언한다(10:18). 하나님께서는 이런 문화적인 기준으로 평가하지 않으시며, 전혀 다른 기준으로 판단하신다.

그래서 바울은 자신을 향한 비난에 대해 스스로를 변론한다. 그는 "사도의 표가 된 것은 내가 너희 가운데서 모든 참음과 표적과 기사와 능력을 행한 것이라"(고후 12:12)고 선언한다. 그리고 다시 이렇게 변론한다. "여러분은 그리스도께서 나를 통해 말씀하신다는 증거를 요구하고 있습니다"(13:3, 현대인의성경). 그리고 그가 제시하는 기준은 이렇다. 그는 인간의 약함과 하나님의 능력 안에서 드러나는 복음을 증거한다. 그는 십자가와 부활로 대변되는 복음을 증거한다(13:3 하-4). 바울은 자기 "육체에 가시"—그가 무엇을 언급하는지는 아무도 모른다—가 있으며 하나님께 이를 없애 달라고 기도했다고 증거한다. 하나님께서는 그것을 없애 주지 않으셨고, 대신 바울은 하나님의 "능력이 약한 데서 온전"해진다는 것과 "그리스도의 능력이" 그의 이런 약함 가운데 머문다는 것을 배웠다(12:9). 여기에서 그의 최종 변론은, 그가 십자가에 못 박혔다가 부활하신 예수의 복음을 살아 내고 있으며, 그 동일한 복음을 전하고 있다는 것이다.

고린도후서에서 바울은 방어적이고 예민하고 화를 잘 내는 것처럼 보인다. 물론 그는 자신의 진실성을 위해, 그리고 자신의 사역을 위해 분투하고 있다. 그래서 위태로운 부분이 많다. 그러나 관찰해야 할 중요한 사실은 바울과 다른 교사들, 그리고 고린도 교인들 사이에 싸움의 규칙에 관하여는 합의된 바가 없다는 것이다. "사도의 표"(12:12)를 인식하는 방법에 관하여는 합의된 바가 없었다. 하나님의 말씀을 전하는 충실한 사도나 교사를 어떻게 인식하는가? 다른 교사들은 일상적 문화 기준에 따라 적합성을 판단해야 한다고 주장한다. 바울은 그것은 잘못된 게임이자 잘못된 규칙이라고 말한다. 대신, 참된 설교자요 교사를 구분할 수 있는 유일한 근거는 그 교사가 약함과 능력, 십자가와 부활에 의한 복음이 말하는 바를 행하고 있느냐에 달렸다고 말한다(4:7-12). 고린도 교인들이나 적어도 그들 중 몇 명은 다른 교사들을 지지하는 것으로 보인다.

상황의 변화, 많은 목소리, 그리고 갈등 등이 생겨난 배경을 깊이 살펴보면, 우리는 바울이 목회 사역과 가르치는 사역을 어떻게 행했는지에 대한 통찰을 얻을 수 있다. 한 가지 분명한 건, 바울은 그가 편지를 보내고 있는 곳의 상황을 심각하게 받아들인다는 점이다. 바울은 편지 하나를 써서 제국 전체에 회람시킨 것이 아니었다. 예를 들어, 그는 고린도후서에서 "여러분, 안녕하신가요? 저의 이전 편지를 보세요. 사랑으로, 바울"이라고 말하지 않는다. 그는 이전과 다른 상황을 다루기 위한 새 편지를 쓴다. 또한 그는 로마 교회에도 이런 식으로 말하지 않는다. "제가 지난 주 고린도 교회에 아주 훌륭한 편지를 써 보냈습니다. 동봉된 그 편지를 보세요. 사랑으로, 바울."

사역 행하기

그러나 이런 접근에도 불구하고, 이렇게 변화하는 상황에서 바울이 어떻게 사역을 행했는지에 대한 의문은 남는다. 바울은 그의 생각이 무엇이든 그것이 다양한 상황 해결에 적합하다고 말하는가? 아니면 일관된 신학적 확신을 가지고 각각의 상황에 대답하고 있는가? 그의 서신들은 임의로 즉석에서 이루어진 충고 모음집인가? 아니면 일관되고도 핵심적인 신념들을 다양한 상황에 맞는 교훈으로 옮긴 것인가?

몇몇 학자들은 바울의 편지가 응집력 있는 신학적 이해를 제공하지 않는다고 말하고 있다. 그러나 대부분의 해석자들은 바울이 최소한 어느 정도 일관된 신학 사상가, 즉 중심에 어느 정도 복음에 대한 확신을 가지고 특정한 교회의 변화하는 상황에 맞게 그가 가르친 바를 적용해 주는 신학 사상가라고 이해하고 있다. 그러나 이런 일관된 핵심이나 통합된 내용을 구성하는 요소가 무엇인가에 대해서는 많은 논의가 있어 왔다.

궁극적으로 16세기 종교개혁에서 유래한 좀 더 오래된 접근법은 바울 신학의 핵심을 "칭의"로 보고 있다. "경건하지 아니한 자를 의롭다"(롬 4:5) 하시면서 하나님께서는 예수 그리스도의 십자가 죽음으로 말미암아 사람들에게 죄 용서를 선언하시고 하나님과 올바른 관계에 그들을 두신다. 그러나 여기에 언급된 핵심과 관련된 문제점은, 바울이 로마서와 갈라디아서에서 칭의라는 말을 사용하지만, 그 밖의 편지에서는 많이 쓰지 않는다는 점이다. 그리고 이 칭의는 로마서와 갈라디아서에서 하나님의 일하심을 묘사하기 위해 그가 사용한 유일한 이미지나 은유가 아니다(예, 롬 5:10-11의 "화목"; 롬 8:15-24의 "양자 삼으심").

바울 신학에 대한 두 번째 접근법은 "그리스도 안에서"(in Christ)라는 문구에 초점을 맞추고 있다.[1] 바울은 (a) 예수의 죽음과 부활로 말미암은 구원(롬 6:3-4), (b) 그리스도의 죽음과 부활에 의해 창조된 공동체(교회, 롬 12:5), (c) 이런 신분 변화로부터 비롯되는 도덕적인 삶(고후 2:17)과 관련해 이 익숙한 문구를 사용했다. 분명 중요한 표현이지만, 바울의 사상 중 몇 가지 측면은 담아 내지 못한다. 그 문구는 '그리스도 안에 있는 것'의 과거와 현재에는 초점을 맞추는 반면, 중요한 미래의 차원은 간과한다. 그 문구는 그리스도에게는 초점을 맞추는 반면, 하나님과 성령의 역할은 간과한다. 그리고 그 문구는 교회에는 초점을 맞추는 반면, 바울의 생각 속에 들어 있던 이스라엘의 지속적인 역할에 대해선 간과한다(롬 9-11장 참조).

세 번째 접근법은 바울의 신학적 사고를 형성하는 보다 큰 틀이 무엇인지를 파악한다.[2] 이 접근법은 바울을 더욱 신 중심적(하나님 중심적)이고 미래 지향적(종말론적)인 사상가로 바라본다. 이것은 네 가지 커다란 주제에 초점을 맞추고 있다.

- **변호**(Vindication). 예수의 죽음, 부활 그리고 아직 오지 않은 장래의 재림은 모든 피조물을 구속하겠다 약속하신 하나님의 신실하심을 보

---

[1] E. P. Sanders, *Paul and Palestinian Judaism*(Philadelphia: Fortress, 1977), 431-474.
[2] J. C. Becker, *Paul's Apocalyptic Gospel: The Coming Triumph of God*(Philadelphia: Fortress, 1982). (『바울의 묵시사상적 복음』 한국신학연구소)

> **바울의 사역과 신학**
>
> 우발성과 일관성 사이, 상황과 신학적 확신 사이의 상호작용이란 어떤 것일까? 우리가 보았듯 고린도전서에서 논의의 대부분은 특정 상황에 초점을 맞추고 있다. 그러나 15장에서 바울은 예수의 부활을 장래에 있을 전반적인 (인간의 몸뿐만 아니라 하나님이 창조하신 모든 물질 세계를 포함하는) 부활에 대한 "첫 열매" 또는 보증으로 제시하는 과정에서 그 이면에 깔린 자신의 신학적 확신을 제시한다(15:20-28). 육체나 몸의 부활을 주장하면서(15:35-58), 바울은 지금 하나님의 뜻에서뿐만 아니라 장래의 부활에서도 몸 안에 있는 생명이 중요하다는 점을 강조한다. 고린도 교인들은 그들이 서로 어떻게 연결되어 있는지 알아야 할 뿐만 아니라, 아직 완성되지 않았으나 실현 중인 하나님의 뜻에 비추어 어떻게 살아야 할지 알아야 했다. 여기서 변호(하나님께서 그분의 뜻을 완수하실 것이다), 보편구원론(모든 인간과 모든 피조물이 포함된다), 이원론(하나님의 뜻은 실현 중이지만 아직 완성되진 않았다), 그리고 임박성(언제라도 예수는 재림할 것이고, 하나님께서 그분의 일을 성취하실 것이다)이라는 주제들이 분명히 드러난다.

여 준다는 점을 강조한다(롬 3:1-5; 고전 15:20-28).

- **보편구원론**(Universalism). 예수 안에서 하나님께서 모든 사람, 즉 유대인과 이방인, 남자와 여자(할례를 통해 남자의 특권을 누리지 못하는), 모든 피조물(갈 3:28; 롬 8:18-25)을 위해 일하심을 보여 준다.

- **이원론**(Dualism). 바울은 죄의 권세 아래 있는 현재와 하나님의 뜻 아래 있는 미래, 즉 두 세대 혹은 시대가 있다고 이해한 점에서 종말론적인 사상가(갈 1:3-4)로 인식된다. 그렇다면 이것은 일시적인 이원론이다. 예수의 죽음과 부활로 말미암아 하나님께서는 이미 하나님의

통치가 부분적으로 이루어지는 새 세대를 시작하셨지만, 아직 완성된 것은 아니다(롬 5:12-21).

- 임박성(Imminence). 언젠가 아무도 모르는 때에 예수가 만물에 대한 하나님의 통치를 확립함으로 하나님의 뜻을 성취하러 재림할 것이라는 바울의 기대를 보여 준다. 하나님의 뜻이 아직 온전히 성취되지 않았으므로 예수의 재림은 반드시 필요하다. 아직은 그 두 세대가 서로 겹쳐 있으며, 예수를 믿는 자들은 구속을 갈망하며 신음하는 피조물과 더불어 살면서 하나님의 선하시고 생명을 주시는 뜻이 확실하고 온전하게 성취되길 소망한다(살전 4:13-5:11).

이런 접근법에 의하면, 바울이 우발성(상황)과 일관성(바울이 복음을 이 네 개의 커다란 주제로 이해하고 있다는 점)의 상호작용이라는 방식으로 자신의 신학과 사역을 이행하는 것으로 보인다.

대부분의 학자들은 현재 남아 있는 바울의 7개 서신들이 예수의 십자가 죽음이 있고 약 20년 정도 후, (아마도) 서기 40년대 후반에서 (거의) 50년대까지 10년간 쓰인 것으로 추정한다. 그러나 바울이 언제, 어떻게 죽었는지는 아무도 모른다. 서기 64년, 네로 황제가 로마에서 발생한 (아마도 그가 직접 방화한) 화재의 원인을 예수를 믿는 자들에게 돌렸을 때 바울도 죽임을 당했다는 전승이 있다. 그러나 이것은 후대에 생긴 전승이며, 역사적으로 신뢰할 만한지도 분명치 않다.

바울의 죽음 이후: 바울은 무슨 말을 하는가?

바울이 어떻게 죽었든지 간에, 그는 사후에도 문학 작품을 많이 남겼다. 즉 바울이 죽은 지 오래되었는데도 사도행전(서기 90-120년대)과 『바울과 테클라 행전』(서기 2세기) 같이 바울이 등장하는 이야기들이 나왔다. 그리고 사람들은 그가 쓰지 않은 게 분명한 글들조차 그가 썼다고 여겼다. 예를 들어, 바울과 로마 철학자 세네카가 썼다고 하는 교환 편지가 있는데, 아마 이 편지는 두 사람 모두 죽은 후인 4세기에 쓰인 것으로 추정된다.

신약 성서에는 어쩌면 바울이 쓰지 않았을 수 있는 바울의 편지 6개가 포함되어 있다. 이는 에베소서, 골로새서, 데살로니가후서, 디모데전후서와 디도서이다. 이 편지들은 아마도 바울이 죽은 후 그 세대나 다음 세대인 1세기 후반에 바울의 몇몇 제자들에 의해 쓰인 것 같다(여기에 대해서는 학자들 사이에 논란이 있다). 고대 세계에선 중요한 사상가나 중요 인물의 제자들이 오래전에 죽은 스승의 이름으로 글을 쓰는 일이 매우 일반적이었다. 이런 행위는 오늘날의 위작 행위와는 다르다. 오히려 그것은 스승에 대한 존경의 표현이자, 전승하려는 가르침을 생동감 있게 유지하는 방법으로 간주되었다. 하지만 무엇보다 그것은 당면한 문제들을 다루는 하나의 방법이기도 했다. 스승의 중요한 가르침을 후대의 다른 상황에 어떻게 적용할 수 있을까? 만일 바울이 여기 있다면 뭐

저자를 판단하는 요소들

처음 두 가지 요소, 어휘와 스타일을 확인하기 위해서는 편지에 사용된 언어, 즉 그리스어(고마워요, 알렉산드로스!)에 대한 충분한 지식이 필요하다. 학자들은 모든 편지를 훑으며 단어들을 파악하고 단어군이 나타나는 곳을 비교한다. 예를 들어, 목회서신(디모데전후서와 디도서)에 나오는 900개의 단어 중 3분의 1 정도는 바울의 다른 저술 중 어느 곳에도 나타나지 않는다. 그 단어들은 바울이 자신을 표현하기 위해 통상적으로 사용하던 단어들이 아니다. 그 단어들 중 175개는 신약 성서 어디에도 나타나지 않고, 211개는 2세기의 다양한 글에서 흔히 사용하던 단어들이다. 이런 단어군들을 살펴볼 때, 이 편지들은 바울이 죽고 한참 후인 2세기 초에 기록되었음을 어느 정도 암시하고 있다.

게다가 스타일에도 약간 차이가 있다. 이런 특징들은 번역된 성서에서는 눈에 잘 띄지 않을 때가 있다. 바울은 가끔 질의응답 기술과 짧은 문장을 사용하지만, 이런 문체적 특징들도 이 6개 서신에 나타나지 않는다.

이런 관찰 결과를 어떻게 받아들여야 하는가? 이런 관찰들은 분명 편지들 사이의 몇 가지 차이점을 강조하고 있다. 하지만 의미 있는 결론을 내릴 만큼 글의 샘플들이 충분한 양인지는 모르겠다. 더욱이 그 차이점들은 주제와 상황의 변화 같은 여러 방식으로 설명될 수도 있다. 이는 다른 저자를 지목하는 것일 수도 있지만, 그렇지 않을 수도 있다.

편지가 쓰인 상황과 관련된 세 번째 요인도 마찬가지다. 학자들은 바울이 처했던 상황 중 이 편지들이 어디에 속할지에 대해 논의했다. 우리에겐 정보가 많지 않기 때문에 바울 생애의 연대기를 규정하는 것은 매우 어려운 일이다. 앞서 살펴보았듯, 바울의 편지들은 특정 상황을 다루고 있지만, 이 6개의 편지는 훨씬 더 일반적인 듯하다. 하지만, 다시 말하면, 이런 문제들은 제한된 정보에 기초해서는 해결하기 어려운 문제이며 다른 방법으로도 설명될 수 있다.

라고 말했을까?

바울이 이 편지들을 쓰지 않았을 것이라는 견해는 현대에 와서 등장한 것은 아니다. 바울의 광팬이었던 2세기 인물 마르키온은 (흔히 목회서신이라 부르는) 디모데전후서와 디도서를 바울의 저술 목록에 포함시키지 않았다. 그렇다면 학자들은 이 문서들이 바울이 쓴 것인지 아닌지 어떻게 판단했는가?

일반적으로 바울이 쓴 편지인지 아닌지 여부를 결정하는 네 가지 요소가 있다. 먼저 세 가지 요소는, 어휘, 스타일, 역사적 상황인데 이것은 내가 보기에 아주 결정적이진 않다. 여기서 나온 자료들은 바울이 아닌 다른 저자들을 가리킬 수도 있지만, 그렇다고 그렇게 결론 내릴 만큼 강력한 근거가 되지는 못한다(관련 글 "저자를 판단하는 요소들"을 보라).

보다 강력한 근거가 되는 요소는, 신학적 이해에서 드러나는 중요한 차이에 있다. 바울의 저술이 아닌 것으로 판단되는 6개의 편지는 바울 사상의 중요한 측면들을 다르게 제시한다. 물론 바울의 생각이 바뀌는 것이 가능하기는 하지만, 이 서신들은 생각의 변화 이상의 것을 시사한다. 이 서신들은 바울의 언어를 사용하면서도 바울 사상의 주요 부분을 고쳐서 진술한다. 하나님의 일하심을 매우 다르게 이해하는 것이다. 같은 단어를 사용하지만 의미는 다르다.

가령, 이 서신들에서 드러나는 하나의 중요한 방향 전환은 교회와 관련된 내용이다. 바울 서신에서 교회란, 관계의 문제, 리더십의 문제, 권위의 문제, 그리고 교회가 속한 제국 세계의 문제 등으로 고민하는, 믿는 자들의 지역 공동체이다. 고린도전서 12장에서의 문제는 교회에서 모든 사람에게 주신 은사를 어떻게 사용할 것인가와 관련된 것이었고, 로마서 12장은 관계와 사랑을 강조한다. 또한 갈라디아서는 이방인이 이 모임에 속하기 위해 할례를 받을 필요가 있는지의 여부가 관심이었다. 예수를 믿는 자들의 지역 공동체에 대한 이런 관심과는 대조적으로, 에베소서는 우주적인 주장을 펼친다. 교회는 우주적 실재다. 교회는 "하늘에 속한" 실재이며, 부활하신 그리스도의 "몸"이며 "만물 안에서 만물을 충만하게 하시는 이의 충만함"이다(엡 1:3, 22-23). 이것은 교회에 대한 매우 다른, 우주적인 이해다.

또 하나님의 구원 사역에 대한 이해에서, 현재와 미래 사이의 관계를 설명할 때도 차이가 있다. 예를 들어, 에베소서에서 믿는 자들은 현재에 "모든 신령한 복"(1:3)을 '이미' 받았다. 그리스도는 '이미' "하늘에서 자기의(하나님의) 오른편에 앉히사 모든 통치와 권세와 능력과 주권과…모든 이름 위에 뛰어나게 하시고 (하나님께서) 또 만물을 그의 발 아래에 복종하게 하시고"(1:20-22) 믿는 자들은 '이미' "함께 일으키사 그리스도 예수 안에서 함께 하늘에 앉"아 있다(2:6). 유대인과 이방인의 연합은 '이미' 성취되었다(2:16). 여기서 핵심 단어는 "이미"(already)이다. 에베소서에 따르면, 신자들은 이미 하나님의 뜻을 충만히 경험하고 있다.

그렇지만 현재에 이미 성취되었다는 것에 초점을 두는 방식은 바울이 강조하는 바가 아니다. 고린도 교인 가운데 일부가 비슷한 주장을 했던 것 같은데 바울은 그들을 강하게 반대한다(고전 4:8-10). 왜냐하면 바울에게 이런 일—하나님의 뜻이 충만하게 성취되고 그것을 경험하는 일—은 아직 일어나지 않았기 때문이다. 이런 일들은 장래에 하나님께서 그분의 뜻을 완성하실 때, 성취되도록 남아 있다. 그래서 로마서 6:4-5에서는 그리스도와 함께 신자들이 올라가는 것은 장래의 일로 남아 있다. 그것도 미래 시제로 "그의 부활과 같은 모양으로 연합한 자도 '되리라'"고 했다. 고린도전서 15:20-28을 보면, 그리스도가 오신 후에 "마지막"(15:24) 때에야 그가 모든 통치자들을 다스릴 것이고, 모든 것을 "그 발 아래에 둘" 것이다(15:24-27). 오직 장래에만 유대인과 이방인이 하나님의 자비 안에서 온전히 화목케 될 것이다(롬 11:25-32). 바울에 따르면, 하나님의 다가오는 승리가 장래에 이 모든 것을 성취하실 것이다. 하지만 에베소서는 바울 신학을 재구성하여 장래에 있을 일을 현재로 가져오고, 바울이 장래에 이루어질 것이라 했던 일이 이미 성취된 것으로 선언한다.

바울 사상에 대한 중요한 재구성은 목회 서신에서도 발견된다. 이 편지들에서는 바울이 중요하게 여기는 몇 가지 단어들이 사용되긴 하지만 그것들의 의미가 달라진다. 예를 들어, 바울에게 '믿음'(faith)이란 신뢰, 의지, 순종, 소망 등으로 드러나는 하나님과의 역동적인 관계를 나타낸다. 그러나 목회 서신에서 '믿음'(the faith)이란 하나의 교리를 뜻하게 된다(딤전 3:9). 바울에게 "구원을 주시는 하나님의 능력"(롬 1:16-17)을 의미하던 '의'(righteousness)란 단어는, 올바른 삶의 도덕적 자질이 된다(딤전 6:11). 바울에게 성령의 은사로 세워진 교회(고전 12-14장)는, 위계질서와 고정된 직무가 있는 기관이 된다(딤전 3:1-13). 바울은 교회 개척과 가르치는 일을 포함해 복음의 모든 '사역'을 여성들과 함께했지만(롬 16:1-7), 목회서신에서는 여성이 조용해야 하고 남성에게 순종해야 하며 아이를 낳아야 한다(딤전 2:11-15)고 말한다. 일반적으로 이 6개의 편지는 가정에서 남편과 남성은 지도자이고 여성과 노예는 유순하게 순종하는, 그 당시 사회의 남성 지배적인 가정 형태를 모방한다(엡 5:21-6:9; 골 3:18-4:1; 딤전 3:1-13; 5:1-6). 하지만 남성과 여성의 역할이 동등하고(갈 3:28)[3] 뵈뵈와 브리스가 같은 여인들을 동등한 동역자로 여기는(롬 16:1-3) 공동체를 생각했다는 면에서 보면, 바울이 당시 지배적이던 가부장적 형태를 일관되게 반대한 것은 아니라 하더라도 어느 정도 반대한 것은 맞다고 봐야 한다.

이런 6개의 편지에서 발견된 매우 다른 신학과 교회의 공식들은 바울이 이 편지들을 쓰지 않았을 수 있다는 의견을 제시하게 만든다. 미래에 초점을 덜 맞추고 지배적인 사회 문화 양식에 더 적응한 것으로

---

3   다음을 보라. Elisabeth Schüssler Fiorenza, *In Memory of Her: A Feminist Theological Construction of Christian Origins*(New York: Crossroads, 1983); Janet H. Tulloch와 함께 Carolyn Osiek와 Margaret Y. MacDonald, *A Woman's Place: House Churches in Earliest Christianity*(Minneapolis: Fortress, 2006).

보아, 이 편지들은 바울이 죽고 한 세대 내지 두 세대 후에 쓰였음을 암시하고 있다. 새로운 상황들이 벌어지고 있다. 예수는 돌아오지 않았다. 교회는 장거리 경주를 위해 적응한 듯하다. 편지들은 이런 새로운 상황에 대응하고 있다. 이 편지들은 교회가 골격을 세우고, 제도를 갖추며, 믿음을 견고히 하고, 외부인들과의 경계를 설정하고, 신자들에게 도덕적 삶을 권고하도록 돕는다. 말하자면, 이 6개의 편지에서 (바울의 이름을 앞세운 그의) 추종자들은 바울이 전한 메시지를 이런 새로운 상황에 맞게 재해석한 것으로 보인다. 신약 성서에는 이렇듯 매우 다양한 신학적 이해가 담겨 있다.

사도행전에서 바울을 이야기의 영웅 쯤으로 묘사할 때도 비슷하게 재해석이 이루어진다. 사도행전에서 바울은 어떤 편지도 쓰지 않는다. 그는 선교사다. 사도행전도 1세기 후반이나 2세기 초 수십 년 사이에 쓰인 것으로 보인다. 사도행전의 큰 의제는 하나님의 뜻 안에 이방인 신자들이 포함되느냐와 관련된 것이었는데, 이방인에 대한 선교는 처음부터 하나님의 선하신 뜻이었음을 보여 준다.

사도행전 도입부에서, 부활한 예수는 제자들에게 예루살렘에 남아 있으라고 말한다. "오직 성령이 너희에게 임하시면 너희가 권능을 받고 예루살렘과 온 유대와 사마리아와 땅끝까지 이르러 내 증인이 되리라 하시니라"(행 1:8). 제자들은 (1) 예루살렘과 (2) 온 유대와 사마리아와 (3) 땅끝, 이 세 지역에서 증인이 되어야 한다. 부활한 예수는 그들에게 성령을 통해 능력을 주리라 약속할 뿐만 아니라, 그들에게 세계 선교를 위임한다. 더불어 이런 지리적 구분을 통해 사도행전의 내용이 어떻게 진행될지에 대한 구조와 개요도 함께 제공한다. 1-7장은 예루살렘에 있는 신자들에게 초점을 맞춘다. 8장에서 "큰 박해"로 신자들은 유대와 사마리아로 흩어진다(8:1). 9-28장은 이방인에 대한 선교를 이야기한다. 열방 가운데로 이 선교가 확장됨으로 말미암아 1:8에 요약된 예수의 계획이 실행된다.

이 이방인 선교를 맡은 주요 대행자가 바울이다. 사도행전에서 바울은 이방인에게 복음을 전하며 선교 과정 중에 고난을 겪는 선교사로 그려진다. 셋째 단원(행 9-28장)은 부활한 예수가 "내 이름을 이방인과 임금들과 이스라엘 자손들에게 전하기 위하여"(9:15) 바울을 부르는 장면으로 시작한다. 22장과 26장에서 두 번 더, 바울이 "모든 사람 앞에서…(예수의) 증인"(22:15)이 될 것이고, 부활한 예수가 "(바울을) 멀리 이방인에게로 보내리라"고 하는 등 바울의 부르심에 대한 설명이 나온다(22:21; 26:17, 20). 여기 세 차례의 설명 부분에서 적어도 여섯 번, 하나님 혹은 부활한 예수가 이방인의 선교사로서 바울의 정체성과 역할을 제시한다. 무엇인가 여러 차례 반복된다면 중요한 것임에 틀림없다. 무엇인가 반복된다면 중요한 것임에 틀림없다. 무엇인가 반복된다면, 그것은 …

10-11장에 들어오면 베드로와 이방인 고넬료의 중대한 만남으로 관심이 옮겨 간다. 이 이야기는 천사들(행 10:3-7; 11:13), 환상(10:11; 11:5), 하

나님의 음성(10:13-16; 11:7-9), 성령(10:19, 44-48; 11:12, 15), 하나님(10:28; 11:17) 그리고 주(10:33)에 대한 언급으로 가득하다. 하나님의 인도, 개입 및 해석이 이야기에 두드러진다. 이방인 선교는 하나님의 사역이다.

다음 몇 장에서 베드로는 무대에서 점차 사라지고, 바울이 이방인 선교사로서 전면에 등장한다. 사도행전 13장에서 바울은 비시디아 안디옥이란 도시에서 설교하는데, 이사야 49:6의 말씀을 자신에게 적용해 말한다. "주께서 이같이 우리에게 명하시되 내가 너를 이방의 빛으로 삼아 너로 땅끝까지 구원하게 하리라 하셨느니라"(13:47). 사도행전 후반부에서 바울은 하나님께서 승인하신 이방인 선교를 결연하게 행하는 선교사 영웅으로 묘사된다. 선교 사역 내내 그는 많은 고난을 겪는다. 그의 설교는, 돌팔매질(14:5-6, 19-20), 분쟁과 다툼(15:5, 36-40), 군중의 폭력과 폭동(16:19; 17:5-9; 19:21-41; 21:27-36), 태형(16:22-24), 체포(21:30) 그리고 감금(16:23-34; 21-28장) 등 지속적인 반대에 부닥친다. 처음부터 끝까지 바울은 하나님께서 주신 확신으로 말미암아 교회에 대한 설교와 가르침을 전할 수 있었다(16:10; 18:9-10; 22:21; 23:11).

사도행전은 "땅끝"(1:8)까지 복음을 전파하라는 부활한 예수의 명령에 충성한 자로 바울을 묘사한다. 마침내 제국의 중심부인 "로마에서도 증언"할 수 있게 되면서 그는 자신의 임무를 완수한다(32:11). 사도행전은 "하나님의 이 구원이 이방인에게로 보내어진 줄 알라"(28:28)는 선포와 함께, 로마에서 가택연금된 바울을 보여 주는 장면으로 끝마친다.

그러나 바울 서신과는 달리 바울의 선교 사역을 보면 이상한 점이 있다. 사도행전에서 바울은, 비록 이방인을 위한 선교사로 위임 받았지만, 대개는 먼저 유대인 공동체를 방문한다(행 16:11-15; 17:1-4). 사도행전에서는 이 공동체에 속한 몇몇이 믿기는 하지만 대부분은 바울과 복음을 거부한다. 현실이 이렇다면 유대 백성이 하나님의 뜻 안에 포함돼 있다는 기대를 갖기는 어렵다. 그러나 이것은 바울이 로마서 11장에서 말한 내용과 완전히 반대다. 바울은 "온 이스라엘이 구원을 받으리라"(11:26)는 확신뿐만 아니라, "하나님이 모든 사람을 순종하지 아니하는 가운데 가두어 두심은 모든 사람에게 긍휼을 베풀려 하심"(11:32)이라는 확신을 갖고 있었다. "모든"(all)이란 문자 그대로 모두를 의미한다. 사도행전에서의 바울은 다르다.

다른 서신들

사후에 저작권이 인정된 서신이 바울에게만 있지는 않다. 신약 성서에는 베드로, 요한 그리고 야고보와 관련된 서신들도 포함되어 있다. 공간의 제약으로 이 모든 서신들을 논의할 수는 없고, 요한의 이름으로 쓰인 3개의 서신과 유다서는 제외하겠다.

베드로의 이름으로 된 2개의 서신은 네로가 로마에서 신자들을 박해하던 시기, 즉 전통적으로 서기 60년대에 있었다고 알려진 베드로의 순교 이후에 작성되었을 것이다. 물론 두 서신이 베드로를 공경하여 그의 이름과 권위를 언급하고 명백히 자전적인 내용이 들어 있음에도 불구하고(벧전 5:1; 벧후 1:16-18), 베드로전서에 사용된 세련된 그리스어나 베드로후서에 나오는 앞선 세대의 사도에 대한 언급 등으로 볼 때 이 두 서신의 저자 목록에서 베드로를 제외하는 게 맞을 듯하다. 어떤 이들은 베드로후서가 서기 약 120년대에서 130년대 쯤, 즉 신약 성서 중 가장 늦게 쓰인 서신일 수 있다고 생각한다.

베드로전서. 아마도 로마에서 보내온 이 편지는, 소아시아(오늘날 터키) 북쪽의 성도들을 위해 쓰였다. 편지는 그들에게 예수를 따르는 자로 충성되이 살 것을 권한다. 먼저 하나님의 자비로운 뜻 안에 있는 그들의 정체성을 설명한 후에(1:3-12) 하나님께서 그들을 거룩하고 순종하며 고결하고 충성스런 삶을 살도록 부르셨음을 밝힌다(1:13-4:19). 이방인 가운데서 좋은 평판을 얻고(2:12-17), 예수의 고난을 본받거나 참여하는 것(3장; 4:12-19)은 중요한 동기가 된다. 편지는 불행히도 노예제(2:18-25)와 여성의 종속적인 역할(3:1-7)을 당연히 여기거나 고수한다. 장로들, 짐작하건대 모임의 지도자들을 향해 "하나님의 양 무리"(5:1-11)에 대한 책임에 충실할 것을 권면하면서 편지는 끝난다.

베드로후서. 이 편지의 저자는 자신이 "시몬 베드로"(1:1)이며 죽을 날이 가까웠다고 소개하고 있다(1:12-15). 그는 불특정한 독자들(1:1)에게 그들의 믿음의 기본들을 "생각나게" 하려고 일종의 고별 편지를 쓴다. 저자는 그들 가운데 등장한 거짓 교사들에 대해 우려하며(2:1), 2장 대부분에 걸쳐 전통적인 용어를 사용하여 그들의 거짓 전략과 행실을 묘사한다. 그는 독자들에게 하나님께서 거짓 교사들을 멸하실 것이며 믿는 자들을 반드시 지키고 구원하실 것임을 확언한다(2:9). 거짓 교사들은 특히 예수의 재림에 대한 확신을 비웃은 것처럼 보인다(3:4). 이에 대응하여 저자는 하나님의 신실하심(3:9-10)을 독자들에게 상기시키고 예수의 재림과 하나님의 뜻이 성취될 것을 기다리되, 거룩하고 경건한 기대를 가지고 살아갈 것을 촉구하고 있다(3:11-18).

야고보서. 베드로후서처럼 이 편지도 영향력 있는 지도자가 일반 독자들에게 쓴 편지다. 예수의 형제이며, 서기 62년에 죽을 때까지 예루살렘 교회의 지도자였던 야고보가 이 편지의 실제 저자인지는 분명하지 않다. 편지에서는 토라에 대한 충성과 관련한 그의 우려가 드러나지도 않고 예수의 삶, 죽음, 부활 혹은 재림에 대한 직접적인 언급도 없다. 예수의 이름은 1:1과 2:1에 고작 두 차례만 나온다. 이 편지는 신자들의 모임(2:2)의 일원인 과부와 고아(1:27)를 포함해 신분이 낮은 가난한 사람들(1:9)에 대한 깊은 염려를 담고 있다. 이들은 기본적인 생계 수단조차 누군가의 도움에 의지하고 있었다(2:14-17). 특히 자기의 부를 자랑하고(2:2) 가난한 자들을 업신여기는(2:5-7) 부유한 자들을 비판한다(1:10). 그들은 오만하게도 자신의 삶이 안전하리라 확신하지만(4:13-17),

하나님의 심판에 직면해 있다(5:1-6). 야고보서는 여러 가지 시험을 당하고(1:2-4, 12-16), 하나님께 지혜를 구하며(1:5-8), 말씀을 행하는 자가 되고(1:19-27; 2:14-26), 편견 없이 실제로 이웃을 사랑하며(2:1-13), 조심해서 말하고(3:1-12; 4:11-12), 세상의 친구가 되는 것보다 하나님께 순종하고(4:1-10), 예수의 재림 때까지 충심으로 견디며(5:7-12), 신실하게 기도하는(5:13-20) 실천적 제자도를 가르치고 있다.

히브리서. 이 책에는 "권면의 말"(13:22)이라는 소개글이 달려 있다. 권면을 받는 사람들이 유대인인지, 이방인인지 아니면 둘 다인지는 분명하지 않다. 이 편지에는 수신자들이 어떤 환경에 처해 있는지 짐작할 만한 단서가 있다. 어떤 이들은 성장하지 못한 채로 있고(5:11-12), 어떤 이들은 그리스도에 대한 처음 헌신에서 멀어졌으며(6:4-6), 어떤 이들은 그리스도에 대한 헌신을 힘들게 하는 박해와 대립적인 상황에 직면해 있고(10:32-36), 또 어떤 이들은 "피곤하고 낙심"하여 유대교로 돌아갈 위험이 높다(12:3). 이 문서에는 주로 가르치는 부분과 권면하는 부분이 번갈아 나온다. 설명의 대부분은 히브리 성서, 특히 시편, 모세오경, 선지서 등에서 가져오고, 이를 예수와 연결시켜 해석하는데, 그에 따르면 예수는 하나님의 아들이며(3장) 대제사장(4-5장)이자 새 언약의 중보자(8장)이며 희생제물(9-10장)이다.

요한계시록. 이 신비한 책이 시작되는 첫 단락을 펼치면 세 가지 장르가 보인다. 먼저 예수 안에서 나타난 하나님의 뜻에 대한 "계시" 혹은 묵시다(1:1-2). 하나님의 뜻을 알리는 예언 혹은 예고이며(1:3), 그리고 그 계시를 소아시아 지역 일곱 교회에 전하는 편지이기도 하다(1:4-5, 20; 2-3장). 요한계시록은 무엇을 계시하는가?[4]

첫 장에서는 이 책의 성격을 밝히는데, 하나님의 세상을 향한 하나님의 말씀이라고 주장한다. 1장에서는 부활한 예수를 "충성된 증인으로 죽은 자들 가운데에서 먼저 나시고 땅의 임금들의 머리"(1:5)이자, 요한이 전하려는 신적 계시의 방편으로 묘사한다. 하나님의 뜻에 대한 계시는 2-3장에서 아시아에 있는 일곱 교회를 향한다. 일곱 개의 짧은 편지에서 이들 교회를 칭찬하기도 하지만 책망하기도 한다. 그 계시의 핵심은 로마 제국이 지배하는 세상에서 예수를 믿는 신자들이 너무 안락하며, 우상 숭배나 우상에게 바쳤던 음식을 먹는 등(2:14) 문화적 관습에 너무 물들어 있다는 것이다. 그들의 이런 문화적 적응이 복음 증거와 제자도에 위협이 되므로 그들은 구별되고 충성스럽게 살아야만 한다(계 2:1-17).

4-5장은 요한이 천국에 들어갔을 때 그곳에서 목격한 창조주요(4장) 구속자이신(5장) 하나님께 드려지는 참된 예배를 하나의 대비되는 장면으로 계시하고 있다. 6-7장은 로마 제국이 지배하는 세상에 대한 심판이 (비록 세상은 회개할 기회가 있지만, 계 8-11장) 지금 임하여 있다고 계시한

---

[4] Warren Carter, *What Does Revelation Reveal? Unlocking the Mystery*(Nashville: Abingdon, 2011)을 보라.

다. 12-14장은 황제 숭배를 부추기고 제국의 경제 시스템을 통제하는 배후의 악한 세력이 마귀임을 계시하고 있다. 계시록은, 비록 겉으로 드러나는 변화는 없을지언정, 로마의 영원한 제국에 대한 심판의 때가 이미 도래했음을 계시한다(계 15-18장). 그 자리에 하나님의 선하시고 생명을 주는 통치가 대신 세워진다(19-22장).

복음서

바울 서신, 히브리서 그리고 요한계시록과 마찬가지로, 복음서 역시 예수를 믿는 자들의 공동체가 당면한 특수한 상황과 요구에 대응하고 있다. 그러나 복음서는 적어도 두 가지 뚜렷한 다른 방법을 사용한다.[5]

첫째, 복음서는 목회적이고 신학적인 작업을 수행하기 위해 '이야기'라는 방식을 사용한다. 보통 편지는 저자가 여러 단계에 걸쳐 주장하는 바를 수신자가 잘 따라와 주기를 기대하지만, 복음서는 이야기를 한다. 바울 서신이 문제가 되는 의제를 제시하는 반면, 복음서는 이야기를 짠다. 바울이 "은혜"를 말한다면, 마태는 마리아가 성령으로 예수를 잉태

---

[5] 복음서에 대해서는 Warren Carter, *Mattew: Storyteller, Interpreter, Evangelist*(Peabody, MA: Hendrickson, 2004); Warren Carter, *John: Storyteller, Interpreter, Evangelist*(Peabody, MA: Hendrickson, 2006)을 보라.

복음서 저작 시기 추정하기

비록 훨씬 나중에 특정 상황에서 벌어질 사건이지만, 예수가 사역하던 시기에 예루살렘의 멸망을 언급한 내용들을 주목해 보라.

- 마태복음 22:1-10과 누가복음 14:15-24. 누가복음의 큰 잔치 비유는 마태복음에서 임금이 결혼한 아들을 위해 베푼 혼인 잔치로 바뀐다. 사람들이 초대를 거절하자 임금이 노한다(22:7). 누가복음(14:21)에서는 주인이 이때 종들을 보내 거리의 사람들을 초대한다. 마태복음에서는 임금이 "그 살인한 자들을 진멸하고 그 동네를 불사르고"(7절) 그 후에 잔치를 연다. 대부분의 해석자들은 마태가 서기 70년 로마가 예루살렘을 불사른 사건을 성자 예수를 거절한 예루살렘 지도자들에 대한 형벌로 해석하여 (누가복음에는 없는) 7절을 추가했다고 본다.
- 마가복음 13:2. "네가 이 큰 건물들을 보느냐 돌 하나도 돌 위에 남지 않고 다 무너뜨려지리라."
- 누가복음 19:41-44. 예수는 예루살렘에 관하여 말한다. "네 원수들이 토둔을 쌓고 너를 둘러 사면으로 가두고 또 너와 및 그 가운데 있는 네 자식들을 땅에 메어치며…이는 네가 보살핌 받는 날을 알지 못함을 인함이니라." 마지막 절은 서기 70년의 예루살렘 멸망을 예수에 대한 거절과 관련해 신학적으로 해석한 것으로 제시된다.
- 누가복음 21:20. "너희가 예루살렘이 군대들에게 에워싸이는 것을 보거든 그 멸망이 가까운 줄을 알라."
- 요한복음 11:48. "만일 그를 이대로 두면 모든 사람이 그를 믿을 것이요 그리고 로마인들이 와서 우리 땅과 민족을 빼앗아 가리라." 여기서 요한이 전형적으로 사용하는 아이러니가 등장한다. 그들로서는 예수가 계속 사역하게 내버려 두면 안 되었다. 그래서 십자가에 못 박는다. 그러나 이 사건이 서기 70년 로마에 의한 예루

> 살렘 멸망을 막지는 못한다. 즉 48절은, 예루살렘이 멸망함으로써, 그들이 잘못했음을 드러내기 위한 의도로 보인다.

한 이야기, 하나님의 은혜로운 계획에 대한 이야기를 들려준다(1:18-25). 독자들은 이야기를 읽어 나가면서, 장면을 연결시켜 줄거리를 구성하고 등장인물을 파악하고 그 관점에 대해 검토하면서 점차 예수의 제자 되기를 배운다. 독자들은 이야기를 읽는 동안 하나님의 관점이 무엇인지, 그리고 충성하며 살아가려면 무엇을 해야 하는지 깨닫게 된다.

그리고 둘째, 예수의 현존을 다룬다는 점에서 복음서는 서신서들과 다르다. 서신서가 예수의 죽음, 부활, 재림에 집중하는 반면, 복음서의 이야기는 예수의 전 생애에 걸친 공적 활동에 보다 집중한다. 복음서에서는 하나님의 변혁시키는 일하심이, 예수의 전 생애에 걸친, 가르치고 병을 고치고 귀신을 쫓고 함께 음식을 먹는 등의 행적을 통해 나타나는 것을 볼 수 있다. 그래서 마태복음에서 예수는 잉태 시점부터 하나님의 구원이 함께하심을 드러내도록 위임을 받은 자로 묘사된다(1:21-23). 이 임무가 예수의 사역을 아우르는 틀이 되었다. 그러므로 "예수의 사역에서 십자가를 제외하면 다른 모든 건 중요하지 않다"고 생각해선 안 된다. 마태복음에서 예수의 모든 행적이 아주 중요했다. 그 모든 것이 하나님의 구원이 함께하심을 드러내기 때문이다.

그림 6.3. 티투스의 포위 공격에 무너지는 예루살렘

내용 전개 방식에서 서신서나 복음서 중 어느 것이 더 나은 접근법인지는 단정할 수 없다. 다만 신학적이고 목회적인 사역을 행함에 있어 각기 다른 방식을 선택했을 뿐이다.

마가, 마태, 누가, 요한에 따르면 복음서들은 예수가 죽은 지 약 45년 내지 50년 후인, 1세기 후반에 쓰였다. 저술 시기를 추정하는 가장 명확한 암시는 서기 70년 로마에 의한 예루살렘과 성전 파괴에 대한 언급 방식과 그에 대해 고찰한 내용에 있다. 또한 2세기 초에 시작하는 초기 기독교 저술들은 (출처를 정확히 밝히지 않지만) 복음서에 나오는 자료를 인용한다. 이런 자료들을 통해 우리는 복음서가 작성된 시기를 서기 약 70-100년 사이로 추측해 볼 수 있다.

그림 6.4. 복음서를 쓰고 있는 마태

(서기 30년경 십자가에 못 박힌) 예수의 시대와 (70-100년경에 쓰인) 복음서의 시대 사이에 약 50년 정도의 간격이 있다는 건 중요한 의미가 있다. 무엇보다 복음서가 저술되는 방식에 영향을 준다. 복음서들은 예수의 제자들이 고된 하루의 사역을 마치고 쓴 예수 사역에 대한 목격담이 아니다. "있는 사실 그대로"를 객관적이고 균형 잡힌 시각으로 쓴 보고서 흉내를 내지 않는다.

오히려 복음서들은 "의도가 담긴" 문서다. 복음서들은 내부자들이 내부자들을 위해 쓴 것이다. 분명히 예수에게 초점을 맞추고 있다. 그리고 제자의 삶에서 예수의 의미를 상세히 설명한다. 그래서 복음서들은 고백으로 시작한다.

- "하나님의 아들 예수 그리스도의 복음의 시작이라"(막 1:1).
- "아브라함과 다윗의 자손 예수 그리스도의 계보라"(마 1:1).
- "태초에 말씀이 계시니라"(요 1:1-18).

이런 고백들은 예수 시대 이후 50년 동안 설교, 가르침, 예배, 실천적 돌봄, 예수에 대한 성찰 같은 교회 활동 등을 통해 만들어지고 정교히 다듬어진 통찰들이다. 요한복음 12:16은 이 과정에 대해 다음과 같이 표현한다. "제자들은 처음에 이 일을 깨닫지 못하였다가 예수께서 영광을 얻으신 후에야 이것이 예수께 대하여 기록된 것임과 사람들이 예수께 이같이 한 것임이 생각났더라." 복음서들은 부활 후에 저술된 책들이다. 이야기의 결국을 다 본 시점에서 (막 9:9-10; 요 2:22; 20:9에 나온 것처럼) 되돌아보면서 쓴 책들이다.

복음서의 예수

예수는 이야기의 주인공으로 복음서에 등장하지만, 네 개의 복음서가 같은 방식으로 예수를 묘사하지는 않는다.

마가복음은 하나님 통치의 대행자요 자신의 행적을 통해 하나님의 뜻을 나타내는 자로 예수를 묘사한다(1:14-15). 그러면서도 예수는 어딘가 신비스럽고 자신을 감추려 하는, 다소 역설적인 모습으로도 비친다. 가령 그는 보통은 가르치는 자로(1:12-22) 또는 선생으로(4:38) 묘사되지만, 마가복음에는 예수의 가르침이 많이 포함되지 않았을 뿐더러, 그에게 배움을 얻는 사람들이 많아 보이지도 않는다. 그를 따르는 제자들 역시 군중들과 마찬가지로 예수를 이해하지 못한다(4:13, 40-41; 8:14-21). 소수의 외부인만 (놀랍게도 마귀조차) 그가 누구인지 알아차리지만(1:23-24, 34; 5:7), 예수는 그들에게 자신의 정체에 대해 발설하지 말라고 한다(5:43; 7:36; 8:30). 그리고 복음서 말미에 예수가 죽음에서 부활했다고 선언하지만, 16:1-8에서 예수는 등장하지 않는다.[6]

마태복음과 누가복음은 보다 신비스럽지 않은 방식으로 예수를 묘사한다. 마태복음은 예수가 잉태되는 순간부터 그의 사명이 구원의 하나님께서 함께하심을 나타내는 것이라고 설명한다(1:21-23). 4:17에서 공생애가 시작되고 연이어 등장하는 예수의 행적들을 이 사명의 관점에서 해석한다. 마태복음과는 같고 마가복음과는 달리, 누가복음은 예수의 공생애 이야기를 천천히 소개한다. 누가복음 첫 장은 하나님의 신실하심과 관련된 이스라엘 백성의 삶의 정황 속에서 예수를 등장시킨다. 몇몇 신자들이 경험하는 불안 또는 불확실성을 언급하면서도, 누가는 하나님께서 예수 안에서 자기 뜻을 나타내신다는 사실을 데오빌로 같은 신자들이 "더 확실하게"(눅 1:4) 알게 되기를 원한다. 다윗의 계열에서 나온 하나님의 아들 또는 대행자로서 예수가 행하는 모든 일은 하나

---

6 보다 긴 버전의 (마가)복음 사본의 마지막(16:9-20) 부분은 2-3세기 정도 후에 추가된 것이다.

님의 통치를 구현하는 게 될 것이다(1:32-33). 예수는 안식일에 나사렛에서 이사야 61장의 말씀을 자신에게 적용하는 것으로 공생애를 시작한다(눅 4:18-21). 예수를 보내 "가난한 자에게 복음을 전하게 하시려고… 포로 된 자에게 자유를, 눈 먼 자에게 다시 보게 함을 전파하며 눌린 자를 자유롭게 하고 주의 은혜의 해를 전파하게" 하려고 하나님의 성령이 임하여 그에게 기름을 붓는다(눅 4:18-19). 사회적 해방과 하나님의 은혜를 선포하는 이 말씀은 갈릴리에서 예루살렘까지, 죽음과 부활에 이르는 그의 공생애의 큰 틀을 형성한다(9-19장).

요한복음은 영생을 주시려는 하나님의 뜻을 나타내는 자로 예수를 소개한다. 예수는 하나님으로부터 왔다. 그는 하나님께서 하시는 일을 보고(5:19) 하나님께서 하시는 말씀을 들었으며(14:10, 24), 보고 들은 것들을 나타내려고 하늘에서 내려왔다(6:38). 이 계시를 받아들이고 믿는 자들은 하나님을 알게 될 것이며(1:12; 17:3) "영생"(3:16; 5:24)에 들어가게 될 것이다. 이 생명이 있으면 하나님의 뜻을 완수하는 일에 참여하게 되며, 예수도 그의 풍성하게 하고 온전하게 하는 사역을 통해 이를 보여 주었다(2:1-11; 4:46-54; 6:1-14).

제자 되기

복음서들이 기록된 목적은 단순히 예수에 대한 정보를 제공하는 데 있지 않다. 오히려 목회적이고 신학적인 의도가 중요한데, 이는 예수를 더 잘 알아서 헌신하게 하고 그로 말미암아 예수의 제자로서 정체성을 형성하고 삶의 방식을 배워 가는 데 있다. 예수를 전하는 것뿐만 아니라 복음서는 제자가 되는 것을 다양한 방식으로 보여 준다.

빠르게 흘러가는 마가복음의 이야기에서, 제자들은 예수와 함께 있으면서 전도하고 권능도 갖도록 세움을 받는 인물들로 묘사된다(3:13-15). 그들은 예수를 이해할 만한 자들로 여겨졌으나(4:10-12) 그렇지 못하는 모습을 지속적으로 보여 준다. 예수는 그들에게 두려워하기보다 믿음을 갖도록 도전하고, 둔하기보다 깨닫고 이해하라고 도전한다(4:40-41; 8:14-21). 그러나 예수가 십자가에 못 박혔을 때, 제자들은 달아난다(14:50). 예수의 무덤 앞에서, 하늘로부터 온 존재들이 몇몇 여자 제자들에게 나타나 부활한 예수를 갈릴리에서 만날 것을 제자들에게 전하라고 지시한다. 비록 여자들이 "무서워하여 아무에게 아무 말도 하지 못하"(16:6-8)였지만 말이다. 이야기는 여기서 갑작스럽게 끝이 나고, 독자들은 충성스런 삶과 두려움의 침묵 사이에서 선택을 내려야 하는 기로에 선다.

마태의 서술 방식은 다르다. 그는 예수가 자기 정체성과 삶의 방식에 대해 분명하고도 직접적으로 제자들에게 전한 가르침을 크게 다섯 가지 주제로 나누어 복음서에 담았다. 4:18-22에서 처음 제자들을 부른 직후 5-7장에는 산상수훈이 나오는데, 제자의 삶에 대해 설명하고 있다. 예수는 10장에서 선교적 삶에 대해, 13장에서는 하나님 통치가 이

그림 6.5. 복음서를 쓰고 있는 누가

루어지는 삶에 대해, 18장에서는 공동체적 차원에서의 제자도에 대해 가르친다. 24-25장은 하나님의 뜻이 종말론적으로 성취되는 것에 대해 요약하고 있으며, 제자들은 그 뜻을 따라 살아야 한다.

누가는 복음서의 속편(사도행전)을 추가하면서 제자도란 예수를 닮아 가는 것이라고 제시한다. 사도행전은 두 부분으로 구성된 저술 중 두 번째 부분이다. 비록 성서에서는 누가복음과 사도행전이 그 사이에 위치한 요한복음에 의해 분리되어 있지만 말이다. 사도행전은 예수의 제자들의 행적에 초점을 맞추고 있다. 제자들의 행적에서 특징적인 것은 그들이 예수를 모방한다(imitate)는 점이다. 예수에게 성령이 임한 것처럼(눅 4:18), 오순절을 맞는 그의 제자들도 그랬다(행 2장). 예수가 그의 죽

그림 6.6. 요한

음과 부활에 대하여 가르쳤듯(9:22; 18:31-33; 24:44-46), 제자들 역시 그랬다(행 4:10-12; 17:3). 예수가 마귀를 내쫓고, 병자를 치유하고, 죽은 자를 일으켰듯(눅 4:31-37; 5:17-26; 7:11-17), 그의 제자들도 그랬다(행 19:12; 20:7-12). 예수는 부와 재산을 함께 나누기를 요구했고, 제자들 역시 그렇게 했다(행 4:32-34). 제자도란 예수를 모방하는(본받는) 것이다.

요한은 예수의 사역이 계속 이어지는 데 있어 제자들의 역할을 강조한다. 처음 12개의 장을 통해, 제자들은 예수의 사역 속에서 생명을 주는 하나님의 뜻이 나타남을 목격한다. 그러고 나서 13-17장에서 예수는 제자들과 일종의 수련회를 갖는다. 예수는 자신이 하나님께 돌아가고 나면, 자기 없이 제자들이 어떻게 살아야 할지 가르친다(13:1). 무엇보다 제자들이 서로 돌아보아 사랑할 것(13:33-34), 제자들이 "큰 일"을 하게 될 것(14:12), 제자들과 함께하며 인도하실 보혜사 성령이 임재할 것(14:15-16, 25-26), 예수의 가르침을 따르며 살 것(14:21), 부활한 예수로부터 생명을 얻을 것(15:1-11), 그리고 다른 가치와 관습을 따라가는 사회로부터 박해에 직면할 것(15:18-25) 등에 대해 강조한다.

공관복음

이렇듯 복음서 저자들은 제자들에게 예수가 차지하는 중요성을 해석하기 위해 다양한 방식으로 예수에 관한 전승들을 다루고 있다. 그럼에도 독자들은 요한복음이 나머지 세 복음서(마가복음, 마태복음, 누가복음)와 상당히 다르다는 것을 오랫동안 주목해 왔다. 세 복음서는 일정 정도 의미 있는 차이를 보이긴 하지만, 대개는 서로 유사하다고 여겨진다. 이들 세 복음서에는 때론 동일한 문구가 사용된, 때론 같은 순서로 배열된 많은 이야기들이 실려 있다. 이렇게 비슷해 보이는 특성 때문에 세 복음서를 공관복음이라고 부른다. '공관'(Synoptic)이란 '함께'(syn)와 '보고 있는'(optic)이라는 두 단어의 합성어다. 그렇다면 이들 세 복음서는 어떻게 서로 비슷하면서도 다를 수 있는가? 이 질문은 ("이 세 복음서의 유사점과 차이점을 어떻게 설명해야 하는가?"라는) "공관복음의 문제"로 잘 알려져 있다.

가장 일반적으로는 다음 세 가지 요소로 설명할 수 있다. 예수에 관한 원자료나 전승의 역할, 복음서 저자들의 핵심 역할, 그리고 각각의 복음서가 진술하는 상황의 중요성이다.

유사성 정도를 살펴보면, 세 복음서는, 적어도 몇몇 곳에서, 공통의 문헌자료에 기반하고 있으며 문학적으로도 상호의존성을 보인다. 마가복음이 가장 먼저 쓰였고, 마태복음과 누가복음이 마가복음을 원자료로 사용했다는 것이 일반적인 시각이다. 예를 들어, 마태복음에는 마가복음의 대략 660절 중 55절 정도를 제외한 나머지가 전부 포함되어 있다. 마태복음과 누가복음은 단순하게 마가복음을 전해 받은 것이 아니라, 신학적 이해를 보다 명확히 표현하고 독자들이 처한 특별한 상황에 맞게 마가복음을 편집하고 수정했다. 예를 들어 마가는 예수가 가르쳤다는 점을 계속 언급하지만, 정작 마가복음에는 예수가 가르친 많은 말씀이 담겨 있지 않다. 마태는 마가가 수집한 주요 자료 가운데 두 가지를 확장시킬 뿐만 아니라(막 4장과 마 13장; 막 13장과 마 24-25장 참조), 마가복음에는 없는 예수의 가르침 세 단락을 삽입함으로(마 5-7장; 10장; 18장) 마가복음의 이런 결핍을 바로잡는다. 마태복음 5-7장은 산 위에서 전한 설교들로 구성되어 있다. 이렇게 마가의 이야기에 삽입된 부분은 마가복음 1:16-20과 마태복음 4:18-22; 마가복음 1:21과 마태복음 4:23-25; 5:1-2; 그리고 마가복음 1:22과 마태복음 7:28-29을 비교해 보면 분명하게 드러난다.

마태복음과 누가복음이 마가복음을 기반으로 하여 쓰였기에, 마태복음(28장)과 누가복음(24장)은 마가복음(16장)보다 훨씬 길어졌다. 그러면 그 밖의 자료들은 어디에서 온 것인가? 마태복음과 누가복음의 약 4분의 1 정도가 마가복음에는 없는 공통 자료로 이루어졌다. 대체로 이 자료는 문구와 순서가 비슷하다. 어떤 이들은 오직 마태복음과 누가복음의 저자들만이 사용한 2차 문헌 자료가 있었을 것이라는 주장으로 이런 유사성을 설명했다. 이 자료는 (Q라고 불리는데, '원자료'라는 의미의 독일어 Quelle에서 왔다. 제임스 본드 영화에서 유래한 것이 아니다.) 실제로 발견된 적이 없음에도, 그럴 듯하게 재구성되어 왔다. 이론상으로, 그 자료는 예수의 어록을 포함해 광야의 시험 이야기(마 4:1-11; 눅 4:1-13), 백부장의 하인/아들을 치유한 이야기(마 8:5-13; 눅 7:1-10) 등으로 구성된다. 일부 학자들은 이것이 문서가 아닌 구술 자료 모음일 것이라 주장하기도 했다.

마가복음을 원자료로 사용할 때와 마찬가지로, 마태와 누가는 Q 자료 역시 그들의 특정 의제에 맞춰 편집이나 수정을 가했을 것이다. 그 좋은 예로 백 마리의 양 무리 중 잃어버린 한 마리 양 비유가 있다. 이 비유가 서술되는 방식과 배치를 보면, 누가는 양을 찾았을 때 열리는 잔치를 강조한다(눅 15:3-7). 한 마리 양을 잃어버렸다가 다시 찾았다. 누가는 탐탁지 않은 "세리"(점령국 로마에게 협력한 사람들)와 "죄인들"(당신이 좋아하지 않는 사람들에게 붙이기 딱 좋은 이름)을 환대하고 함께 음식을 먹은 예수에 대한 비난 직후에 이 비유를 둔다. 이런 배치는 예수의 말씀을 받아들이는 회개한 죄인들을 위해 하늘에서 열리는 잔치를 보여 주면서 이 비판에 대처하고 있는 것이다.

마태는 같은 비유를 매우 다른 방향으로 이끌어 간다. 먼저, 그는 이 비유를 18장에 배치시킨다. 이 장은 사회에서 소외 받는 자들을 향한 비난과 관련이 없다. 오히려 18장은 제자들이 서로 어떻게 관계를 맺으며 살아야 하는지에 초점을 맞춘다. 마태는 그 비유의 도입부와 결론부에 편집을 가하는데(18:10, 14), "죄인"이나 소외 받는 자들에 대한 환대를 언급하는 대신, 예수의 제자들이 서로 보살피며 적극적으로 돌아보도록 교훈한다(18:15-20).

이렇게 마태복음과 누가복음은 공통 자료 Q에서 가져온 자료를 추가함으로, 마가복음에 실린 예수 이야기의 기본 개요를 확장시킨다. 또한 마태와 누가는 그들만의 고유한 자료도 포함시켰다. 알파벳 문자를 사용해 마태복음 고유의 자료는 M으로 구별하고, 누가복음 고유의 자료는 L로 식별한다. M과 L 모두 여러 전승들을 꽤 느슨한 기준으로 모아 놓은 것처럼 보인다.

복음서가 어떻게 기록되었는지에 대한 이 모델은 각각의 복음서에서 드러나는 유사성과 차이점을 세 가지로 설명한다. 먼저 마태복음과 누가복음이 공통적으로 사용하는 자료에 관심을 둔다. 지배적인 이론은 두 문서 가설인데, 마태와 누가가 마가복음과 Q를 사용하고 또한 제각기 M과 L을 사용해 복음서를 쓰게 되었다고 상정한다. 둘째, 이 이론은 각 복음서의 저자(또는 저자들)가 이 자료들을 창의적으로 사용한다는

마가복음을 편집, 수정하는 마태

마태는 예수가 바다를 잠잠케 한 마가의 이야기를 편집 또는 수정한다(막 4:35-41). 마태복음 8:23-27에서 마태는 자연을 다스리는 예수의 권능을 찬양하는 마가의 이야기를 제자의 삶에 따르는 위험과 권능을 강조하는 이야기로 바꾼다. 이런 변화를 눈여겨보라.

- 마태는 그 이야기를 새로운 문맥에 재배치해, 제자도에 관한 부분(8:18-22) 바로 다음에 나오게 한다.
- 마태는 제자도에 관한 핵심 문구와 더불어 이 이야기를 소개한다. "제자들이 따랐더니"(8:23).
- 마가가 사용한 "광풍"(storm)이라는 그리스 단어가 마태복음 8:24에서 다른 단어로 바뀐다. 마태는 다가올 마지막 때의 혼란과 심판을 언급하는 24:7에서도 그 단어를 사용한다. 마가가 이 문맥에서 사용한 새로운 단어는 제자의 삶에 따르는 도전이나 폭풍을 의미할 때 쓰는 전형적인 표현이다.
- 마태복음 8:25의 폭풍우 치는 바다에서 위험에 처한 제자들은 예수에게 부르짖되, 마가복음 4:38에서처럼 "선생님"이라고 부르지 않는다. 그들은 "주여"라는 고백의 언어로 부르짖는다. 그들은 예수에게 "우리가 죽게 된 것을 돌보지 아니하시나이까"(막 4:38)라고 비난하기보다 "구하소서"라고 요청한다.
- 마태복음 8:26에서 예수는 마가복음에서처럼 "어찌하여 이렇게 무서워하느냐"라고만 묻기보다 제자들을 "믿음이 작은 자들"(8:26)이라고 규정한다. 마태복음의 예수는 곤경에 처한 제자들이 자기에게 부르짖을 정도로 약간의 믿음이 있음을 인정한다. 예수는 그들에게 믿음이 없다고 책망하기보다 조금 더 믿음을 가지라고 도전한다.

이런 변화는 마태복음의 이야기에서 제자도의 요소를 돋보이게 한다. 두 복음서

> 에서 예수가 이적을 행하는 것은 같지만, 마태는 곤경에 처한 제자들에 대한 예수의 권능 있는 응답을 보여 주기 위해 이야기의 방향을 바꾸어 놓는다.

점을 인정한다. 자료들은 확대되고, 축약되고, 생략되고, 재배치된다. 이런 수정에 의해 그들은 예수의 의미에 대한 나름의 해석을 담은 이야기를 구성한다. 그리고 셋째, 그들은 예수를 따르는 이들의 공동체가 처한 특수한 상황이나 환경에 대처하기 위해 이 전승들을 수정하거나 편집한다. 그들이 전하는 내용은 일종의 이야기 설교로서, 제자들의 공동체가 처한 특수한 상황에 맞춘 목회 사역의 도구로 사용된다.

그렇다면 복음서란 무엇인가? 함께 살펴본 바에 따라, 우리는 하나의 길고도 압축적인 문장으로 복음서를 이렇게 설명할 수 있을 것이다. 복음서는 서기 70년대 이후 예수를 따르는 제자 공동체의 정체성과 삶의 방식에 예수가 얼마나 중요한지를 선포하기 위해 예수에 관한 전승을 이야기 형태로 만들기도 하고 해석해 놓은 것이다.

결론

서기 50-130년경 사이의 기간에 훗날 신약 성서를 구성하게 될 문서들이 기록된다. 이 문서들은 양식(서신서, 복음서, 히브리서, 요한계시록)과 신학적 이해가 다양했다. 하지만 이것들 모두 예수를 믿는 자들의 공동체가 그에게 충성하고 헌신하며 살도록 돕는 데 관심을 두고 있다. 다음 장에서 우리는 이 저술들이 어떻게 신약 성서가 되었는지 생각해 보려 한다.

7.
신약 정경 '확정' 과정
(서기 397년)

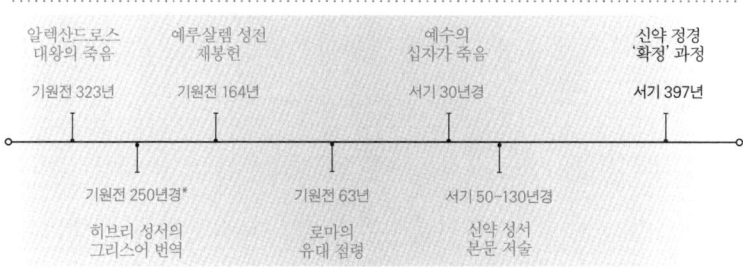

신약 성서는 기독교 전승의 일부분으로 당연시되는 나머지, 언제나 존재해 왔던 것처럼 여겨진다. 그러나 그렇지 않다. 이상하게 들리겠지만, 교회는 신약 정경이 없는 채로 수백 년을 지냈다. 신약 성서는 하나님께서 미리 준비해 두셨다가 어느날 갑자기 하늘에서 떨어뜨리신 것이 아니다. 오히려 신약 정경은 수세기에 걸친 다양한 역사적 요인과 과정을 통해 존재하게 되었다. 교회가 정경을 만들어 냈다.

어떻게 이 일이 일어났는가?

신약 정경의 형성 및 확정에 관련된 우리의 일곱 번째 핵심 사건을 이해하기 위해서는 '사건'이라는 단어의 의미를 확장시켜야 한다. 첫째, 소위 이 '사건'은 적어도 350년에 걸쳐 일어난 일련의 과정으로 이루어진다. 지난 장에서 보았듯, 나중에 신약 성서를 형성하게 될 대부분의 저술들은 서기 50-130년경 사이에 기록되었으나 그 이후에도 수세기 동안 널리 인정 받는 권위 있는 모음집 즉, 정경 혹은 '척도'(rule)로는 존재하지 않았다. 정경에 대한 인식을 고조시킨 중요 사건은 4세기 말에 일어났다. 서기 397년, 북아프리카의 지역 교회 공의회인, 카르타고 공의회가 신약 정경을 그들 교회를 위한 권위 있는 저술로 비준한 것이다. 그 일은 어느 날 갑자기 일어난 깜짝 사건이 아니었다. 거슬러 보면, 대략 3세기 혹은 그보다 긴 세월에 걸쳐 진행돼 온 교회의 삶의 한 과정에 속해 있었다.[1]

둘째, 서기 397년에 일어난, 정경과 관련된 이 사건은 4세기 말의 일부 교회들에겐 중요했지만 모든 교회들에게 그렇지는 않았다. 우리는 그 중요성을 과장하지 않도록 주의해야 한다. 예를 들어, 서기 397년 카르타고 공의회에서 '모든' 교회들이 공식적으로 정경의 확정을 선언했다

---

[1] 다음은 이번 장을 위해 도움이 되는 글들이다. Werner Georg Kümmel, *Introduction to the New Testament*(London: SCM, 1975), 475-510; Bart Ehrman, *Lost Scriptures: Books That Did Not Make It into the New Testament*(New York: Oxford University Press, 2003); Lee Martin Mcdonald와 James A. Sanders 편, *The Canon Debate*(Peabody, MA: Hendrickson, 2003); Lee Martin McDonald, *The Biblical Canon: Its Origin, Transmission, and Authority*(Peabody, MA: Hendrickson, 2007); Craig A. Evans와 Emanuel Tov 편, *Exploring the Origins of the Bible: Canon Formation in Historical, Literary, and Theological Perspective*(Grand Rapids: Baker Academic, 2008); Luke Timothy Johnson, *The Writings of the New Testament*(Minneapolis: Fortress, 2010), 525-546(『최신 신약 개론』 크리스천다이제스트); Lee Martin McDonald, *The Origin of the Bible: A Guide for the Perplexed*(London: T&T Clark, 2011).

고 주장하는 것은 적절치 않다. 서기 397년에 카르타고 공의회가 정경에 관한 모든 논의를 종료하고 모든 시대, 모든 교회를 위한 정경의 확정을 칙령으로 발표했다고 말하는 것도 정확하지 않다. 그것이 내가 이번 장의 제목에서 '확정'(closing)이란 말에 따옴표를 붙인 이유다. 우리가 말할 수 있는 것은 397년 카르타고 공의회의 선언은 일부 교회들에겐 중요한 표지이며, (모든 교회가 아닌) 다수의 교회들에게 정경이 확정되었다고 인식된 순간이다. 많은 교회들을 위해, 공의회는 이 27권의 저술을 그들의 종교적 관례와 교리를 위한 권위 있는 책으로 인정했다.

따라서 이런 점을 유념하면서 이번 장에서는 정경이 확정되어 가는 다섯 단계의 과정을 간단히 설명하고, 서기 397년 카르타고 공의회의 선언과 관련된 '확정'이란 단어 사용에 미묘한 차이가 있음을 살펴보고, 저술을 정경에 포함시키는 데 사용한 기준을 확인하고, 교회에 신약 정경이 가지는 중요성에 대해 제기되는 몇 가지 질문을 살펴보려고 한다.

형성 과정

세 가지 간단한 관찰에서 시작하자.

먼저 신약 정경이 형성된 과정을 이야기할 때, 순서가 뒤집히지 않도록 조심해야 한다. 이 과정에서 진행되는 각 단계들을 확인하는 방법은 시작부터 쭈욱 살펴보는 것이 아니라 끝에서부터 되짚어가는 것이다. 1세기에는 아무도 정경을 구상하고 있지 않았다. 아무도 다섯 단계에 걸친 과정을 시간표로 만들어 놓지 않았다. 바울이 로마 교인들에게 편지를 쓰느라 바쁜 하루를 보낸 후, 스스로 이렇게 말하지 않았다. "이 글이 지난 번 글보다 나은 것 같아! 정경 선정 위원회에 보내야겠어!" 그런 위원회는 없었다. 정경, 즉 권위 있는 책에 대한 아이디어는, 앞으로 보겠지만, 여러 세기를 거치며 서서히 등장한다. 의외로 그다지 신령해 보이지 않겠지만, 대부분의 과정이 비공식적이고 조직적이지 않았으므로 정경을 확정해야 한다는 자기 의식이나 의도성이 떨어졌다.

둘째, 그 과정의 일부는 지금 우리가 확인하기가 어렵다. 위원회가 없었으므로 마찬가지로 기록을 남기는 비서나 회의록도 남아 있지 않기 때문이다. 우리의 정보에는 틈이 존재한다. 기껏 우리가 할 수 있는 것은, 그 과정의 각 부분들을 확인하고, 떨어져 있는 몇 개의 점들을 연결하고, 각 부분에 대한 가설을 세우는 정도다. 그 나머지에 대해서는 무지한 상태에 있다. 다섯 단계로 나누긴 했지만, 각 단계가 뚜렷이 나눠진 기간이라고 제안하는 것은 아니다. 그 단계들은 서로 겹치기도 하고, 상호 연결되어 있기도 하다.

그리고 셋째, 우리는 2장에서 70인역(히브리 성서의 그리스어 번역판)이 교회의 성서였다는 사실을 보았다. 예수 안경을 쓰고 읽으면서, 교회는 70인역에서 이전에는 누구도 보거나 듣지 못하던 예수에 대한 언급을 보고 들었다. 즉 70인역은 예수의 의미를 해석하는 데 필요한 언어와 사상을 제공하는 원자료 역할을 일정 부분 담당했다. 예수를 믿는 자들이 쓴 저술들이 하나둘 나오기 시작했을 때, 그 문서들은 처음에는 권위 있는 70인역의 그늘에 가려져 있었다. 예수를 믿는 자들이 쓴 저술들은 시간이 꽤 흐른 뒤에야 70인역에 견줄 만한 위치를 얻을 수 있었다.

1단계: 기록

지난 장에서 우리는 훗날 신약 성서를 형성하게 될 저술들이 기록되었을 가능성이 높은 기간을 서기 50-130년경으로 상정했다. 물론 이것은 대략적인 연대이다. (서기 30년경 이전) 예수가 지상에 있던 기간에는 어떤 자료도 저술되지 않았다. (로마서, 고린도전후서, 갈라디아서, 빌립보서, 데살로니가전서, 빌레몬서 등) 바울의 일곱 편지는 신약 성서 중 가장 오래된 저술로 널리 알려졌는데, 대부분 서기 50년대에 기록되었고 그나마 서기 40년대(그것도 후반?)의 가장 오래된 저술로 추정할 만한 것은 데살로니가전서나 갈라디아서일 것이다. 이 일곱 개의 서신서 이외에, 복음서의 저술 연대는 대략 서기 70-100년 사이로 추정되고, 사도행전, 베드로후서, 디모데전서, 요한계시록 등의 저술 연대는 서기 100-130년 사이로 추정된다.

6장에서도 관찰했듯이, 훗날 신약 성서를 형성하게 될 이 저술들은 믿음의 공동체로부터 나왔고 또 믿음의 공동체와 관련한 내용을 다룬

신약에 나오는 다양한 예배 자료

- 빌립보서 2:6-11은 찬송가다. 어떤 이들은 바울이 8절에 "십자가에서 죽기까지"를 추가해서 편집했다고 말한다. 바울은 교리를 가르치거나 예배를 위해서가 아니라 예수를 믿는 이들에게 다른 사람의 유익을 구하며 살도록 권면하기 위해 이 찬송가를 포함시켰다(2:4-5).
- 성찬 전통은 고린도전서 11:17-34, 특히 23-24절에 나타난다.
- 기도할 때 자주 사용하는 말도 등장한다. 기도한 내용을 확신하고 동의한다는 의미를 가진 히브리어 아멘과 유사한 그리스 단어(고전 14:16; 고후 1:20; 갈 1:5; 6:18), 예수 재림의 소망을 뜻하는 아람어 외침인 마라나타, 즉 "우리 주여, 오시옵소서"(고전 16:22), 기도 중에 하나님을 부르는 아람어인 "아바 아버지"(막 14:36; 롬 8:15; 갈 4:6) 등이다.
- 현존하는 교리적 진술이 담긴 고백(고전 15:3-7)이나 "내가/우리가 믿사오니" 같은 말로 시작되었을 신조(롬 1:3-4; 4:24b-25) 등도 포함된다.

바울 외에도, 골로새서 1:15-20과 (문학적으로 창작한 내용이 아니라면) 요한계시록 5:9-10과 15:3에도 찬송가가 인용된 경우를 찾을 수 있다. 디모데전서 3:16에도 찬송가 또는 고백이 사용되었다. 주기도문은 마태복음 6:9-13과 누가복음 11:2-4 두 가지 다른 버전으로 나온다. 버전이 두 가지인 것은, 이들 복음서가 기록될 당시 성도들이 예배 중에 사용하던 기도문이 각기 조금씩 달랐기 때문으로 보인다. 복음서에는 세례(롬 6:3-4; 마 28:19-20)와 성찬(막 14:22-25; 눅 22:14-23) 같은 의식들과 교회의 권징 과정도 나온다(마 18:15-20). 금식에 대한 문제(막 2:18-22)나 안식일을 어떻게 지킬 것인가(막 2:23-28; 3:1-6), 무엇을 먹어야 하는가와 같은 논쟁거리들도 나온다. 이런 장면들은 예수의 제자들과 다른 그룹 사이에 일어난 논쟁을 담은 것이지만, 그 장면에서 가르침과 교훈을 얻었던 예수의 제자들 사이에서 일어나는 논쟁과도 연관된 것이었다. 히브리서는 한 편의 설교, 아니 한 권의 설교집처럼 읽힌다.

다. 이 저술들은 교회 생활을 반영하고, 교회에 뿌리를 두었으며, 교회로 보내졌다. 그렇다면 다양한 저술들에 찬송, 고백, 기도, 의식 등 믿는 자들의 공동체 예배에 사용되던 자료들이 포함된 건 놀라운 일이 아니다.

또한 이런 저술들은 주로 구두로 커뮤니케이션이 이루어지던 상황에서 나왔다. 글로 남겼다고 해서, 교회 전승을 구두로 전달하는 방식이 끝난 것은 아니었다. 기록된 문서 형태뿐만 아니라 구술 형태로도 교회 전승은 계속해서 회람되었다. 예수에 대한 대부분의 전승도 교회의 필요에 따라 구술 자료와 문서 자료 등의 형태로 유연하고도 가변성 있게 전해졌다. 심지어 문서로 작성된 마가복음의 경우도 마태와 누가에 의해 적어도 두 차례의 편집 또는 재작성 과정을 겪었다. 그럼에도 마가복음은 뒤에 남겨지지 않았다. 기록된 것에 아무것도 더하거나 빼지 말라는 요한계시록의 무시무시한 경고(계 22:18-19)는 분명 예수 전승에 적용할 만하지 않았다.

구술 자료와 문서 자료가 공존했음을 알게 될 때 흥미로운 질문이 떠오른다. 도대체 기록은 왜 남겼는가? 많은 이들이 문맹이었고 주로 구술이 행해지는 문화가 아니던가. 확실히는 모른다. 다만 기록된 문서가 출현한 이유를 설명해 줄 몇 가지 요인을 추측할 수 있다.

바울에게 편지는 자신의 존재를 대신하는 것이었다. 편지를 통해 그는 한 번에 여러 장소에 있을 수 있었다. 편지는 그가 목회 사역을 담당하는 하나의 수단이었다. 바울은 독자들이 자신의 가르침을 이해하도록 하기 위해 쓴다고 말했다(고전 1:13). 그는 만날 수 있을 때(롬 1:9-15)보다 "더욱 담대히"(롬 15:15) 로마인들에게 편지를 썼다. 바울은 데살로니가인들에게 글로 자신의 염려를 전달하고 글로 자신의 행동을 설명했다(살전 3:5). 저자가 현장에 없을 때, 글은 지리적 접근성과 현존성을 보장해 준다.

편지는 지도자나 교사가 없을 때 이를 대신해 특정 공동체에 보내는 매우 훌륭한 매체처럼 보인다. 아마도 그것이 대부분의 신약 성서가 편지나 적어도 편지의 특징을 보이는 형식을 갖춘 이유 중 하나일 것이다. 27개의 문서 중 20개가 편지이고, 거기에 조심스럽게 히브리서와 요한계시록도 추가할 수 있을 것이다.

히브리서는 편지처럼 시작하지는 않지만 전반에 걸쳐 독자들에게 직접 말을 건네는 형식을 갖추고 있다(2:1; 3:1; 6:1; 10:19; 12:1). 13장에서는 짤막한 명령, 축복, 디모데에 대한 언급, 그리고 방문할 가능성과 안부 묻기, 마무리 축도와 같은 편지의 특징을 보이며 끝마친다. 실제로 서기 2세기에는 "히브리인에게 보낸 편지"로 알려졌었다. 그리고 요한계시록은 1절에서 "계시"(혹은 묵시), 3절에서 "예언"이라 밝히지만, 1:4에서 편지의 형태를 취하고 있다. 그 구절에는 발신자와 수신자가 누구인지 확인할 수 있는 일반적인 인사말이 나오고, 그런 다음 이런 내용이 이어진다.

그림 7.1. 페르가뭄(버가모)의 대제단

> 요한은 아시아에 있는 일곱 교회에 편지하노니
> …은혜와 평강이 너희에게 있기를 원하노라.

이렇게 계시록은 전반적으로 편지 형식을 갖추고 있다. 2-3장에서는 편지 안에 편지를 넣는 방식으로, 로마의 통치를 받는 아시아 지역의 교회들에게 일곱 장의 편지를 보낸다.

두 복음서의 저자(누가와 요한)는 바울이 자신의 목적을 전할 때와 유사한 방식을 취하여 글을 쓰는 목적을 전한다. 누가는 데오빌로가 "이미…알고 있는 바를 더 확실하게"(눅 1:4) 하기 위해 썼다고 말한다. 복음서는 하나님의 뜻에 대한 염려와 불안이 상존하는 상황에서 목회적으로 확신을 주려는 목적으로 쓰였다. 요한복음의 저자도 "오직 이것을 기록함은 너희로 예수께서 하나님의 아들 그리스도이심을 믿게 하려 함이요 또 너희로 믿고 그 이름을 힘입어 생명을 얻게 하려 함이니라"(요 20:31)라고 말한다. "믿는다"라는 동사와 관련해, 그것을 "믿게 되

정경에는 제외된 초기 저술들

서기 100년경 나온 저술들은 다음과 같다. 이것들 대부분은 지금도 남아 있다.¹

- 골로새서 4:16에서 "라오디게아로부터 오는 편지"에 대한 언급이 헷갈린다. 이 편지가 라오디게아 교회에서 온 것인지 아니면 바울의 이름으로 골로새에 편지를 쓰고 있는 동일 인물이 보내는 것인지는 확실치 않다. 비록 2세기경 누군가 부족함을 보완하고자 그런 편지를 쓰긴 했지만, 지금은 남아 있지 않다.
- 『클레멘트1서』는 (확실하지 않지만) 아마 90년대에 쓰였을 것이다. 이 편지는 고린도 교회 몇 사람이 특정 지도자들에 반대해 분열이 일어난 상황에서, 로마 교회 지도자가 고린도 교인들에게 보낸 편지다. 이 편지는 지금도 남아 있다.
- 일곱 개의 편지를 쓴 매우 열정적인 이그나티우스는 시리아 안디옥 교회의 지도자였다. 그는 100-110년경에 체포되어 로마로 이송되었다. 도중에 그는 서머나에서 네 교회에 편지를 쓴다(『로마에 보낸 서신』, 『에베소에 보낸 서신』, 『마그네시아에 보낸 서신』, 『트랄리스에 보낸 서신』). 그리고 나서 드로아에서 세 개의 편지를 더 쓴다(『빌라델비아에 보낸 서신』, 『서머나에 보낸 서신』, 그리고 서머나 교회 지도자인 『폴리갑에게 보낸 서신』). 이그나티우스는 후원해 준 교회에 감사하고, 분열의 문제를 해결하고 예수의 죽음에 초점을 맞춘다. 이 편지들은 지금도 남아 있다.
- 『디다케』라는 제목은 그리스어로 '가르침'을 의미한다. 이 문서는 지금도 남아 있으며, 교회 지도자들을 위한 지침서로 이루어졌다. 이 문서를 통해 아마도 서기 70년대 초기의 교회 생활을 엿볼 수 있다. 첫 부분은 생명의 길과 죽음의 길(두 가지 방식)에 대한 도덕적 가르침을 주고 있다. 둘째 부분은 세례, 금식, 기도, 성체 성사 등을 포함한 성도의 삶을 정리하고, 순회 교사, 사도, 예언자, 지역 지도자(감독과 집사)들을 세우기 위한 가르침을 주고 있다.
- 『도마복음』: 이 책의 사본은 지금까지 남아 있다. 114개의 예수의 가르침으로 구성되어 있으며, 그중 반 정도가 공관복음과 비슷하고, 나머지는 전혀 다르다. 학

> 자들은 1세기 후반부터 3세기에 걸쳐 이 모음집이 형성되었을 거라고 추정한다. 그 밖에 저작 시기가 불분명한 몇 권의 다른 복음서들(『나사렛복음서』, 『에비온파복음서』, 『히브리복음서』)이 있는데, 대략 2세기 초에 쓰인 것으로 추정하고 있다.
>
> 1 본문은 온라인이나 Bart Ehrman, *Lost Scriptures: Books That Did Not Make It into the New Testament*(New York: Oxford University Press, 2003)에서 찾을 수 있다.

다"(come to believe)로 번역해야 할지 "계속해서 믿다"(continue to believe)로 번역해야 할지 논쟁이 있었다. 전자로 해석하면 복음 전도와 관련 있는 것이고, (보다 설득력 있어 보이는) 후자로 해석하면 제자로 살아가는 삶에 관련된 것이 된다.

부재하는 저자를 대신해 수신자 곁에 현존하게 하는 수단 외에, 기록은 자료를 체계화하고 일정한 형태를 갖추게 한다. 시간이 지날수록 그런 필요성이 점점 더 많아졌다. 1세기 말이 되면서 예수를 알던 사람들 또는 바울의 동료였던 사람들이 죽거나 죽음을 앞두고 있었다. (파루시아라 불리는) 예수의 재림은 일어나지 않았다. 예수를 따르는 자들 사이에서 특정 사안에 대한 관행과 이해에도 계속해서 간격이 커지고 있었다. 정체성과 관련한 갈등이 늘었고 교회에선 이방인들이 점점 주류가 되어 가고 있었다. 대개 모임에는 틀과 지도자가 필요했다. 이런 요인들이 의미하는 것은 교회가 세월의 흐름에 대처해야 하고, 긴 안목을 갖추어야 하며, 사회에서도 영구적인 일원으로 살아 남아야 했다는 것이다. 기록은 교회의 정체성을 분명하게 다듬는 하나의 수단이 되었다. 이렇듯 계속 변화하고 다양해지는 상황에서 기록은 널리 통용되는 관행과 지식을 신중하면서도 영구적으로 체계화시켰다.

이런 관점에서 베드로전서는 독자들에게 사회에서 신실하게 소망을 품고 적극적으로 선을 행하라고 권고한다. "본도, 갈라디아, 갑바도기아, 아시아와 비두니아"(1:1)의 광범위한 지역에 흩어져 있던 독자들은 필요하다면 고난을 겪어야 하고, 그리스도 안에서 하나님께서 하신 일에 대한 좋은 소식을 공개적으로 증거해야 한다. 요한1서는 갈등과 분열을 겪은 회중에게 쓰고 있다. 2:18-19에서 저자가 부정적으로 "적그리스도"라는 꼬리표를 붙였던 몇몇 사람들은 자발적으로 떠나거나 추방되었다. 그 편지는 그리스도(4:2)와 도덕적 삶(3:4-8; 2:9-11)에 대한 이 배교자들의 잘못된 생각을 지적함으로써 그 사건을 제대로 파악하고 있음을 보여 준다. 편지는, 적어도 저자가 해석하는 수준에서, 무엇이 '바른' 이해와 관행인지 분명히 하고 있다. 디모데전서도 여러 갈래로 나뉜 생각과 관행에 대해 우려하고 있다. 편지는 넘지 말아야 할 한계를 긋고 무엇이 권위가 있는지를 확립하기 위한 방법으로 감독과 집사라 불리는 인정받는 지도자를 세움으로써 당면한 문제들에 대비한다(3:1-13).

후에 신약 성서의 일부가 될 모든 문서들은 서기 50-130년의 기간에 기록됐다. 그러나 이 기간에 기록된 모든 문서들이 신약 성서에 포함된 것은 아니다. 지난 장에서 우리는 고린도전후서에 현존하지 않는 두 개의 다른 편지에 대한 언급이 있는 것을 보았다. 바울이 스스로 "내가 마음에 큰 눌림과 걱정이 있어 많은 눈물로 너희에게 썼"(고후 2:4)다고 설명한 그 편지를 고린도 교인들이 매우 중요하게 여기지 않았다는 것에 그다지 놀랄 필요는 없다. 그 편지는 고린도 교회가 공동으로 간직할 만한 기념물 중 하나가 아니었던 것 같다! 우리는 서기 50년대쯤에 저술 형태로 존재했을 수도 있는 Q라 불리는 문서에 주목한 바 있다. 이것은 마태와 누가(마가는 아님)가 마가복음을 확장하기 위해 사용한 예수의 가르침 모음집일 가능성이 있다. 지금은 남아 있지 않다. 이그나티우스의 서신들, 『클레멘트1서』 그리고 『디다케』 등 서기 100년경에 존재했던 다른 저술들도 정경에 포함되지 않았다.

2단계: 사용

신약 정경 형성 과정의 둘째 단계는 예수를 믿는 공동체에서 이 본문들을 읽고/듣거나 사용하는 것이다. 물론 그 저술들은 개개인을 위한 사적 통신수단이 아니었다. 그것들은 공동체를 위한 것이었다. 빌레몬에게 보낸 편지조차 "자매 압비아와…아킵보와 네 집에 있는 교회"가 수신자다(1:2). 저술들은 집회 중에 큰 소리로 읽혔다. 골로새서 4:16는 "이 편지를 너희에게서 읽은 후에…"라고 언급한다. 요한계시록의 저자도 "이 예언의 말씀을 읽는 자와 듣는 자와 그 가운데에 기록한 것을 지키는 자는 복이 있나니 때가 가까움이라"(1:3)고 선언한다.

저술들은 편지를 받은 교회뿐만 아니라 다른 교회들에서도 회람되었다. 고린도후서는 "고린도에 있는" 교회에 보내졌지만, "온 아가야에 있는 모든 성도에게"(고후 1:1)도 보내졌다. 아가야는 고린도 외에 아테네와 스파르타의 도시가 포함된 남부 그리스를 아우르는 로마의 관할 지역이었다. 인사말에는 고린도 도시 너머의 각 모임에서 편지를 읽도록 초대한다. 사도행전 15:23에는 안디옥, 시리아(수리아), 길리기아 지역 교회들에게 편지를 보냈다는 기록이 있다. 그 편지는 현재 남아 있지 않다. 베드로전서는 "본도, 갈라디아, 갑바도기아, 아시아와 비두니아"(1:1) 등 넓은 지역에 흩어져 있는 신자들에게 쓰고 있다. 요한계시록은 일곱 도시에 편지를 각각 보낸다(계 2-3장). 당시에 쓰인 모든 문서(편지, 예언 그리고 묵시 부분)는 각처에서 읽힐 것으로 간주됐다. 골로새서는 "이 편지를 너희에게서 읽은 후에 라오디게아인의 교회에서도 읽게 하고 또 라오디게아로부터 오는 편지를 너희도 읽으라"(4:16)고 지시한다.

2세기를 지나면서 원래는 특정 공동체를 위해 기록된 복음서는 더 넓은 지역을 거쳐 다양한 집회에서 읽히고 있었다. 2세기 중반 로마에서 글을 썼던 유스티누스로부터 이런 관행에 대한 몇 가지 아이디어를 얻을 수 있다. 그는 다음과 같이 예배에 대해 묘사하고 있다.

그리고 일요일이라 하는 날, 도시나 시골에 사는 사람들이 한 장소에 함께 모여, 시간이 허락하는 한 사도들의 회고록들이나 선지자들의 글들을 읽는다.

봉독자가 읽기를 그치면, 지도자는 설교를 통해 이 같은 고귀한 것들을 본받도록 가르치고 권고한다. 그런 후에 우리는 모두 함께 일어나 기도를 드린다. 앞서 말한 것처럼 기도를 마치면 빵과 포도주와 물이 제공되고, 지도자가 마찬가지로 기도와 감사를 올리면 사람들은 아멘으로 화답한다. 그리고 각자에게 나누어진 성찬을 먹고 마신다.…부유한 사람들은, 원한다면 적절하다고 생각되는 정도껏 기부하고, 모금한 것은 지도자에게 맡긴다. 그러면 지도자는 고아와 과부 그리고 병들었거나 그밖의 다른 이유로 필요한 자들을 돌보는 데 사용한다.

– 유스티누스, 『첫째 변증(First Apology) 67』[2]

2세기 중반 예배에 대한 유스티누스의 흥미로운 설명으로 복음서에 관한 몇 가지 사항들이 분명해졌다. 그는 복음서를 "사도들의 회고록들"이라고 언급하면서 복수 형태의 용어를 사용하는데, 정확히 어떤 것들을 가리키는지는 명시하지 않는다. 다만 그의 저술에서 추론이 가능한데, 그는 마태복음, 마가복음과 누가복음은 알고 있지만, 요한복음은 모르는 것 같다. 둘째, 그는 이 회고록들이 70인역의 선지서와 함께 낭독되었음을 확인해 준다. 그는 여러 회고록들이 서로 동등한 자격을 갖춘 것으로 받아들여지는지는 분명히 밝히지 않는다. 셋째, 이런 낭독이 얼마

---

2 Leslie William Barnard 역, *St. Justin Martyr: The First and Second Apologies*, Ancient Christian Writers 56(New York: Paulist Press, 1997), 71, 고딕은 저자 강조.

나 중요한지가 분명하지 않다. 유스티누스는 "시간이 허락할 때" 읽었다고 한다. 절대적으로 고정된 관행은 아니었던 것 같다. 넷째, 유스티누스는 "우리는 이렇게 예배 드린다"라고 이 설명을 일반화하지만, 그가 설명한 관행이 당시 교회에 얼마나 널리 퍼졌는지는 명확하지 않다.

이런 저술들을 사용할 때 세 가지 중요한 문제가 대두된다. 먼저 저술들을 다른 장소에서 읽을 때 적실성 문제가 부각되기 마련이다. 원래 특정 상황에 맞추어 기록한 글을 전혀 다른 상황에서 읽는다는 것이다. 그 글은 다른 상황에도 적용할 수 있을 만큼 일반적이고 적절한가? 둘째, 저술들을 예배에서 사용할 때, 권위 있는 70인역과 비교해 그 저술들의 위상에 대한 문제가 발생한다. 처음에 저술들은 분명 70인역과 동등한 위상을 갖지 못했다. 그러나 2-3세기를 거치면서 상황이 달라진다.[3] 그리고 셋째, 예수를 믿는 자들의 다양한 공동체들 사이에 그 저술이 공유된다는 건 제국 내 흩어진 여러 지역 모임들이 하나의 거대한 운동에 속해 있다는 인식을 갖게 해주었다.

3단계: 모음집

저술들이 집회에서 사용되고 사본을 만들어 돌려 읽는 상황이 되자, 자연스럽게 저술들의 모음집이 형성되었다. 모음집이 출현했다는 말은

---

3 McDonald(*Origin of the Bible*, 135-147)는 이 과정의 일부를 추적해 낸다.

저술들이 적실성 검증을 통과했고 원래 글이 기록될 당시의 특정 상황을 넘어서는 유용성이 있다는 의미였다. 그러면서 신약 정경 형성에 중요한 세 권의 모음집이 나온다. 바울 서신, 사복음서, 그리고 소위 일반 서신이다. 우리가 알고 있는 정경은 사실상 이 세 개의 모음집을 하나로 묶은 것이다.

네 개의 복음서가 하나로 묶이기까지의 과정은 다음과 같이 추적해 볼 수 있다. 복음서는 서기 약 100년에는 회람되고 있었다. 누가는 예수의 행적을 소개하는 이전의 글들을 언급하는데, 확실하게 명시하진 않지만 아마도 마가복음과 Q 문서가 포함되어 있었을 것이다(눅 1:1-4). (110년경) 이그나티우스는 (확실하게 명시하진 않지만) 마태복음과 요한복음을 알고 있었던 것 같다. 2세기 중반 유스티누스는 특정 복음서를 명시하진 않지만 "사도들의 회고록들"을 언급한다. 유스티누스는 아마도 마태복음, 마가복음과 누가복음을 염두에 두었을 것이다.

2세기에 어떤 이들은 다수의 서로 다른 복음서들이 존재하는 데 불편을 느꼈다. 약 180년에 타티아노스는 이 문제를 해결하기 위해 네 개의 복음서에 다른 자료들을 합쳐 『디아테사론』(*Diatessaron*, 그리스어로 "네 개와 함께"라는 의미)이라 불리는 새로운 버전의 복음서를 만든다. 타티아노스는 사복음서에서 자료를 가져와 연속으로 이어지는 자신만의 이야기를 만들고 족보와 같은 모순된 자료를 제거한다. 『디아테사론』은 몇 세기 동안 시리아 교회에서 널리 사용되었다. 사복음서를 하나의 문서로 모으면서, 분명 타티아노스는 이 본문들이 확정되었거나 수정이 불가하다는 생각을 하진 않았다. 그는 네 가지나 되는 별개의 복음서가 있는 것이 썩 좋은 생각이라고도 여기지 않았고, 조화를 이루는 한 가지 버전이 좋겠다고 생각했다. 『디아테사론』이 시리아 지역 외에 다른 교회에서는 널리 채택되지 않았다는 사실은 교회가 예수의 행적과 의미에 대한 다양하고 다각적인 설명을 받아들이기로 선택했음을 나타낸다. 이것은 사복음서가 모두 정경으로 채택되었다는 사실에서도 드러난다.

비슷한 시기(서기 180년)에 프랑스 남부 리용의 감독 이레네우스는 네 개의 복음서를 하나로 묶은 별도의 모음집이 있어야 한다고 주장한다. 그는 오직 하나의 복음서만 사용하는 사람들—에비온파(마태복음), 마르키온(누가복음), 그리고 영지주의자 발렌티누스(요한복음)—과 이레네우스가 언급하는 네 개 이외의 것을 추가로 사용하는 사람들을 동시에 비난한다(『이단논박』[Adversus haereses] 3.11.7-9). 왜 네 개이어야 하는가? 이레네우스는 (상상력을 발휘하여) "교회는 온 세상에 흩어져 있고, 우리가 사는 세상에는 네 개의 영역이 있으며 네 개의 주요한 바람(아마도 동풍, 서풍, 남풍, 북풍)이 불기 때문에" 네 개의 복음서가 있어야 하는 것은 당연하다(『이단논박』 3.11.8)[4]고 주장한다. 이레네우스가 네 개의 복음서 모음

---

4 *Ante-Nicene Fathers*, Alexander Roberts와 James Donaldson 편, 10권(Grand Rapids: Eerdmans, 1950-1951), 1:428.

집을 주장해야 했다는 사실은 이것이 2세기 후반에 아직 넓게 받아들여지지 않았음을 보여 준다.

그러다 3세기 초반에 이르러, 네 개 복음서의 모음집이 존재했음을 확인해 주는 증거가 등장한다. 체스터 베티 파피루스(P45)라 불리는 필사본에는 (사도행전을 포함해) 별도의 네 복음서를 하나로 묶은 모음집이 존재한다는 최초의 증거가 나온다.

두 번째로 발견된 자료 모음집에는 바울 서신이 포함된다. 2세기 초 이그나티우스 서신(『에베소에 보내는 서신』 12.2, "모든 서신에")과 베드로후서(3:15-16, "그 모든 편지에")에서 언급된 내용을 보아, 그들(이그나티우스와 베드로후서의 저자)는 바울 서신 중 적어도 몇 권이 성도들 사이에 회람되고 있음을 알고 있었다. 서기 140년경 마르키온은 바울이 관여된 서신서의 모음집이 존재한다는 최초의 증거를 제공한다. 그는 갈라디아서, 고린도전후서, 로마서, 데살로니가전후서, 에베소서(그는 라오디게아서라고 부름), 골로새서, 빌립보서, 빌레몬서를 나열한다(그의 순서). 그는 디모데전후서와 디도서를 포함시키지 않았다. 서기 200년경에 작성된 한 필사본(체스터 베티 파피루스 P46) 또한 열한 개의 서신서 모음집임을 증거하는데, 로마서, 히브리서, 고린도전후서, 에베소서, 갈라디아서, 빌립보서, 골로새서, 데살로가전후서, 빌레몬서 등 포함된 항목도 약간 다르고 가장 긴 것부터 가장 짧은 것 순서로 정리되어 있다. 히브리서가 포함된 것을 보면 저자가 바울이라고 생각하는 이들이 있었음을 알 수 있다. 누가 이 모음집을 만들었는지, 중요한 인물이었는지 아니면 바울파의 한 사람이었는지는 확실하지 않다. 그러나 이 모음집은 그 편지들이 적실성 검증을 통과했다는 것과 어떤 모임에서건 일정 정도 권위를 인정 받고 있었음을 보여 준다.

세 번째 보다 작은 모음집은 나머지 일곱 편지(야고보서, 베드로전후서, 요한1, 2, 3서, 유다서)에 해당한다. 이 편지들은 일반 서신 또는 공동(Catholic) 서신으로 알려져 있다. 베드로전서와 요한1서는 2-3세기에 가끔씩 윤곽을 드러내긴 했지만 이 모음집은 훨씬 느리게 발전했다. 바울 서신과 사복음서와는 대조적으로 2-3세기에는 이 일반 서신들의 모음집이 있었다는 증거가 없다. 이 모음집을 공동 서신이라고 먼저 언급한 사람은 4세기의 저자 유세비우스다(『교회사』 2.23.25). 서기 340년쯤에 사망한 가이사랴의 감독 유세비우스는 야고보서와 유다서의 저자에 대한 의구심을 표현하지만, 이 저술들은 "대부분의 교회에서…공공연히 사용된다"고 말한다(『교회사』 2.23.25).[5]

우리는 복음서, 바울 서신, 일반 서신이라는 세 개의 모음집을 확인했다. 이것들은 훗날 우리가 신약 정경이라 알고 있는 저술들의 모음집을 형성하게 될 것이다. 우리가 이 세 모음집에 집중한 것은, 이 세 모음집이 결국 승자로 살아 남았기 때문이다. 신약 정경 형성 과정을 끝에서

---

5 *Eusebius: The Ecclesiastical History*, Kirsopp Lake와 J. E. L. Oulton, 2권, Loeb Classical Library(Cambridge: Harvard University Press, 1926-1932).

부터 거슬러 올라가면 뚜렷하게 보일 수밖에 없는 하나의 중심점이다. 우리는 복잡하기 이를 데 없는 상황을 단순화하고 있다는 위험을 무릅쓰고, 최종 선택이 처음부터 불가피하게 정해져 있다는 식의 주장을 한다는 위험을 무릅쓰면서까지, 이 세 개의 모음집에 집중했다. 두 가지 모두 사실이 아니다. 상황은 단순하지도, 불가피하지도 않았다. 이들 세 모음집은 동시적으로 출현하고 있었고, 신자들의 모임에서는 다른 기독교 저술들도 많이 사용되었다. 『클레멘트1서』, 『바나바서』, 『디다케』, 『헤르마스의 목자』와 같은 저술들은, 비록 정경의 일부가 되진 못했지만, 널리 사용되고 높은 평가를 받았다.[6]

<u>4단계: 목록과 선택</u>

저술들이 이 세 개의 새로운 모음집으로 모이는 과정은 동시적으로 이루어지는 하나의 선택 과정이었다. 특정 저술들을 한데 모으는 동안에도, 교회들은 어느 저술들이 적실하고 유익한지를 계속 알리고 있었다. 어느 저술들은 받아들일 만하고 또 어느 저술들은 그렇지 않은지를 가려 목록을 작성하는 것에서도 이런 선택 과정의 흔적을 찾을 수 있다.

그중 한 가지 중요한 목록이 무라토리 정경이라 불린다. 이 목록이 작성된 시기에 대해서는 많은 논란이 있다. 전통적으로 그것은 2세기 후

---

[6] 본문은 온라인이나 Ehrman의 *Lost Scriptures*에서 찾을 수 있다.

마르키온, 몬타누스, 영지주의자, 그리고 정경 과정은?

마르키온은 누구였는가? 그는 로마 교회에서 활동했지만 결국 쫓겨났다. 그는 히브리 성서를 거부했는데, 그 이유는, 그의 주장에 따르면, 히브리 성서는 율법에만 관심이 있지 사랑엔 관심이 없기 때문이었다. 그는 율법의 하나님은 변덕스럽고 잔인해서 예수 그리스도의 하나님이 아니라고 주장했다. 마르키온은 오직 바울만이 율법과 은혜가 이렇게 대비되는 것을 이해했다고 주장했다. 하지만, 아이러니하게도, 마르키온은 로마서 11장에서 바울의 주장과는 반대로 이스라엘과 교회가 철저히 단절된 것으로 보았다. 마르키온은 (목회 서신을 제외한) 바울의 열 개 서신과 누가복음의 편집된 버전만이 권위 있는 저술이라고 여겼다. 그는 많은 제자들을 모았는데(마르키온파), 그들은 2, 3세기에 로마 제국 전역에 공동체를 세웠다. 정경 형성 과정이라는 측면에서, 바울에 대한 마르키온의 강조 덕분에 권위 있는 저술이 무엇인지에 대한 인식이 점점 고양되기는 했지만, 전반적인 그의 영향력은 매우 제한되었던 것 같다.

몬타누스는 누구였는가? 그는 2세기 후반에 출현한 몬타누스파의 지도자였다. 몬타누스는 성령의 경험을 강조한 선지자였다. 그의 제자들도 성령의 부으심을 생생히 경험하는 선지자들과 여선지자들이었다. 이들이 이끈 운동은 세상의 종말을 기대했다. 그런 몬타누스파가 정경 형성에 어떤 영향을 끼쳤는가? 그들은 새로운 계시 및 지속적인 성령의 감동을 주장하면서 교회에서 예언을 행했다. 그러나 그들은 권위 있는 저술들을 결정하는 일에는 관심이 있는 것 같지 않았다. 그럼에도 그들은 계시라는 문제를 부각시켰다. 정경 형성 과정은 계시를 담은 저술들을 찾아 과거를 들여다보는 데 반해, 몬타누스파는 그들의 현재적 경험에 관심을 두었다.

영지주의자들은 누구였는가? 이레네우스는 발렌티누스와 바실리데스라 불리는 두 명의 영지주의 핵심 신학자들을 공격한다. 영지주의는 더 낮은 창조주 하나님 즉 조물주로부터 최고의 신적 존재까지 아우르는 다양한 운동이었다. 영지주의자들은 교사나 전승을 통해 특별한 지식이 계시되었다고 믿는다. 영지주의(gnosticism)란 말은 그리스어로 "지식"이란 단어에서 유래했다. 그 지식은 몇몇 사람들 안에 거하는 하

> 나님의 불꽃과 관련되어 있으며 악한 물질 세상에서 자유하고 높으신 하나님께로 돌아가게 해준다. 기독교 운동에서 온 요소들이 세상, 인간, 구속 그리고 하나님에 대한 이런 이해와 혼합돼 있었다.
>
> 영지주의자들은 정경 형성 과정에 어떤 영향을 주었는가? 어떤 이들은 비밀 저술들에 관심을 둔 영지주의로 인해 권위 있는 저술과 사도의 관련성 문제가 제기되었다고 주장한다. 영지주의자들이 이 질문이 부각되는 데 일정 부분 기여했겠지만, 영지주의의 주요 반대자인 이레네우스는 "신앙 규범"으로 저작들이 해석되어야 함을 강조했다.

반, 서기 180년경에 만들어졌다고 알려져 왔다. 또 다른 이들은 무라토리 정경이 4세기 중반에 작성되었으며, 서기 350년경부터 시작된 선택 과정 마지막 단계의 것임을 증거한다고 주장했다. 작성 시기가 언제인가 하는 것은 별도로, 이 목록을 보면 누군가 (또는 어떤 집단이) 중요하게 여긴 저술 목록뿐만 아니라 강하게 배척했던 저술 목록이 무엇이었는지 알 수 있다.[7]

- 이 목록에는 신약 성서로 확정된 스물일곱 개의 저술 중 스물두 개가 포함되어 있다.
- 히브리서, 야고보서, 베드로전후서, 요한3서는 빠져 있다. 이중 마지

---

7 본문은 Ehrman의 *Lost Scriptures*, 331-333에 있다.

막 네 개의 저술은 일반 서신에 속한다. 무라토리 목록은 이것들을 반대하지 않지만 목록에 포함시키지는 않는다.

- 무라토리 목록은 두 개의 편지를 반대하는데, 하나는 라오디게아인들에게 보낸 편지(골 4:16을 기억하라)이고, 하나는 알렉산드리아인들에게 보낸 편지다. 이 편지들은 "(마르키온에 의해) 바울이 쓴 것으로 위조되었으며…공동(Catholic) 교회에서는 받아들일 수 없다"고 분명히 말한다.

- 이 목록에는 솔로몬의 지혜서가 포함되어 있다. 이 책은 오늘날 성서에는 포함되지 않고 외경에 있다.

- 이 목록에는 요한계시록과 함께 "베드로의 계시 혹은 묵시"라 불리는 또 다른 저술이 포함되어 있다. 그러나 "우리 중 어떤 이들은 후자의 것이 교회에서 읽혀지길 원하지 않는다"고 언급한다.

- 이 목록에는 『헤르마스의 목자』가 포함되어 있다. 이것을 "당연히 읽어야 하지만" "…교회에서 사람들이 공개적으로 읽지는 않았다." '교회'에서 읽을 수 있느냐, 없느냐 하는 것은 여기서 분명하고도 중요한 기준이었다. 『헤르마스의 목자』를 교회에서 읽을 수 없는 이유, 또는 사적으로 읽어야 하는 이유에 대해서는 분명하지 않다.

- 이 목록은 발렌티누스(영지주의자), 밀티아데스(몬타누스파와 마르키온파?), 바실리데스(또 다른 영지주의자)와 몬타누스와 관련된 어떤 글도 거부한다.

무라토리 목록은 저술들을 세 가지 범주로 구분하고 있다. 명백히 받아들일 수 있는 스물두 개의 저술, 이제까지 건드릴 필요가 없던 저술, 유익하지만 경건을 위해 개인적으로는 읽되 교회에서는 읽히지 않던 저술.

서기 300년경 유세비우스는 받아들일 수 있는 저술과 그렇지 않은 저술들에 대한 짤막한 정보를 제공한다(『교회사』 3.25.1-7). 그의 목록은 다음 네 가지 범주로 나뉜다.[8]

- 널리 인정된 저술들은 사복음서와 사도행전, 바울 서신(바울의 저자 논란이 있는 히브리서를 포함한 열네 개; 3.3.5-7을 보라), 요한1서, 베드로전서 그리고 요한계시록으로 구성된다.
- 논란이 되는 저술에는 야고보서, 유다서, 베드로후서, 요한2서, 요한3서(유세비우스는 이 저술들의 저자에 대해 확신하지 못했다)가 포함된다.
- 몇몇 저술들은 교회에서 계속 사용되어 왔으나, 유세비우스는 그것들이 거짓되므로 이제는 거부되어야 한다고 판단한다. 여기엔 『헤르마스의 목자』, 『베드로묵시록』, 『바나바서신』, 『디다케』, 몇몇의 계시록 등이 포함된다.
- 안드레나 요한의 이름으로 된 행전뿐만 아니라 베드로와 도마의 이

---

8 본문을 보려면 Ehrman의 *Lost Scriptures*, 337-338을 보라.

름으로 된 복음서를 포함해 몇몇 저술들은 "거짓되고…악하고 불경하다"고 그는 선언한다.

유세비우스의 목록은 매우 흥미롭다. 범주 1과 2를 합하면, 신약 성서를 형성하게 될 스물일곱 개의 목록이 된다. 그는 이 중 다섯 권에 대해서는 논란이 있음을 알고 있었다. 그는 또한 요한계시록은 받아들이면서도 다른 책들은 받아들이지 않았음을 보여 준다. 이미 몇몇 사람들의 눈에, 범주 3에 속한 저술들의 평판은 상당히 저하되어 있었다. 이 저술들은 2, 3세기에 널리 사용되던 것들이다.

4세기를 지나면서 정경 확정 과정은 가속도가 붙기 시작했다. 320년경 황제 콘스탄티누스는 이미 교회의 든든한 후원자가 되어 있었고, 그는 교회의 통합을 위해 압력을 행사했다. 아리우스 같은 이들과의 신학 논쟁이 계속 일어났고 그로 인해 권위 있는 본문을 분류하고 그 본문들에 대한 해석을 명확히 해야 할 필요가 커졌다. 3, 4세기에 이르러 두루마리 대신 필사본이나 책 형태의 사용이 늘면서 어떤 저술을 포함시킬지 말지를 결정해야 하는 필요성도 대두되었다. 이런 압력들이 반영되어 서기 363년 라오디게아에서 열린 공의회에서 목록을 만들기에 이르렀다. 이 지역 공의회가 만든 목록에는 요한계시록을 제외하고(흥미롭게도 요한계시록은 라오디게아에 보낸 부정적인 편지였다), 결국 신약 성서가 될 대부분의 저술들이 포함되어 있다. 또한 히브리서는 저자가 누구인지

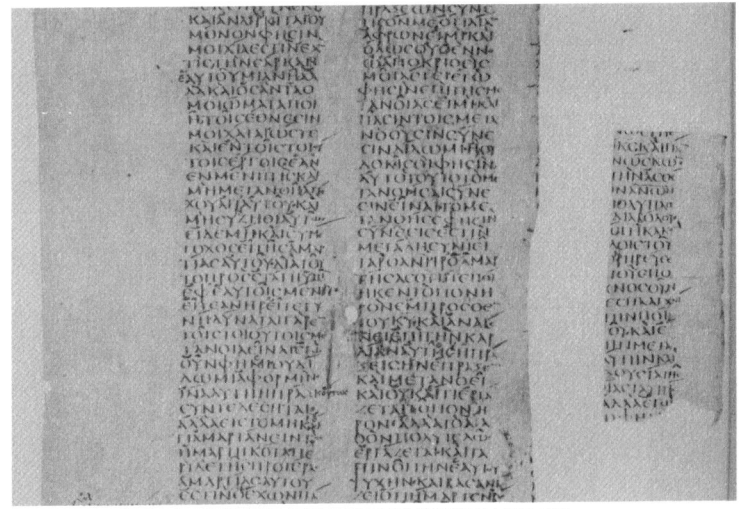

그림 7.2. 바티칸 사본, 누가복음의 끝 부분과 요한복음의 시작 부분을 담고 있다.

확인해 주지 않지만, 이 목록에선 히브리서의 저자를 바울로 들고 있다.

서기 367년 1월, 알렉산드리아의 감독 아타나시우스(그의 이름의 의미는 "불멸" 혹은 "죽지 않음"으로 감독의 이름치고는 흥미롭다)는 보다 영향력 있는 목록을 제공한다. 367년 그의 『부활절 편지』(Festal Letter 39)에서 처음으로 교회들을 위한 권위 있는 신약 스물일곱 권으로 된 하나의 정경 목록을 정리한다.[9] 그는 이 저술들은 경건한(godliness) 가르침을 선포하며 이 중에 어떤 것을 더하거나 빼서도 안 된다고 주장한다.

그는 "경건한 말씀"을 가르치는 다른 저술들도 언급한다. 『솔로몬의

---

9 본문을 보려면 Ehrman의 *Lost Scriptures*, 339-340을 보라.

지혜서』, 『집회서』, 『에스더서 속편』, 『유디트』, 『토비트』 등인데 모두 오늘날 외경에 속한다. 이 외에도 그는 『디다케』와 『헤르마스의 목자』를 언급한다. 이 일곱 개의 저술들은 가르치는 데 유용했지만, 스물일곱 권의 책과 같은 권위를 갖지 않는다는 것을 분명히 했다. 이 책들은 그에게 정경이 아니었다. 그는 그의 책 말미에 "이단이 만든 허구적(또는 비밀의) 책"들에 대해서는 단호히 거절한다고 밝힌다. 아타나시우스가 이런 저술들을 일축해 버린 이유는 저자들이 그것들을 마치 고대의 책인 것처럼 속이려 했기 때문이다.

5단계: 비준

"비준"(ratification)이란 용어는 서기 367년 아타나시우스가 그의 편지에서 제안하여 전 세계의 교회가 함께 모인 자리에서 스물일곱 권의 책을 정경으로 확정하는 데 동의했음을 의미하는 것처럼 오해를 부를 수 있다. 그 같은 일은 일어나지 않았다. 전 세계를 아우르는 공의회에서 정경을 공식으로 채택하는 일은 없었다.

또한 즉각적이고 전 세계적인 비준도 없었다. 권위 있는 글에 대한 아타나시우스의 목록은 즉각적이고 보편적인 동의를 얻지 못했다. 예를 들어, 알렉산드리아에서 아타나시우스쪽 사람인, 소경 디디무스(Didymus the Blind)는 다른 목록을 가지고 있었다. 디디무스가 빌레몬서와 요한2, 3서에 대해 어떤 생각을 갖고 있었는지는 확실치 않지만, 그의 정경 목록에는 『헤르마스의 목자』, 『바나바서』, 『디다케』, 그리고 『클레멘트1서』가 포함되어 있다.[10] 바티칸 사본이라 불리는 4-5세기의 신약 필사본에는 디모데전후서, 디도서와 요한계시록이 누락되었다. 시내산 사본이라 불리는 같은 시대에 나온 또 다른 필사본에는 스물일곱 권의 저술뿐만 아니라 『바나바서』와 『헤르마스의 목자』도 포함되어 있다. 카시오도루스(로마, 550년대) 목록에는 베드로후서, 요한2, 3서, 유다서와 히브리서가 생략되었다. 그런 점을 미루어 볼 때, 아타나시우스의 목록은 당시 일반적인 흐름을 서술한 것이라기보다 교회가 따라야 한다고 생각하는 자신의 소망을 규범적으로 제시한 것으로 보인다.

분명 정경 확정과 관련한 논의는 계속 진행되었고 그와 더불어 다양한 관행이 실천되고 있었다. 그러나 정경 확정 과정이 이처럼 진행중이었음에도 불구하고, 많은 교회가 아타나시우스의 목록에 동의하고 그것을 채택해 자신들의 관행으로 삼았다. 서기 397년 북아프리카의 카르타고 종교 공의회에서는 이 스물일곱 권의 정경에 속하는 저술 외에 교회에서 "하나님의 성서"로 읽혀질 만한 다른 글은 없다고 선언하면서, 그것을 하나의 규범적 관행으로 비준한다.[11] 보다 많은 지지를 얻고 싶었던 지역 공의회 차원에서, 카르타고 공의회는 로마 교회가 자신들이

---

10   Bart Ehrman, "The New Testament Canon of Didymus the Blind," *Vigiliae Christianae* 37(1983): 1-21.
11   본문을 보려면, Ehrman의 *Lost Scriptures*, 341-342을 보라.

비준한 내용에 동의해 줌으로써 이런 관행에 호응하는 교회들의 네트워크가 확장되기를 기대했다.

서기 367년 아타나시우스의 선언과 서기 397년 카르타고 공의회의 비준으로 스물일곱 권에 대한 목록은, 모든 교회는 아니지만 많은 교회들에게 정경으로 인식되기에 이르렀다. 스물일곱 권에 대한 인식은 점점 지지를 얻었다. 이 목록은 다음 천 년 동안 교회에서 지배적인 위치를 차지하게 되었지만, 그렇다고 정경에 대한 모든 논의가 끝난 것은 아니었다. 예를 들어, 16세기 종교개혁자 마르틴 루터는 히브리서, 야고보서, 유다서와 요한계시록을 "적실한 책"에서 제외시켰다. 그러나 스물일곱 권은 트렌트 공의회(1546), 영국 국교회 신조(1562, 1571), 개혁주의 운동의 웨스터민스터 신앙고백 첫 장(1467)에서 재확인되었다.

정경화를 위한 기준

신약 성서 형성 과정을 간략하게 살펴보았다. 그것은 문서 집필로 시작해, 교회에서의 사용, 자료 모음집 출현, 특정 저술이 선택되거나 제외된 목록 생성, 그리고 서기 397년 (부분적인) 비준에 이르는 다섯 단계의 과정이었다. 이 과정에 어떤 요인들이 작용했는가?[12] 무슨 기준을 따라 어떤 저술은 받아들여지고 다른 저술은 제외되었는가?

이 질문에 대답하기 어려운 몇 가지 이유들이 있다. 우리에겐 그 과정의 각 부분들에 대한 정보가 부족하다. 또한 앞에서 대략적으로 살펴본 다섯 단계의 과정이란 것이 많은 부분 조직화하거나 공식적인 것도 아니었다. 따라서 정경 목록을 작성하는 과정에서 누구라도 사용할 수 있도록 공식적으로 만들어진 기준 따위는 없었다. 적용된 기준이란 것도 일부는 서로 모순되고 무작위로 만들어진 것처럼 보인다. 어떤 저술들이 왜 허용되는지에 대해 설명하는 기준도, 거부되는 다른 저술들 입장에서는 장난하는 것처럼 보인다. 예를 들어, 목록을 작성하는 기준의 하나로, 교회에서 널리 사용되어야 한다는 조건이 중요했지만, 정작 널리 사용된 어떤 문서들(『헤르마스의 목자』, 『디다케』 등)은 제외되었다. 사도의 이름과 어떤 연결점이 있느냐도 중요했지만, 가장 중요한 사도들의 이름을 담은 어떤 저술들은 거부되었다. 여러 기준이 상호작용하여 견제와 균형을 이루었음이 분명하다.

중요한 기준에는 다음과 같은 것들이 있다.

- **고대성.** 그 기원이 예수와 사도들의 시대에 가깝다는 것이 중요했다.

12　McDonald, *Biblical Canon*, 401-421에 있는 논의를 보라.

이것은 '비밀스런' 저술들을 거부하거나 2-3세기에 사도의 이름으로 갑자기 나타난 저술들을 거부하는 데 중요한 기준이었다. 그러나 우리는 『도마복음』이나 『디다케』, Q 문서와 같은 몇몇 '초기' 저술들은 받아들여지지 않았다는 점도 인식해야 한다.

- 사도성. 예수와 가까웠던 사도적 인물과의 연결점이 중요했다. 그러나 그런 연결점이 자동 수락을 의미하지는 않았다. 그런 연결점을 주장하는 많은 문서가 있었기 때문에 그 또한 신뢰성이 담보되어야 했다. 어떤 경로를 거쳐 전승되었는지에 대해 추적할 수 있다면 그것이 신뢰성을 더해 주었다.[13] 저작물의 내용도 마찬가지였다.

- 허용되는 신학적 내용. 예수를 믿는 자들이 쓴 저술들은 방대하고 그 내용도 다양했다. 다른 모든 것을 이단으로 판단하고 정통으로 내세울 만한 단일한 입장이란 것은 처음부터 없었다. 만약 그런 게 있었다면, 정경화 과정은 매우 깔끔하고 신속하게 정리되었을 것이다. 그러나 2세기 말에 이르러, 누구라도 받아들일 만한 '신앙 규범'(regula fidei)이 필요하다는 인식이 대두되기 시작했다. 특히 이런 인식은 다양성이 넘쳐 나던 시기에 자신들을 위해 통일된 정체성을 확립하기 원했던 주요 예수 공동체에서 중요한 사안이기도 했다. 이 신앙 규범의 내용을 결정하는 것은 더욱 어려운 일이었다. 거기엔 예수의 인

---

13 오늘날 많은 학자들은 신약 성서 문서 중 다수를 사도가 기록했다고 생각하지 않는다. 그래서 이 기준은 오늘날의 해석으로는 설득력이 없을 것이다.

성에 대한 확신, 예수의 삶과 죽음과 부활 속에 드러난 하나님의 일하심의 중요성, 교회 및 사도직의 의미 등이 포함되었다. 사도가 기록했다고 주장하지만, 신학적으로 이 규범에 맞지 않는 문서들은 점차 거부되었다.

- 광범위한 교회에서의 사용(보편성). 이 기준은 지리적인 차원과 시간적인 차원을 동시에 포함하고 있다. 저술들은 제국 전역에 걸쳐 각 교회에 잘 알려져 있어야 했다. 특히 알렉산드리아, 안디옥, 에베소, 로마와 같은 영향력 있는 교회(그리고 지도자들)의 승인이 필요했다. 저술들은 또한 오랫동안 교회 생활과 예배에 사용되어 왔어야 했다(고대성). 말하자면 다양한 지역에 있는 많은 교회들이 마주치는 변화하는 상황들에 적절히 대응할 수 있어야 했다. 예배와 가르침에 적용할 만한 이런 사용 기준은 사도적 기원을 주장하는 새로운 자료들이 나타날 때마다 이를 검증하는 역할을 한다. 광범위한 사용이라는 이런 기준의 바탕에는 적실성 문제가 자리한다. 즉 "광범위한 지역에서 오래전부터 존재해 온 많은 교회들이 예배를 위해 모였을 때, 다양한 상황 속에서 부각되는 사안들을 해결하기 위해 어느 특정 저술을 통해 하나님의 말씀을 들었는가?" 하는 것이다.

정경의 유산

'정경'이란 단어는 '척도'(rule) 또는 '규범'(norm)을 의미한다. 이 모음집은 초대 교회뿐만 아니라 오늘날의 교회를 위해 어떤 '척도'나 '규범'을 제공하는가? 이것은 광범위하게 논의되어 온 복잡한 문제다. 이번 장을 마무리하면서 간단히 두 가지를 살펴보고 몇 가지 질문을 제기하려고 한다.

먼저 정경이 비준 또는 확정됨으로 말미암아, 그것이 새로운 기독교 전통과 교회들이 출현하는 데 일종의 울타리로 작용했다. 즉 예수를 믿는 자들의 정체성이 일정 한계 내에서 확립되었다는 뜻이다. 이런 한계를 명확히 하는 방법에 대해서는 많은 논의가 있어 왔다. 종종 이런 한계를 규정하는 데는 신학적 주장, 특히 기독론적 주장이 중요했지만, 실제로는 그보다 훨씬 많은 내용들이 관여되었다. 이런 한계를 규정하는 데는 적어도 역사적 연속성, 신학적 초점, 제도적 구조 및 도덕적 관습 같은 사안들이 관련되어 있다. 역사적 연속성은 유대 전통과 얼마나 연결점이 있느냐 뿐만 아니라 예수 시대와 사도적으로 얼마나 연결점이 있느냐를 통해 확보된다. 신학적 초점은 예수 안에 나타난 하나님에 대한 주장과 관련되어 있다. 제도적 구조는 리더십의 역할을 규정하고, 가정과 성(性) 역할을 정리하고, 세례와 성찬 같은 것들을 지켜 주었다. 도덕적 관습은 예수의 행적 및 성령의 임재와 일관되는 삶의 방식과 관계성을 만들어 냈다.

둘째, 그런 한계 내에서 정경은 또한 다양성 내지는 다중성을 적법한 것으로 만들어 주었다. 가령, 여러 개의 이야기를 단 하나의 복음서 이야기로 만들어 내려는 시도인, 타티아노스의 『디아테사론』은 하나의 방식으로만 예수를 묘사하지 않은 사복음서 모두를 지지하는 사람들에 의해 거부되었다. '바울만' 강조했던 마르키온의 주장은, 바울 서신을 복음서와 일반 서신과 함께 포함시키면서 거부되었다. 공동체적 관계로 형성되는 교회 구조를 강조한 저술들(마 18장)은 성령에 의한 교회 구조(고전 12-14장)와 직무를 기반으로 한 계급적인 교회 구조(디모데전서)를 강조한 저술들과 공존했다. 신학적인 내용을 매우 강조한 저술들은 야고보서처럼 기독론은 다루지 않으면서 실천을 최대한 강조한 저술들과 공존했다.

이런 다양성 내지 다중성은 믿음의 공동체에 도전이 되기도 하지만 한편으로 기회를 제공한다. 사람들은 이런 상황에서 어떻게 '협상'해 가는가? 우리가 어떤 관점을 지녔든 성서에서 그것을 지지하는 구절을 항상 찾을 수 있다는 말이 아주 맞는 말은 아니겠지만, 성서는 분명 다양한 관점을 인정한다. 예를 들어, 디모데전서에서는 여자가 교회에서 지도력을 행사하는 것을 금하지만, 다른 한편 로마서 16장의 인사말에서 바울은 여성에 대해 교회 지도력의 모든 역할을 행사할 수 있는 동등한 파트너로 인식한다.

오랫동안 사람들은 현실의 필요 때문에 '정경 속의 정경'(a canon-within-the-canon, 성서의 어떤 부분은 받아들이지 않으면서 또 어떤 부분은 자신의 견해에 따라 받아들이는 것) 해법을 찾게 되었다. 어떤 이들은 신학적인 이유("이 본문은 그리스도에 대한 본문이다")로 그렇게 하고, 또 어떤 이들은 실용적인 이유("이 구절이 생명을 주고 자유하게 하며 사랑하게 한다" 또는 "난 바울을 좋아하지 않는다. 그래서 바울 때문에 신경 쓰고 싶지 않다)로 그렇게 한다. 다른 이들은 정경 속의 정경 접근법을 거부하는 것은 지나치게 신중한 태도일 뿐만 아니라 정경의 다양성이 주는 풍부함을 사전에 차단하는 것이라고 항의했다. "서로 다른 목소리들 간의 대화"라는 은유는, 저마다 특정한 상황에 처해 있는 믿음의 공동체들이 정경 속에 담긴 수많은 목소리나 관점 중 하나를 채택할 수 있게 한다는 주장을 편다. 어떤 접근 방식을 채택하든지, 정경은 서로 다른 다양한 관점과 실천을 허용한다.

정경의 다양성이라는 특성에 '협상'하기 위해 '정경 속의 정경' 접근 방식이나 '대화로의 초대' 모델 중 어느 것을 채택했든지 관계 없이, 오늘날의 공동체에 등장한 세 번째 이슈가 있다. 다름 아닌 적실성 문제다. 어떤 저술들을 정경으로 받아들이는 데 영향을 미치는 요인 중 하나인 이 적실성 문제는 교회로 하여금 그들이 처한 복잡다단한 환경과 상황에 적실한 저술들을 찾아나서게 했다. 오늘날에도 일부 독자들은 적실성에 대한 질문을 계속 던지고 있다. 우리는 위대한 프로테스탄트 개혁자 마르틴 루터가 16세기에 몇몇 저술들을 정경에서 제외시키기 원했다는 것을 앞에서 살펴보았다. 왜냐하면 그는 그 저술들의 내용이 충분히 기독론적이지 않다고 생각했기 때문이다.

우리 시대에 적실성에 대한 질문은 몇 가지 형태로 자리잡고 있다. 이번 장을 마치면서 나는 적실성에 관련한 두 가지 질문을 던질 것이다. 또한 사람들이 이 질문들에 얼마나 다양한 방식으로 개입하는지 짚어 볼 것이다.

첫째 질문은 다음과 같다.

- 2천 년 전에 만들어진 오래된 문서와 저술들은 오늘날 우리 세계의 유전공학, 기술 집약 통신, 핵무기, 생식 문제, 우주 여행 등에 대해 많은 것을 말해 줄 수 있는가? 이런 주제들은 고대 세계에선 존재하지 않았다. 시간의 간격을 메울 연결점이 있는가? 있다면 어디에 있으며 어떻게 찾는가?

어떤 이들은 그와 같은 질문을 하는 것이 타당하지 않다고 주장할지 모른다. 성서는 하나님의 말씀이다. 그리고 우리는 그 성서가 모든 사람들의 상황에 부합하는지 여부와 관계 없이 그것을 받아들여야 한다. 이 또한 한 가지 반응이 될 수 있다. 그러나 믿음의 공동체 안팎의 어떤 이들에게 그 고백은 오히려 많은 질문을 제기하게 만들 것이다. 그들은 보다 덜 고백적이고 보다 더 성찰적인 대답을 원한다.

이 질문에 대답하면서 어떤 이들은 신약 정경이 기술 집약 통신 같은 사안에 관련된 것이 아니라 정체성과 관련되어 있다고 주장한다. 신약 정경은 인간이 던지는 질문이나 사안들의 해결을 위해 간결하고 함축적인 경구들을 절 단위로 나누어 놓은 모음집이 아니다. 그보다는 특정 관점이나 정체성으로 삶에 참여하는 방식을 안내하는 하나의 틀에 관련된 것이며, 하나님과 관계를 맺고 살아가는 삶 그 자체이다. 살아가면서 어떤 식으로든, 어디에든 참여할 수밖에 없는 우리에게 정경은 다른 것으로는 대체 불가능한 틀이 되어 준다. 그러므로 오늘날 우리가 이 세계에서 어떻게 살아야 하는지에 대해서는 신약 성서 저자들이 아무것도 모른다 해도, 그들은 어느 시대 어느 장소에서든 가장 핵심적인 인간의 실존과 정체성 문제들을 제대로 간파하고 있다.

다른 어떤 이들은 정경이 취하고 있는 멀리 내다볼 줄 알고 크게 볼 줄 아는 시야를 우리도 가져야 한다고 주장한다. 정경은 바로 지금 여기 우리 시대와 우리 교회만을 위한 것이 아니다. 정경은 모든 시대 모든 장소에 존재하는 모든 교회를 위한 것이다. 정경은 모든 시대의 교회를 위한 기능을 감당해야 한다. 물론 정경의 어떤 부분은 특정 시기와 상황에 대해선 다루지만 다른 시기나 상황에 대해선 다루지 않는다.

현대 교회의 일각에서 제기되어 온 질문도 있다.

- 사람들에 의한 일련의 (인간적인) 과정을 통해 채택된 문서들이, 과

연 교회의 성서라는 이름표를 달고, 당면한 과제에 적절히 대응할 수 있는가?

초기 교회에서 폭넓게 사용된 매우 훌륭한 문서들이 정경을 비준하는 지도자들에게 거부 당한 경우도 있었다. 우리가 보았듯이 『디다케』나 『바울과 테클라 행전』 같은 저술들은 많은 사람들이 호응했으나 정경으로 채택되지는 않았다. 정경을 비준하는 지도자들의 권력과 사회적 위치, 문화적 수준, 성, 관심사에 의해 정경 채택 과정이 영향을 받았음은 부인할 수 없다. 그들은 종종 계급 제도를 정당한 것으로 여기는 문서들을 정경으로 채택했다. 그들은 영적 은사보다는 제도를 선호하고, 여성보다는 남성을 선호하며, 개방성과 경험보다는 안정적인 교리 체계를 선호하는 것처럼 보인다. 이 중 일부는 사실이 아니겠지만, 앞서 밝힌 다섯 단계의 과정은 매우 인간적인 과정이었음이 분명하다.

어떤 이들은 인간적인 과정이야 어떠했든 하나님의 성령이 그 과정을 살피며 이끌고 계셨다고 말한다. 어떤 이들은 하나의 저술 모음집을 갖는 일은 정경 안의 다른 저술들이 서로에게 교정적인 관점(정경 속의 정경)을 제공하는 의미가 있다고 말한다. 어떤 이들은 첫 번째 채택 과정에서 탈락한 많은 고대 문헌들을 재검토하는 정경 채택 과정이 다시 있어야 하는 게 아닌가 하고 의문을 제기한다. 다른 이들은 서기 397년 이후의 시대부터 만들어진 저술들과 현대의 저술들도 새로운 계시의 원천이 될 가능성이 있는 것으로 보아야 한다고 제안한다. 그들은 정경이 과거에 대한 중요한 연결고리를 제공하는 반면, 지금 하나님과 관계를 맺고 살아가는 인간의 삶에 대해서는 연결점이 부족하다고 주장한다. 다른 이들은 그런 의도에서 무언가를 시도하는 것은 불가능하며 실행하는 것 자체가 불법이라고 말한다. 그들은 이미 닫힌 정경일지라도 언제나 교회를 위한 연속성을 제공한다고 주장한다. 모든 세대가 정경을 다시금 추인하여 원래의 (위대한 증언의 계보라는) 자리에 되돌려 놓았으며, 그 정경으로부터 자신들의 정체성을 찾고 있다.

결론

신약 정경은 2천 년 동안 교회를 위한 역할을 계속해 왔다. 그렇다고 그동안 의문이나 논란이 전혀 없었던 것은 아니다. 정경은 예수 전승에 대한 이해와 공동체의 관행과 관련해 일정한 경계선을 그어 놓았지만, 한편으로는 다양성과 다중성을 적법하게 인정하기도 했다. 신약 정경은 다양하고 특수한 세계에 의해 형성된 저술들로 구성되었을 뿐만 아니라, 그 다양하고 특수한 세계 속에서 형성되어 오늘날의 매우 상이하고 현대적인 세계라는 상황 속으로 전해졌다.

나가는 글

서론 첫 부분에서 나는 이 책을 읽으면 어떤 유익이 있느냐는 질문을 던졌고, 그 질문에 이렇게 짧게 답했다.

7장으로 이루어진 이 책은 초기 예수 운동과 신약 성서의 몇몇 중요한 측면들을 다루고 있다. 이 책을 읽는다면 기독교 운동의 출발이 어떠했는지 알 수 있고, 신약 성서를 보다 잘 이해하는 데 도움을 얻을 수 있다.

이 책 전체에 걸쳐 다룬 7가지 사건은 다음과 같다.

- 헬레니즘 문화(알렉산드로스 대왕의 죽음, 기원전 323년)

- 70인역 번역 과정(기원전 250년대경)
- 유대인의 역동성과 다양성(예루살렘 성전의 재봉헌, 기원전 164년)
- 로마 제국의 권력(폼페이우스의 유대 점령, 기원전 63년)
- 예수의 십자가 죽음(30년경)
- 예수를 믿는 자들에 의한 수많은 문서 기록(신약 저술, 50년경에서 130년경)
- 정경 형성 과정(397년에 '확정'됨)

이 7가지 사건들이 신약 성서를 출현시킨 세계를 구성하고 있다. 이 세계 속에서 신약 성서의 기원이 출발했을 뿐만 아니라 오늘날까지 계속해서 그 해석에 영향을 미치고 있다.

이번 마지막 장에서 나는 신약 성서와 그 신약 성서를 출현시킨 세계를 이해하는 데 중요하다고 생각하는 7가지 동력에 대해 간단히 강조하고 싶다. 이 동력들은 앞선 논의 중에 떠오른 것들이다. 여기서 나는 이 책에서 논의했던 7가지 사건을 되돌아보되, 과연 이 사건들로부터 끌어낸 관찰들을 어떻게 오늘날의 우리 상황에 적용하며 신약 성서를 이해할 것인가의 관점에서 되돌아보려고 한다. 이런 관찰을 통해 누가 신자인지 아닌지를 판단하려는 것은 아니다. 물론 마지막 항목은 예수를 믿는다고 주장하는 이들에게 통렬한 도전을 줄 수 있겠지만 말이다. 또한 이 책을 읽는 모든 독자들이 이 동력들을 잘 알아야 한다고 주장하려는 것도 아니다. 다만 성찰과 숙고를 위해 이 관찰들을 제공할 뿐이다. 왜냐하면 신약의 저술들은 믿음의 공동체에 매우 중요할 뿐만 아니라, 그 공동체에서 그것들을 어떻게 읽느냐 하는 것이 매우 중요한 문제이기 때문이다.

신약 성서 이해를 위한 7가지 중요한 동력들을 정리해 보자.

첫째, 신약의 저술들은 인간의 문화, 사상, 경험, 역사, 정치, 공동체와 아무 상관없이 어느 날 하늘에서 떨어진 것이 아니다. 그 저술들의 내용과 표현 양식은 당대의 문화적 역사적 현실과 밀접하게 연결되고 그 속에 깊이 박혀 있으며 또한 그것들을 반영한다. 우리는 그 저술들이 출현하던 시대의 복잡다단함과 구조들을 일부 살펴보았다. 또한 헬레니즘 문화, 유대 전통과 관습, 그리고 로마 권력 등이 다층적으로 얽혀 있는 세계를 들여다보았다. 우리는 신약의 저술들이 이런 세계로부터 벗어날 수 없었던 까닭에, 그로부터 영향을 받되 때로는 받아들이고 때로는 저항하고 때로는 대화하였음을 보았다. 신약의 저술들을 해석할 때, 뿐만 아니라 그것이 가리키는 대로 살아가려고 애쓸 때 이런 문화적 역사적 현실을 고려하지 않는다면, 본문의 핵심적인 내용을 놓칠 뿐만 아니라 그 저술들이 지향하던 삶의 중요한 측면들도 도외시하게 될 것이다.

둘째, 신약의 저술들은 다문화적인 세계에서 출현한다. 이런 인식은 앞서의 관찰과도 밀접하게 연결된다. 신약의 저술들은 방어적인 태도로 그들의 복잡하고 다문화적인 세계를 회피하려 하지 않았다. 그 저술들은 그와 같은 세상에서 날마다 분투하는 예수를 믿는 자들의 모습을 다양하게 보여 준다. 그들은 제국이 지배하는 세계 속에서 자기 자신을 어떻게 이해할지, 그리고 하나님의 뜻에 헌신한다는 것이 무엇인지 날마다 고민하며 살아갔다. 예수의 하나님이 온 민족을 위한 은혜의 하나님이라는 확신은 다양한 갈등과 논란을 거치며 부상했고 유대 고유의 문화적 전승에 의해 알려졌다. 신약 성서를 읽다 보면, 모든 책이 하나의 포괄적인 시각을 일관되게 담고 있는 것이 아님을 여러 곳에서 발견하게 된다. 신약의 저술들이 여성, 노예, 유대 백성, 외부인 또는 예수를 믿지 않는 사람들에게 언제나 자비로웠던 것은 아니다. 신약 성서 또한 특정한 문화적 상황 속에 있던 사람들로부터 나온 것이므로, 그런 식의 태도는 이해할 수 있으며, 다만 오늘날의 독자에게도 똑같이 그런 태도를 요구하지는 않는다. 현대의 독자들은 거슬리는 부분을 읽을 때면 이를 분별할 필요가 있다.

셋째, 신약의 저술들은 유대의 전승과 관습에서 자료를 가져오고 이를 재활용하기도 한다. 이 두 동사, '가져오다'와 '재활용하다'는 매우 중요하다. 우리가 살펴보았듯 신약의 저자들은 유대인의 성서—물론 그리스어로 된 70인역—에서 많은 이미지와 패러다임을 빌려 오되, 예수 안경을 쓰고 그렇게 했다. 신약의 저술들은 예수를 믿는 자들이 하나님과 이스라엘이 맺었던 지속적인 관계의 연속선상에 있다고 보여 주면서도, 한편으로는 예수에 관한 주장으로 인해 단절되는 부분 또한 있음을 보여 준다. 그들의 예수 중심적 해석은 같은 본문에 대해 예수와 관계 없이 읽는 해석 방식과 늘 나란히 존재해 왔다. 성스러운 저작물을 읽는 이가 얼마나 헌신적이며 어떤 상황에 처해 있는가 하는 것은 그가 그 저술들로부터 어떤 의미를 끌어 내는가 하는 것에도 분명 영향을 미친다. 하지만 유감스럽게도 신약의 일부 저술들은 유대 전승과의 연속성을 더 이상 보지 못하고, 이스라엘과 언약을 맺으신 하나님의 성실하심을 잊어 버린 채 오직 예수를 믿는 자들만을 위한 배타적 자세를 취하는 듯 보인다. 신약의 저술들은 유대의 문화적, 신학적 전승에 빚을 졌다.

넷째, 신약의 저술들은 로마 제국이 지배하는 세계와 깊숙이 얽혀 있을 뿐만 아니라 또한 그 세계를 반영한다. 로마와 로마의 동맹 세력(예루살렘 지배 계급)에 의해 십자가에 못 박힌 예수의 추종자였던 저자들은 예수의 죽음을 어떻게 받아들여야 할지, 제국의 위협이 된다는 이유로 예수를 죽인 제국의 권력을 어떻게 이해해야 할지 계속 자문했다. 우리는 신약의 저술들이 탄생한 세계 속에서 종교는 항상 정치와 단단히 얽혀 있었음을 살펴보았다. 종교와 정치는 각각의 영역에서 분리돼 있지 않았다. 신약 성서는 정치적인 문제뿐만 아니라 인간 사회가 어떻게 조직되는지, 권력이 어떻게 그리고 누구의 이익을 위해 사용되는지, 자원들이 어떻게 통제되는지와 같은 문제들에 관심이 많았다.

그래서 신약의 저술들은 종종 로마 권력과의 긴장 관계를 드러낸다. 때로는 로마 권력에 현실적으로 적응하기 위해 로마 권력과 '협상'해 간다. 그러나 때로는 하나님께서 만물의 주가 되실 뿐만 아니라 그 하나님께서 세우시는 정의롭고 생명을 주는 세상에 대한 소망 때문에 제국의 요구와 통제에 이의를 제기한다. 신약 성서에 나타난 종말론적 시나리오, 즉 하나님께서 만물을 통치하실 것이라는 소망이 사실은 그들이 저항하던 제국의 주장들을 모방한 것이라는 점은 아이러니다. 이 저술들을 영적으로 해석하거나 개인적인 의미로만 받아들이려는 현대의 독법들은, 사회 구조, 사회적 비전과 헌신, 정치적 쟁점 등에 대해 신약 성서가 가지고 있던 보다 큰 관심을 놓치게 만든다.

다섯째, 신약의 저술들은 다양한 요소가 뒤얽힌 세계로부터 출현했기에 다양한 목소리를 낸다. 그 관점과 시각이 복잡하고 다중적이며 각양각색이다. 이런 다양성은 그 저술들을 탄생시킨 다양한 저자와 공동체의 경험과 통찰들을 반영하기도 한다. 저자들이 살았던 다문화적이고 복합적인 세계를 반영할 뿐만 아니라, 예수를 믿는 자들의 공동체가 처했던 특정한 상황들을 반영한다.

저술들은 각기 다른 장르와 다른 문체로, 때로는 이야기 형태로, 때로는 보다 명제적인 가르침으로, 저마다의 신학적이고 목회적인 사역을 수행한다. 물론 저술들 사이에는 어느 정도 유사성과 공통점이 있다. 예수에 대한 헌신, 하나님의 임재 경험, 구약 성서 읽기, 삶을 함께하는 신자 공동체, 이런 것들은 대부분의 공동체가 공통으로 강조하고 있는 예들이다. 그러나 이런 주제 안으로 들어가 보면, 거기에서도 많은 차이점과 다양성을 보인다. 우리가 앞에서 보아 왔듯이 믿는 자들의 모임은 저마다 구조와 리더십이 다르고, 예수의 죽음에 대한 해석도 그 수가 많은 데다 서로 다를 뿐만 아니라, 현재와 장래에 하나님께서 행하시는 일에 대한 이해도 다르다. 그들에게 충성이란 무엇보다 중요한 주제이지만, 그 형태에 있어서는 다양성을 띤다. 그러므로 신약 성서를 읽는다는 건, 모든 본문이 오직 한 가지만 말하도록 결론짓기 위해 이토록 다양한 관점을 뭉뚱그리고 흐릿하게 하는 것을 의미하지 않는다. 오히려 예외 없이 다양성과 상이성을 풍부하게 드러내는 각각의 저술들을 그 특유의 본문 그대로 받아들이는 것이다.

여섯째, 신약의 저술들은 다양한 요소들이 뒤얽힌 세계로부터 출현했기에 사회적인 본문이기도 하다. 신약의 저술들은 믿는 자들의 공동체로부터 나왔으며, 더 나아가 믿는 자들의 공동체를 형성하고, 공동체가 나아갈 방향을 제시한다. 정경화 작업은 이 같은 동력을 반영한 현상이다. 신약 성서를 구성한 저술들은 그것을 사용할 뿐만 아니라 그 유용성을 발견한 공동체로부터 출현했다. 정경이 구성되었다는 사실은, 정경에 들어간 그 저술들이 가고 오는 세대의 모든 공동체에 (믿음과 사랑과 정의 같은 중요한 문제에서 공동의 삶을 형성하고 안내하는) 역할을 계속해도 된다는 인증을 해준 셈이다. 그때나 지금이나, 공동체로 살아가는 데는 많은 복잡다단함과 갈등과 때로는 충돌이 일어난다. 그럴 때 저술들은, 비록 해당 저술의 작성자가 어디서나 늘 똑같은 의견을 내지는 않더라도, 공동체가 생명을 주고 정의로운 상호작용을 가능하게 하는 놀라운 비전을 품도록 고쳐시킬 수 있다. 예를 들어 바울은, 비록 노예 제도 자체를 반대하는 것처럼 보이지는 않지만, 그럼에도 그리스도 안에서는 종도, 자유인도 없다고 선포한다. 개인주의가 가장 중요한 덕목인 현재의 세상에서 신약 성서를 읽는 우리가 이와 같은 사회적 역학을 인식한다면, 이런 고대의 그러나 동시에 현대적인 저술들을 이해하는 데 도움이 된다. 이것은 그들이 갖고 있던 공동체 생활에 대한 확신, 관계와 사회적 상호작용의 깊이에 대한 관심, 사랑과 믿음, 소망의 공동체 안에서 모든 사람들을 포용하는 삶에 대한 그들의 헌신을 주목하도록 돕는다.

지금까지 언급한 여섯 가지 관찰들은 신약의 저술에 초점을 두고 이루어졌다. 이번에는 우리의 관심을 신약의 저술에서 독자들로 옮겨 일곱 번째 관찰을 해보겠다. 이전 장들의 다양한 지점에서 우리는 독자와 청자들이 얼마나 중요한지 살펴보았다. 예수 안경을 쓰고 읽을 때, 예전에는 결코 가능하지 않았던 70인역에 대한 독법들이 탄생했다. 성서의 패러다임에서 나온 이런 통찰들은 예수를 믿는 초기 신자들에게 매우 중요했다. 신약의 저술들을 들을 때, 예수를 믿는 자들의 공동체에 그들만의 관행과 사상이 형성되었다. 듣고 읽는 이 동일한 과정은 4세기 후반 정경을 출현시킨 몇 세기 동안에도 매우 중요했다.

이 모든 시기 동안 독자들이 마주쳤던 역사적 문화적 상황들은, 독자들이 이 본문들을 읽고서 그들만의 의미와 해석을 형성해 가는 데 큰 영향을 주었다. 이것은 항상 그래 왔고, 앞으로도 그럴 것이다. 모든 세대의 독자들은 그들의 관심사와 상황을 신약 성서의 본문으로 가져와서는 그 본문과 연결시켜 자신들의 삶을 생각한다. 이는 결코 정적인 일이 아니다. 이 본문을 우리 삶과 교차시켜 의미를 얻어 내는 매우 적극적인 탐구다. 이런 상호작용을 통해 독자들은 많은 힘을 얻을 수 있지만, 한편으로 독자들은 신약 성서를 어떻게 읽어야 할지에 대한 보다 신중한 고민이 필요하다. 모든 세대마다 독자들은 이 본문으로부터 매우 다채로운 메시지를 도출해 왔으며, 그중 일부는 유익하지만 일부는 파괴적이었다. 독자들은 신약의 본문이 가진 권위를 앞세워, 여성의 복종을 합리화하고, 노예제나 인종차별주의적 관행을 고수하며, 과격한 애국심 및 혐오스럽고 배타적인 정치적 의제를 부추기고, 다수를 희생시켜 소수에게 혜택을 주는 경제 관행을 정당화하기도 했다.

모두가 알다시피, 사람들은 성서의 목소리를 빌려 와 자신들이 전하고 싶은 것을 (그게 무엇이든) 대신 말할 수 있다. 그럼에도 독자들은 신약의 저술들을 통해 용기 있게 살아갈 격려를 얻고, 정의와 자비를 실천하는 하나님 섬김의 사랑을 배우며, 더 좋은 세상을 만들기 위한 동력을 얻어 왔다.

신약의 본문을 읽기 위한 안전장치나 가이드라인이 있을까? 신약의 본문들이 출현하던 당시의 세계를 바로 알고 읽을 필요가 있다. 또한 공동체 안에서 이 본문들을 읽는 것이 좋다. 그러면 개인적인 편견과 선

입견을 반영하는 본문 읽기에서 한 걸음 물러나 진정으로 본문과 그리고 다른 독자들과 대화할 수 있는 도움을 얻을 수 있다. 공동체 안에서 읽기가 가능하려면 서로가 본문을 어떻게 해석하는지, 어떤 가치와 실천을 중요하게 생각하는지, 그 해석으로 피해를 입거나 이익을 얻는 사람은 누구인지 알 필요가 있다. 공동체 안에서 읽는 일에는 대화와 책임이 필요하다.